Éditions Druide
1435, rue Saint-Alexandre, bureau 1040
Montréal (Québec) H3A 2G4

www.editionsdruide.com

RELIEFS

Collection dirigée par
Anne-Marie Villeneuve

LE MOIS DES MORTS

Catalogage avant publication de Bibliothèque et Archives nationales du Québec et Bibliothèque et Archives Canada

Titre: Le mois des morts: une enquête de Maud Graham / Chrystine Brouillet.
Noms: Brouillet, Chrystine, auteur.
Collections: Reliefs.
Description: Mention de collection: Reliefs
Identifiants: Canadiana 20230069053 | ISBN 9782897116873
Classification: LCC PS8553.R6846 M63 2023 | CDD C843/.54—dc23

Direction littéraire: Anne-Marie Villeneuve
Édition: Luc Roberge et Anne-Marie Villeneuve
Assistance à l'édition: Karine Labelle
Révision linguistique: Lise Duquette et Isabelle Chartrand-Delorme
Assistance à la révision linguistique: Antidote 11
Maquette intérieure: Anne Tremblay
Mise en pages et versions numériques: Studio C1C4
Conception graphique de la couverture: Anne Tremblay
Photographie en page couverture: Michel Guenette (iStock)
Photographie de l'autrice: Melany Bernier
Diffusion: Druide informatique

Les Éditions Druide remercient le Conseil des arts du Canada et la SODEC de leur soutien. Gouvernement du Québec — Programme de crédit d'impôt pour l'édition de livres — Gestion SODEC.

Ce projet a été rendu possible en partie grâce au gouvernement du Canada.

Canadä

ISBN PAPIER: 978-2-89711-687-3
ISBN EPUB: 978-2-89711-688-0
ISBN PDF: 978-2-89711-689-7

Éditions Druide inc.
1435, rue Saint-Alexandre, bureau 1040
Montréal (Québec) H3A 2G4
Téléphone: 514-484-4998

Dépôt légal: 4ᵉ trimestre 2023
Bibliothèque et Archives nationales du Québec
Bibliothèque et Archives Canada

Il est interdit de reproduire une partie quelconque de ce livre sans l'autorisation écrite de la maison d'édition. Tous droits de traduction, de reproduction et d'adaptation réservés.

© 2023 Éditions Druide inc.
www.editionsdruide.com

Imprimé au Canada

Chrystine Brouillet

LE MOIS DES MORTS

Une enquête de Maud Graham

Druide

À la mémoire de Simon Roy,
si inspirant

1

Québec, 13 avril 2021

Un an, sa mère était morte depuis un an et Lucien n'arrivait toujours pas à y croire. Tout s'était passé beaucoup trop vite. Isabelle Bisson avait célébré l'anniversaire de son amie Karine au restaurant le vendredi 12 mars et s'était mise à tousser dès le lendemain. La fièvre l'avait clouée au lit le dimanche, puis l'ambulance l'avait emportée à l'hôpital où elle était morte deux semaines plus tard. Les médecins avaient dit que la COVID l'avait tuée parce que ses défenses immunitaires étaient trop basses, si près de la fin de ses traitements contre le cancer. Ils s'étaient étonnés que ni Lucien ni son père n'aient été contaminés. C'était pourtant facile à comprendre : Isabelle avait refusé qu'ils entrent dans la chambre. Elle avait tout de suite songé à ce virus qui venait de Chine et pensé à protéger son fils et son mari. Lucien ne l'avait revue qu'après avoir revêtu une combinaison protectrice, des gants, un masque, il n'avait pu toucher sa peau, n'avait pu savoir si elle l'avait entendu lui demander pardon d'avoir gâché le souper en quittant la table après s'être encore disputé avec son père. Il avait répété qu'il ne voulait pas lui faire de peine, mais Isabelle ne lui avait donné aucun signe de clémence. Aucun frémissement des paupières, aucun geste de la main qui aurait pu l'apaiser, pas un mot ni même un soupir.

Que le bruit du respirateur qui tentait de la maintenir en vie. Qui avait failli à sa mission.

Et maintenant, Lucien se demandait pourquoi il s'était rendu au collège. En quoi était-ce utile de suivre des cours s'il pouvait crever la semaine suivante ? Il ne savait même pas s'il avait bien compris les consignes : les élèves du secondaire seraient en présentiel une journée sur deux. Il aurait pu rester chez lui, ses profs n'auraient probablement pas remarqué son absence. Il était si ordinaire. D'un autre côté, il n'aimait pas être à la maison qui lui semblait si vide. Et peut-être que Florian serait là. Peut-être qu'il aurait des pilules. Car lui avait depuis longtemps fini celles de sa mère. Il n'y avait plus rien d'intéressant dans la pharmacie familiale.

Des *pills*. Oui, ça l'aiderait à passer à travers cette journée. Avec l'argent dérobé à son père, il pourrait s'en offrir quelques-unes. Michaël et Noah iraient sûrement faire du skate au parc. Ça serait *nice*. Et son père ne rentrerait qu'en fin de soirée, il l'avait averti qu'il avait une réunion. Pourquoi est-ce que la vie était si injuste ? Pourquoi n'était-il pas mort à la place de sa mère ? C'était Marc-Aurèle qui croyait en Dieu, c'est lui qui aurait dû aller le rejoindre ! Dieu ! Comment pouvait-on avoir encore la foi en 2021 ? Pourquoi n'avait-il pas un père ordinaire ? Depuis l'agonie d'Isabelle, il avait dit une prière avant chaque repas. C'était tellement ridicule, tellement gênant ! Il imaginait le malaise qu'il ressentirait si Florian ou Noah apprenaient que son père récitait le bénédicité avant le souper. Mais bon, ça n'arriverait pas, il n'invitait plus personne à la maison depuis la disparition de sa mère. Il n'arriverait jamais à comprendre comment elle avait pu épouser son père. Il lui avait même demandé si Marc-Aurèle était vraiment son géniteur. Il le regrettait encore aujourd'hui, quand il se rappelait la tristesse qu'il avait lue dans les yeux d'Isabelle, mais sa question lui avait alors semblé légitime. Il n'avait absolument rien en commun avec Marc-Aurèle Jutras. Rien.

: :

Longueuil, mai 2021

— Huit cent cinquante morts à Vancouver depuis le début de l'année! dit Maxime Desrosiers à son collègue patrouilleur Simon Francœur.

— J'espère qu'il ne se passera pas la même chose au Québec.

— Il y a moins de fentanyl ici. La coke et l'héroïne ont la cote en ce moment. Mais il y a eu plus de décès à Montréal…

— C'est quarante fois plus puissant que l'héroïne! Je ne comprends pas que quelqu'un essaie ça! C'est jouer à la roulette russe.

— Avec moins de chances de s'en sortir, compléta Maxime. Je ne sais pas s'ils parviendront à contrôler cette crise à Vancouver. Et je me demande ce qu'on fera si ça explose chez nous. On a réussi à fabriquer un vaccin contre la COVID en quelques mois, mais la volonté n'est pas la même pour limiter les victimes du fentanyl…

— J'avoue que je m'inquiète pour Nadia, confia Simon. Si on n'avait pas eu de la naloxone avec nous, on l'aurait perdue.

— Une chance qu'un joggeur nous a appelés.

— C'est ce qui m'angoisse. Nadia sait que c'est dangereux de consommer en solitaire. Son chum était peut-être avec elle, mais il s'est poussé. Ce n'est pas lui qui a lancé l'alerte.

— Il ne risquait pourtant rien.

Maxime faisait allusion à la loi sur les bons samaritains aidant les victimes, qui protégeait toute personne appelant le 911 d'une inculpation pour possession de drogue si elle était encore sur les lieux lorsque les policiers arrivaient pour porter secours à un consommateur en détresse.

— Il faudrait que tout le monde connaisse cette loi.

Maxime hocha la tête, convaincu que la répression n'était pas la solution pour Nadia. Simon et lui avaient mis du temps pour l'apprivoiser, mais à force de les voir sillonner le quartier, elle s'était habituée à eux et ne cherchait plus à se cacher quand elle les apercevait. Maxime était persuadé que le travail des policiers du projet RÉSO, qui favorisait la proximité entre les agents et la population, était bénéfique pour eux. Il se disait même qu'il aurait dû postuler pour un poste au sein de cette escouade. Donna, une travailleuse sociale, leur avait dit la veille que Nadia consommait moins qu'à son arrivée à Longueuil et qu'elle pourrait peut-être récupérer la garde de son fils. Elle serait triste d'apprendre que la jeune femme avait failli mourir d'une surdose. Mais elle ne baisserait pas les bras, Maxime en était assuré. Il ne connaissait personne qui avait autant de patience que Donna Poitras. Il avait beaucoup appris en l'observant alors qu'elle tentait de faire comprendre à Louis l'importance de prendre ses médicaments ou de convaincre Tina de la nécessité de protéger le sommeil de son bébé. Sa voix grave était un atout précieux, pensait Maxime chaque fois qu'il l'entendait. Une voix qui calmait les esprits, douce mais ferme. Il n'avait pas osé lui demander s'il lui arrivait de chanter, d'aller dans un karaoké, mais il l'imaginait facilement interpréter un air de jazz.

— Penses-tu que Nadia va avoir eu assez peur pour arrêter de prendre ces cochonneries? lança Simon.

— L'avenir nous le dira.

Maxime soupira: l'avenir était justement le problème. Nadia était incapable de l'imaginer, de faire des projets pour plus de vingt-quatre heures. Comment aider ceux qui n'ont plus de rêves? Les persuader que la vie peut être supportable à jeun? Il se rappela une discussion avec sa mère enquêtrice, qui considérait que la société offrait peu de perspectives à ceux qui n'étaient pas nés avec certains avantages, qui se reprochait de manquer elle-même d'imagination pour aider ces femmes, ces hommes qui ne croyaient plus à rien. Maud Graham se demandait à partir de quel moment elle s'était habituée à voir plus de misère à Québec. Quand sa vigilance s'était-elle émoussée? Et comment pouvait-elle mieux guider son équipe pour affronter les ravages de l'inévitable récession? Elle lui avait dit qu'elle s'inspirerait de l'expérience RÉSO pour secouer ses troupes. Le mot «lutte» revenait souvent dans son discours, car, oui, on était en guerre depuis la pandémie. La pauvreté gagnait du terrain et les prestations d'urgence n'étaient plus qu'un lointain souvenir.

— Je m'inquiète pour Grégoire. Tant de restaurants ont fermé leurs portes.

— Tu as toujours dit qu'il est un chat de gouttière qui retombe sur ses pattes. Il va se débrouiller. Puis, avec le vaccin, la vie va revenir à la normale.

Maxime s'était montré plus optimiste qu'il ne l'était. Lui aussi s'interrogeait sur l'avenir de Grégoire, même si ce dernier affirmait que tout allait mieux depuis qu'il avait engagé Anthony pour le seconder en cuisine. L'ancien détenu, si reconnaissant d'avoir trouvé un travail, était vaillant, efficace et ne comptait pas ses heures.

Un appel arracha Maxime à ses pensées ; une femme venait de signaler une dispute chez ses voisins. En découvrant l'adresse, Simon leva les yeux au ciel.

— Je ne pensais pas qu'on retournerait si vite chez les Bessette.

— Bon début de semaine !

: :

Québec, mai 2021

Sa mère ne saurait jamais qu'il était gai. Lui-même n'en était pas certain à cent pour cent, mais il trouvait Thomas tellement beau qu'il était prêt à tout pour attirer son attention. Il était ainsi sorti le rejoindre avec toute une bande au parc, malgré le couvre-feu, et il avait été arrêté. Marc-Aurèle Jutras ne lui avait pas encore adressé la parole depuis qu'il était allé le chercher au poste de police. Il s'en foutait, son père ne l'avait jamais compris et ne le comprendrait jamais. Il n'aimait personne. Tout le monde le croyait quand il prétendait qu'Isabelle lui manquait, mais c'était faux, il était ravi qu'elle ait attrapé la COVID. Ils se disputaient de plus en plus souvent avant qu'elle meure et ils auraient sans doute fini par divorcer.

Il n'arrivait pas à les imaginer épris l'un de l'autre. Peut-être que c'était leur différence d'âge qui avait tout gâché. Il ne parvenait pas non plus à se figurer son père jeune. Il devait déjà avoir l'air vieux quand il avait trente ans. Pourquoi, pourquoi, pourquoi n'était-ce pas lui qui était mort de la COVID ?

— Lucien ? Ça va ?

L'adolescent tourna la tête vers Émilie Bergeron, son enseignante préférée. Il devinait qu'elle lui souriait derrière le masque.

— Je trouve que les policiers ont fait du zèle avec vous, dit-elle. Ils auraient pu se contenter d'un avertissement.

— J'aurais dû sortir avec ma chienne, mais il pleuvait tellement…

— Je suis contente de te revoir, même si c'est une journée sur deux.

— On va être mêlés, prédit Lucien. Je n'étais pas certain que c'était la bonne journée pour moi.

— Ça ne sera pas pour longtemps, promit Émilie Bergeron.

— On a encore des semaines de cours, se plaignit Lucien. Je suis tellement tanné des consignes…

— Sais-tu que j'ai aussi un chien ? dit l'enseignante. Nous avons adopté un lévrier.

— Un greyhound ?

— Oui, on l'a depuis deux ans. Éclair. Et ta chienne ?

— C'est une dalmatienne. Mila.

Lucien exhala un profond soupir qui fit trembloter son masque avant de dire qu'il n'avait pas eu le temps de finir le travail qu'il devait lui rendre.

— À cause de la police.

— Tu me l'apportes demain. Et tu ne te vantes pas de ce délai.

— Cool, fit Lucien au moment où retentissait la sonnerie de la reprise des cours.

Émilie Bergeron le suivit du regard tandis qu'il rejoignait Nathan Camiran, se demanda si elle était trop laxiste avec Lucien Jutras, mais elle lisait tant de désarroi dans ses yeux qu'elle n'arrivait pas à montrer plus d'autorité envers lui. Peut-être était-elle aussi tolérante parce qu'elle avait rencontré son père, avait deviné son extrême rigidité et les conflits que cette attitude devait générer avec Lucien. Elle se rappelait qu'elle avait été étonnée que ses collègues Jasmine et Fabia aient trouvé Marc-Aurèle Jutras aussi beau. Elle admettait son élégance, mais son complet Armani ne lui ferait pas oublier la dureté de son ton quand il lui avait conseillé d'être plus exigeante envers Lucien. « Ce n'est pas en s'apitoyant sur son sort qu'il réussira dans la vie. Les épreuves sont là pour forger le caractère. » Ah oui ? Qui avait décrété que c'était une bonne chose qu'un adolescent perde sa mère ?

Elle vit Michaël rejoindre Nathan et Lucien, s'inquiéta de leur nouvelle amitié. Michaël Vaugeois aurait été renvoyé du collège si la COVID n'était pas venue tout chambouler. Elle était persuadée qu'il continuait ses petits trafics malgré les avertissements du directeur et se demandait si Lucien consommait davantage depuis le décès de sa mère. Il ne s'était jamais présenté dans un état second aux cours de français, mais Paul Paterson s'était plaint en réunion de l'attitude perturbatrice de Lucien Jutras dans sa classe de mathématiques. Elle soupira, se rappela les paroles de son mari qui lui conseillait de s'investir un peu moins dans son travail. Mais comment était-ce possible dans ce chaos ? Les étudiants avaient plus que jamais besoin de leurs enseignants, ils devaient être rassurés, guidés, encouragés.

: :

Québec, octobre 2021

Le journal était resté ouvert sur le bureau de Maud Graham qui continuait à fixer le visage de Madeleine Verville, cherchant vainement une ressemblance entre cette femme aux cheveux drus, au large sourire et la vieille dame découverte en début de semaine par les patrouilleurs Duclos et Lamirand. Sur la photo qu'ils avaient envoyée au poste, c'était la posture de la morte gisant au pied du canapé élimé de son studio qui attirait l'attention ; on devinait qu'elle était tombée au sol et n'avait pas réussi à se relever.

— Parce que sa canne était trop loin d'elle ? avait demandé Tiffany McEwen durant la réunion matinale.

— Sa canne était pliée dans son sac à main, avait répondu Lamirand. Pas vraiment utile…

— Qu'est-ce qu'il y avait d'autre dans ce sac ?

— Un mouchoir. En tissu, avait précisé Duclos. Je n'avais pas vu ça depuis des années. Un poudrier. Un porte-monnaie contenant onze dollars et trente-cinq cents. Une carte de crédit périmée. Pas de carte de guichet. Un vieux permis de conduire. On s'est fiés là-dessus pour l'identifier.

— Pas grand-chose dans le frigo, avait repris Lamirand. Un pot de confitures presque vide et du pain tranché. Sinon un sac de biscuits dans une armoire. Des sachets de thé. Comme si elle ne vivait pas vraiment là.

— En effet, elle n'y vivait pas, avait murmuré Maud Graham. Elle y survivait. Jusqu'à cette semaine…

— Vous n'avez vraiment rien trouvé d'autre ? avait demandé Joubert.

— Qu'il faisait froid, avait dit Lamirand. Le chauffage était au minimum. C'est bientôt l'Halloween, on gèle. Madame Verville portait son manteau quand elle est décédée.

— Quand on est rendu à dormir avec un manteau, avait marmonné Duclos. Quasiment pas de chauffage dans le studio, sous-alimentée, c'est clair pour moi qu'elle était faible, qu'elle a eu un malaise. Elle n'avait pas d'alarme avec elle. C'est sûr que si tu n'as pas les moyens de payer le chauffage, tu ne loues pas une alarme de sécurité.

— On a regardé sa pile de lettres, juste des comptes. Aucun courrier personnel.

Lamirand s'était tu quelques secondes avant d'ajouter que c'était pourtant l'anniversaire de Madeleine Verville; elle aurait eu quatre-vingt-six ans le lendemain de sa mort.

— Pas une carte de vœux. J'sais bien qu'on envoie ça sur Facebook maintenant, mais bon…

— On dirait qu'elle n'existait pour personne, avait commenté Tiffany McEwen. Comme une réfugiée sans papiers…

— La COVID a tout empiré, avait dit Baptiste Boudrias. Les gens en situation précaire ont basculé du mauvais côté.

Maud Graham avait failli demander si un voisin n'aurait pas pu se rendre à une banque alimentaire et faire des provisions pour Madeleine Verville, mais cette question était prématurée. Les agents n'avaient parlé jusqu'à maintenant qu'à trois des habitants de l'immeuble et ceux-ci ignoraient l'existence de Madeleine Verville. S'était-elle tournée vers d'autres voisins?

— Je ne crois pas, avait dit Duclos.

— Quoi?

— Je t'entends réfléchir, tu veux savoir si elle a demandé de l'aide. Je pense que non. Si madame Verville avait bénéficié d'une banque alimentaire, on aurait trouvé des déchets dans la poubelle. Il n'y avait que de vieux sachets de thé. Même pas du Salada, une marque générique. Elle n'avait vraiment pas d'argent.

— C'est déjà une chance qu'on ait découvert son corps avant qu'il soit dans un pire état, avait déclaré Lamirand. Sans le déclenchement d'une alarme d'incendie et l'intervention des pompiers…

— Elle n'avait aucune famille? avait insisté McEwen. Pas d'amis?

— Personne ne l'a vue au Ashton ni au Café rencontre.

— Ni à Lauberivière, avait ajouté Duclos. Comme si elle n'avait jamais existé.

— Le message du premier ministre n'a pas passé, avait dit Graham d'un ton sans appel.

— Le message?

— Rappelez-vous les débuts de la pandémie. Le premier ministre répétait qu'il fallait s'inquiéter des aînés, s'informer de leurs besoins durant le confinement. Qu'ils ne restent pas seuls dans un coin. Madame Verville n'est pas morte de la COVID, mais quand même un peu. Indirectement. De plus en plus isolée, de plus en plus pauvre.

Il y avait eu un long silence, puis Tiffany McEwen avait dit tout haut ce qu'ils pensaient tous : d'autres personnes connaîtraient le même sort que Madeleine Verville.

— Ils vont rendre leur dernier souffle sans même un chat pour les accompagner, parce qu'ils n'ont pas les moyens de nourrir un animal.

— Je connais un jeune dans la rue qui se privait de manger pour payer la bouffe de son chien, avait dit Boudrias. Geneviève a réussi à le convaincre d'aller à Lauberivière.

— Bruno donnait aussi des *speeds* à Tonnerre, avait marmonné Duclos. Pas la meilleure idée…

— Il avait peur dans la rue, plaida Boudrias. Il avait besoin que son chien reste éveillé pour l'avertir si quelqu'un voulait l'agresser, le voler.

— Ce n'est pas une solution.

— Ils font aussi pitié l'un que l'autre, avait tranché Michel Joubert. Mais au moins, on sait que Bruno et Tonnerre sont en sécurité maintenant.

— Et il y a des chiens qui sont mieux nourris, avait dit McEwen, mais qui passent leurs journées enfermés dans un studio, qui voient à peine leur maître, qui meurent d'ennui…

— Il faudrait que les maîtres les confient à ceux qui sont seuls pendant qu'ils sont au travail, avait avancé Longpré. Tout le monde serait gagnant.

Maud Graham avait hoché la tête, souri à Lamirand qui cherchait une solution pour chaque problème : elle espérait qu'il conserverait encore longtemps cette attitude, mais craignait néanmoins qu'un manque de résultats ne le décourage. Ou peut-être pas. Lamirand abordait les défis avec enthousiasme. C'était la première fois qu'elle le voyait plus abattu ; il avait été réellement choqué par la mort de Madeleine Verville, lui avait dit qu'il ne comprenait pas l'état d'abandon dans lequel elle était morte.

— Pas une photo dans son studio, pas de papiers, de lettres, même des vieilles, qui nous montreraient qu'elle a eu des amis, des collègues, une famille. Elle a toujours bien eu une mère ! Son unique lien avec le monde, c'était la télévision. La télécommande était à côté d'elle par terre. La télé était allumée, mais sans le son.

— Madeleine Verville était peut-être sourde.

— On va vérifier tout ça.

— Je ne pense pas qu'on va trouver quelqu'un pour payer les funérailles, avait fait Duclos.

Personne ne l'avait contredit et Maud Graham ne fondait aucun espoir dans l'annonce du décès publiée dans *Le Soleil*. Il n'y aurait ni frère ni sœur pour réclamer le corps, offrir des funérailles, une messe à la mémoire de la défunte.

Elle ferma le journal d'un geste brusque, presque rageur. Comment était-il possible que des gens disparaissent ainsi dans l'indigence ? Dans la capitale ! On n'était pas au fin fond du Burundi ! Des images d'enfants aux corps déformés par la famine, de femmes, d'hommes au regard implorant lui venaient en mémoire, elle revoyait ces photos où les mouches tourbillonnaient autour de la tête d'une gamine qui n'avait même plus la force de les chasser. Le tiers-monde. Au bout du monde.

Et ici, maintenant ?

Si Madeleine Verville avait demandé de l'aide, l'aurait-elle reçue ?

En avait-elle demandé ? Que lui avait-on répondu ? Que le propriétaire de l'immeuble avait le droit d'augmenter le loyer puisqu'il faisait des rénovations ? Qu'elle n'avait qu'à quitter cet appartement si c'était trop cher pour elle ? Madeleine Verville s'était privée de nourriture et de chauffage pour rester dans son studio. Pour garder un toit au-dessus de sa frêle personne.

::

Québec, juin 2022

Marc-Aurèle Jutras se retint de lancer le bronze de Laliberté contre le mur de son bureau. Seule la crainte d'abîmer l'œuvre lui permit de maîtriser sa colère. C'était la pire journée de sa vie ! D'abord cette rencontre avec Rémi-Paul Lauzon, aux abords du Diamant, puis son beau-frère qui déclinait son offre d'association ! Jean-Philippe l'avait pourtant toujours assuré de son appui ! Il savait qu'il était un excellent gestionnaire. Ce n'était tout de même pas de sa faute si les gens n'avaient pas voyagé durant la pandémie. Oui, il avait essuyé des pertes importantes, mais si Jean-Philippe Bisson avait accepté sa proposition, il aurait pu acheter le domaine Beaumont, en faire le fleuron de la compagnie, montrer qu'il était au-dessus de ses affaires et inspirer confiance à ses futurs électeurs en promettant qu'ils jouiraient de ce domaine, car il le transformerait en complexe sportif. Jutras était conscient que le capital de sympathie qu'il obtiendrait des gens qui apprendraient le décès de sa femme au début de la pandémie ne serait pas suffisant pour l'assurer d'une victoire : il devait offrir du pain et des jeux au peuple. En y repensant, il valait peut-être mieux ne pas évoquer Isabelle : qui voulait encore entendre parler de la maudite COVID et de ses ravages, deux ans plus tard ? Mais au moins, il n'aurait pas à livrer le fond de sa pensée sur les vaccins. Tout le monde croirait qu'il les approuvait, qu'il regrettait qu'ils n'aient pas été conçus à temps pour sauver Isabelle, alors qu'il se félicitait chaque jour que la maladie l'ait emportée, ne pouvant divorcer malgré le dédain qu'elle lui inspirait. Il devait préserver l'image d'un homme qui respectait les institutions, qui croyait aux valeurs familiales. Et puis, une séparation lui aurait coûté bien trop cher.

Marc-Aurèle Jutras fixa le calendrier aux feuilles volantes posé sur son bureau, songea aux prochaines élections, se demanda s'il devait ou non se lancer en politique. Après la déception de la vente des terrains du Saguenay et l'argent perdu à cause de la pandémie, il ne voulait pas d'une nouvelle humiliation. Mais Robert Trépanier ne l'avait pas courtisé sans raison, il avait deviné en lui un tempérament de leader. Le Québec était en pleine dérive, il fallait des hommes sûrs pour redresser la barre, pour le débarrasser des gauchistes qui se vautraient dans un dangereux laxisme. Merde! Il trouverait de l'argent pour acheter le domaine Beaumont. Il en ferait un stade. Un stade où on formerait des sportifs qui galvaniseraient le peuple par leurs exploits. *Mens sana in corpore sano*. Le Québec avait été laissé trop longtemps sous la coupe de pelleteux de nuages.

Jutras repensa à Rémi-Paul Lauzon, ses exclamations de joie, son sourire en lui tendant la main. Pourquoi avait-il fallu qu'il ait rendez-vous pour dîner au Il Teatro? Lauzon avait vraiment maigri, c'est à peine s'il l'avait reconnu. Et son crâne rasé, son jean déteint, pensait-il que cela l'avantageait? Il devait vouloir être à la mode. Il avait toujours été facile à influencer. Marc-Aurèle avait dû lui promettre de le rappeler pour arriver à s'en débarrasser, Rémi-Paul n'arrêtait pas de répéter qu'ils avaient tant de choses à se raconter, qu'il n'était pas étonné de sa réussite, qu'il avait toujours su qu'il irait loin, qu'il se rappelait qu'il parvenait toujours à obtenir ce qu'il voulait. Il n'avait pas du tout aimé la façon dont il le regardait, pleine de sous-entendus, mais il avait pris sa carte, l'avait rangée dans son portefeuille alors qu'il avait envie de la jeter dans la grille des égouts, s'était excusé de lui fausser compagnie en tapotant sa montre, il était en retard à son rendez-vous. Rémi-Paul Lauzon lui avait dit qu'il était très disponible, qu'ils pourraient se retrouver à ce restaurant si cela lui convenait. Ou ailleurs, peu importe. Ce qui comptait, c'est qu'ils se revoient bientôt. Marc-Aurèle avait acquiescé en redisant qu'il lui téléphonerait rapidement.

Il sortit la carte de son portefeuille, il n'y avait que le nom, le numéro de portable et l'adresse courriel de Lauzon. Que pouvait-il bien faire aujourd'hui ? Trente ans plus tôt, ils avaient travaillé ensemble comme préposés à Robert-Giffard. Était-il resté à l'hôpital psychiatrique, avait-il gravi des échelons ? Pourquoi avait-il perdu tant de poids ? *Pillsbury.* Son surnom lui revenait en mémoire. Peut-être avait-il mentionné le domaine dans lequel il œuvrait aujourd'hui, mais l'information s'était diluée dans le flot de paroles dont il l'avait abreuvé. *Pillsbury.* Il se rappelait la publicité, le personnage dodu qui vantait des pâtisseries et combien Lauzon aimait les chaussons. Il en faisait chauffer dans la cuisinette des employés et l'odeur de gras se répandait dans toute la pièce. Comment pouvait-il aimer ces produits ? Où habitait-il maintenant ? S'étaient-ils rencontrés parce qu'il demeurait dans le Vieux-Québec ou résidait-il en banlieue ? Avait-il des chances de le croiser à nouveau ? Il repensait à son regard à la fois matois et inquisiteur, à sa façon de poser une main sur son avant-bras en répétant qu'ils avaient tellement de choses à se raconter. À quoi faisait-il allusion ? Il avait l'air très content de lui en disant cela. Qu'il aille au diable ! Il n'était pas question de le revoir.

Marc-Aurèle Jutras tendit l'oreille, croyant entendre grincer la porte de l'entrée, mais le silence se prolongea. Il jeta un coup d'œil au pendule, il était presque vingt-deux heures, Lucien aurait dû être de retour de l'épicerie pour se précipiter dans sa chambre, se changer et aller retrouver ses amis. Il aurait dû entendre Mila japper pour le saluer. Il s'avisa qu'il n'avait pas vu la chienne depuis qu'il était rentré. Lucien était donc sorti avec elle. Pour aller travailler ? Il ne l'emmenait pas au boulot. Avait-il congé aujourd'hui ? Mais non, pas un vendredi, c'est une grosse journée à l'épicerie. Était-il revenu à la maison sans qu'il s'en aperçoive ? Ou avait-il quitté son emploi comme il avait plusieurs fois menacé de le faire ? Juste pour le narguer ? Parce qu'il lui avait dit la veille qu'il était paresseux, que sa mère aurait eu honte de le voir se contenter d'une vingtaine d'heures de travail alors qu'il aurait pu en faire beaucoup plus, alors que son employeur avait besoin de lui. Tous les secteurs de la société étaient touchés par le manque de personnel. Il fallait se retrousser les manches et donner son maximum, mais Lucien préférait faire de la musique avec ses amis. Quels amis d'ailleurs ? Il y avait longtemps qu'il n'avait invité personne à la maison. « Pour que tu nous fasses chier avec tes discours ? » avait répondu Lucien à cette remarque. Avait-il besoin d'être aussi grossier ? Il s'intéressait à lui, à ses fréquentations. « Fréquentations ? » avait hurlé son fils avant d'éclater de rire. Est-ce qu'il s'entendait parler ? Il aurait bientôt dix-huit ans, personne n'avait le droit de se mêler de sa vie privée. Le temps où Marc-Aurèle critiquait ses amis était révolu.

— On vit dans la même demeure. C'est normal que je me demande ce que tu fais et avec qui. Tu n'es pas majeur, je ne suis pas complètement idiot et je sais que tu consommes. Tu es sous ma responsabilité.

— Le pot est légal depuis quatre ans si tu n'es pas encore au courant. T'as pas d'autres choses à faire que me surveiller ? Je ne suis plus un bébé !

— Je le sais, tu as peut-être même une petite blonde. Je serais content que tu l'emmènes ici.

— Une petite blonde ?

Lucien s'était esclaffé. Son père s'exprimait comme sa grand-mère. Une petite blonde ?

— Ça ne risque pas d'arriver.

— Pourquoi pas ? Tu étais capitaine de l'équipe de hockey, tu es en forme, tu parais bien, tu joues de la musique. Il doit y avoir des tas de filles pour te courir après. Mais je suppose que tu es trop difficile.

— Tu es tellement dans le champ ! Tu me fais quasiment pitié.

— Ne prends pas ce ton condescendant avec moi.

— C'est toi qui me l'as enseigné, avait rétorqué Lucien. Mais ne t'inquiète pas, tu n'auras pas à me supporter longtemps. Je vais crisser mon camp quand j'aurai dix-huit ans.

— Pour aller où ?

Lucien avait haussé les épaules avant de s'enfermer dans sa chambre pour la soirée et, au petit déjeuner, il avait évité son regard. Peut-être avait-il déjà pris la décision de quitter son emploi ? Peut-être ne voulait-il pas rentrer à la maison pour éviter une autre dispute ? Il irait sûrement coucher chez un copain. Et il ne le préviendrait pas. Juste pour qu'il s'inquiète. Mais il n'était pas inquiet, il était en colère ! Il devait l'avertir quand il restait chez un ami. C'était la règle instaurée depuis son adolescence. Une de plus à bafouer ! Jutras serra les dents, il fallait qu'il s'énerve maintenant à cause de Lucien ! Après la journée qu'il avait eue ! Son fils pouvait bien dormir à la belle étoile s'il le voulait, il n'essaierait même pas de lui téléphoner. De toute façon, Lucien ne répondait qu'une fois sur cinq à ses appels.

Et s'il était chez Jean-Philippe et Nadine ? C'était bien son genre d'aller se plaindre au frère d'Isabelle. Repenser à Jean-Philippe Bisson fit soupirer Jutras. Il eut envie de se servir un scotch, y renonça, non, il n'en avait pas besoin. Et il avait déjà bu du vin au Il Teatro. Il ne voulait pas grossir, avoir l'air empâté sur les photos officielles s'il se lançait dans l'arène politique. L'info avait fuité sur les réseaux sociaux, mais il n'avait fait aucun commentaire. Il devait en reparler avec son fils, avoir une bonne conversation avec lui et lui faire comprendre qu'il devrait oublier ses conneries s'il se présentait comme candidat.

Était-ce trop demander ? Lucien était-il obligé de fumer de la drogue dans le jardin au vu et su de leurs voisins ? C'était vraiment une hérésie d'avoir légalisé le cannabis ! Il revoyait le petit sourire fendant de son fils quand il évoquait ce fait, mais peut-être qu'il s'intéresserait à autre chose qu'à sa musique de sauvage s'il consommait moins souvent. Il frémit en pensant à son entrée au cégep à la fin de l'été ; qui rencontrerait-il là-bas ? Il s'en voulait encore d'avoir accepté qu'il étudie au cégep Limoilou plutôt qu'au Petit Séminaire, où lui-même avait été boursier. Mais Isabelle venait de mourir, Lucien disait qu'il voulait aller au même cégep que son copain Félix, il avait cédé. Il était certain qu'il essaierait tout et n'importe quoi. Et qu'on profiterait de lui dès qu'on saurait qui était son père.

S'il était élu, évidemment. Mais pourquoi ne le serait-il pas ?

Il devait se coucher et oublier cette journée éprouvante.

En tapotant les oreillers du grand lit, il revit l'expression étrange de Lucien alors qu'il se montrait intéressé à rencontrer sa blonde. Un mélange de découragement et d'inquiétude. Parce qu'il ne pouvait pas lui présenter la fille qu'il fréquentait ? Parce qu'il savait pertinemment qu'il ne l'aimerait pas ? Marc-Aurèle Jutras imagina une gamine à la chevelure multicolore. Avec des tatouages. Une fille qui ressemblait aux personnages des films que Lucien aimait regarder. Une espèce de mutante. Son fils avait déjà dit qu'il voudrait vivre sur une autre planète. Était-il avec elle ce soir ? Pensait-il à cette fille quand il avait dit qu'il voulait quitter la maison ?

Il l'en empêcherait. À n'importe quel prix.

::

Québec, septembre 2022

Lucien Bisson-Jutras fixait la nuque de Jacob Dubuc qui venait d'attacher ses cheveux et il se retint de se pencher pour embrasser ce buisson blond qui brillait au soleil. Non, plus que le soleil. Jacob l'éblouissait. Il avait cru être amoureux de Thomas, mais ce qu'il vivait depuis trois semaines était tellement plus fort ! Jacob était si lumineux qu'il avait l'impression que sa peau brûlait dès qu'il s'approchait de lui et que leur passion avait la force et l'incandescence de la lave, que leur amour pouvait tout emporter sur son passage. Il avait toujours pensé que l'expression «coup de foudre» était un cliché, mais ces mots prenaient tout leur sens maintenant; il était tétanisé, électrisé, galvanisé, transporté par des courants de désir et de joie au moindre regard de Jacob. Il regardait ses *selfies* cinquante fois par jour, relisait constamment ses textos pour se convaincre que ces mots d'amour lui étaient vraiment adressés.

Il n'arrivait pas à croire à cette félicité. C'était la première fois depuis la mort de sa mère qu'il se sentait heureux. Sa mère à qui il aurait tant aimé présenter Jacob; elle l'aurait sûrement adoré. Il était tellement inspirant, tellement libre! Il ne suivait plus de cours, ne travaillait comme plongeur dans un resto qu'une vingtaine d'heures par semaine, puis il arpentait la ville pour repérer les murs qui feraient de bons supports pour ses tags. Il lui avait montré les endroits où il avait apposé sa signature. Il n'avait vraiment peur de rien, grimpait partout avec son matériel, avait réussi à imprimer sa fameuse tête de chien sur une tour Martello. Il connaissait même un artiste de Montréal qui lui avait dit qu'il devait le rejoindre, qu'il fallait qu'on voie son travail dans Hochelaga, le quartier des spectacles ou Parc-Extension. Lucien n'avait jamais entendu le nom de Banksy avant que Jacob lui en parle, mais il était persuadé que son amoureux atteindrait la même gloire. Il l'enviait d'avoir une passion, en était un peu jaloux. Lui n'était jamais transporté par ces enthousiasmes qui enflammaient Jacob, ses élans s'essoufflaient trop vite; il avait aimé jouer au hockey, au tennis, il avait du talent, mais n'avait jamais envisagé d'en faire une carrière, contrairement à ce que son père souhaitait. Et il n'allait certainement pas étudier comme lui aux HEC, il mourrait d'ennui! Il pensait vaguement au journalisme. À cause de sa prof de français de cinquième secondaire, qui l'avait toujours encouragé. Mais il voyagerait avant d'entrer à l'université. S'il devait être journaliste, il devait s'imprégner d'autres cultures, connaître le monde. Il partirait avec Jacob dès qu'il aurait de l'argent et ils débarqueraient à New York pour commencer leur voyage. Qui n'aime pas New York?

Dire qu'il aurait pu ne jamais rencontrer Jacob ! S'il n'avait pas rejoint Nelly rue Saint-Jean, un soir d'août, il aurait poursuivi son existence sans savoir ce qu'était le coup de foudre, sans savoir que son cœur pouvait s'affoler au point que ses battements atteignaient ceux des ailes d'un colibri. Soixante par seconde. À la fois aériens et lourds, se répercutant dans tout son corps, lui donnant le sentiment d'être formidablement vivant, d'exister enfin. Il revoyait Jacob qui arrivait en bas de la rue d'Auteuil, son merveilleux demi-sourire, son large front, ses yeux d'un bleu si vif qu'ils pouvaient rivaliser avec le ciel. Il se souvenait des traces de peinture rouges et noires sur ses mains. Nelly riait en lui présentant Jacob Dubuc, son meilleur ami quand elle était au primaire et qu'elle venait de retrouver. Elle les avait invités à les suivre sur les remparts, avait dit qu'elle avait de quoi s'amuser. Lucien avait craint que Jacob soit attiré par Nelly, la plus belle fille du cégep — et la plus flyée —, mais c'était à lui qu'il avait souri le plus souvent, vers lui qu'il s'était tourné quand il avait proposé d'aller manger une pizza dans Saint-Sauveur. Ils s'étaient embrassés quatre heures plus tard, en bas de l'escalier du Faubourg, puis au pied de l'escalier de la Chapelle. Lucien avait vu les étoiles danser dans la nuit, il était certain d'avoir entendu de la musique, celle de ces moments qu'il n'oublierait jamais. Jacob lui avait fait voir ce qu'il avait réalisé un mois plus tôt sur un mur de la rue Sainte-Marguerite : la tête du chien était la copie conforme de Mila. Lucien avait montré une photo de sa chienne à Jacob, qui lui avait appris qu'il s'était inspiré d'un dalmatien qui lui ressemblait énormément. C'était le chien de ses voisins avant que sa famille et lui quittent Québec, qu'ils déménagent encore une fois. Pour aller où ? avait demandé Lucien.

— Hull. Ma mère enseigne au secondaire. On est restés là durant cinq ans. Puis Arnaud est parti. Il paraît que c'était ma faute, j'étais trop tannant. C'est toujours ma faute quand ma mère n'a pas ce qu'elle veut. On a déménagé à Montréal. Puis on est revenus à Québec. Ma mère s'est trouvé un nouveau chum entre deux confinements. On s'engueule tout le temps. Je suis de trop, je gâche sa vie. Elle a dit au psy que j'étais agressif, malade mental, que je la rendais folle.

— Au psy?

— J'ai eu du trouble à l'école, je me suis fait mettre à la porte. Je me suis battu avec un gars qui m'écœurait depuis des mois. J'ai pété ma coche. Il ne pensait pas que je me défendrais. Je m'étais engueulé avec un prof, personne n'était de mon bord. Le psy du collège a parlé avec ma mère. Supposément pour arranger les choses. Mais tout ce qu'elle voulait, c'est de se débarrasser de moi pour être seule avec son chum. Elle m'aimait quand j'étais petit, mais ça s'est gâté. Il paraît que je ne fais rien comme tout le monde. Juste parce que j'ai peint sur les murs de ma chambre. Elle était contente que je me fasse arrêter pour vol…

— Ton père n'est pas dans le décor?

— Je ne me souviens pas beaucoup de lui. La dernière fois que je l'ai vu, j'avais trois ans. D'après ma mère, il était aussi fou que moi.

Jacob se tut quelques secondes avant de révéler que son père avait failli le tuer alors qu'il était ivre.

— Ma mère dit qu'elle m'a sauvé en divorçant. Je me rappelle tout de même qu'il jouait avec moi à la cachette, qu'il me faisait tourbillonner quand il me prenait dans ses bras et qu'on avait cherché des œufs de Pâques dans notre cour. Jocelyne dit que j'ai inventé ça. Mais ça me semble pourtant vrai. De toute façon, si je dis blanc, ma mère dit noir. On ne s'entend sur rien.

— Parce que tu es gai?

Jacob avait haussé les épaules. Jocelyne s'en foutait.

— Ce qui compte, c'est sa maudite maison. On dirait qu'elle attend toujours un photographe. On ne peut pas déplacer un coussin sans que Jocelyne s'énerve. C'est gossant…

— Tu ne vis plus chez elle?

Jacob avait secoué la tête vigoureusement.

— Je déteste son chum, c'est un colon qui profite d'elle. Je reste chez mon cousin, mais Kevin déménage bientôt à Montréal. Je ne sais pas trop ce que je vais faire. Ma mère me donne un genre d'allocation à condition que je la laisse tranquille, j'en remets la moitié à Kevin et je gagne un peu de *cash* comme plongeur au resto. Au pire, je m'installerai dans l'atelier.

Il partageait un squat dans Saint-Sauveur avec deux squeegees, Tommy et Arthur. Les gars étaient OK et ça ne coûtait rien, la bâtisse était à l'abandon. Ils avaient trafiqué le compteur, rebranché l'électricité. Il achèterait une chaufferette. Une chaufferette?

— Il n'y a pas de radiateurs? s'était inquiété Lucien. Tu vas geler cet hiver!

L'hiver? C'était loin. Il pouvait arriver tellement de choses d'ici là.

— Je vis le moment présent, je ne fais pas de plan.

Jacob s'était tu avant d'ajouter qu'il espérait néanmoins qu'ils seraient encore ensemble aux premières neiges. C'était incroyable, non? Ils venaient à peine de se rencontrer. Pensait-il qu'il était fou comme sa mère le prétendait?

Lucien revoyait le regard si brillant de Jacob. Fou? Non! Merveilleux! Magique! Il n'avait jamais rencontré quelqu'un comme lui. Quelqu'un pour qui les couleurs étaient sonores, pour qui la musique avait une odeur, chez qui tous les sens étaient célébrés ensemble. Jacob rendait chaque instant inoubliable.

— On ne sera plus jamais seuls, lui avait-il dit.

Et voilà qu'il y avait maintenant trois semaines, une journée et dix heures qu'ils se voyaient. Voilà qu'il regardait la nuque de Jacob avec un désir constant, la cicatrice en forme de croissant de lune qui s'étirait sur son épaule droite, voilà qu'il savait qu'il aimait qu'on lui caresse le cou, voilà qu'il n'avait qu'à lui sourire pour lui donner confiance en lui. Il aurait voulu être avec Jacob vingt-quatre heures sur vingt-quatre, mais il fallait bien qu'il assiste à ses cours en attendant d'être majeur, sinon son père s'en mêlerait. Heureusement, ça ne durerait pas éternellement, il toucherait bientôt l'héritage de sa mère ; il ignorait combien d'argent la succession verserait dans son compte, mais son oncle lui avait dit qu'il pourrait l'accompagner pour rencontrer un conseiller fiscal, qu'il faudrait placer judicieusement son héritage. Dès qu'il aurait des fonds, il quitterait la demeure familiale ; les souvenirs de son enfance et de la présence de sa mère n'étaient pas suffisants pour le retenir sur l'avenue De Bourlamaque. Il n'avait rien à dire à son père depuis longtemps. Depuis qu'il avait arrêté le hockey. Et c'était réciproque, son père se foutait de lui, de ce qui pouvait lui arriver. Lorsqu'il avait fugué au printemps, il ne lui avait posé aucune question à son retour à la maison. Pas un mot. Il avait compris plus tard pourquoi son père s'était abstenu de lui servir un sermon : il voulait son approbation pour se présenter comme candidat aux prochaines élections. Il rêvait en couleurs, jamais il n'accepterait d'être associé à sa politique rétrograde ! Marc-Aurèle Jutras l'avait sommé de s'expliquer. Lucien avait déclaré qu'il ne cautionnerait jamais ses positions pour le mouvement pro-vie et la limitation des droits à l'adoption pour les couples gais. « En quoi ça te concerne ? » avait rétorqué son père. Était-il à ce point aveugle ? N'avait-il rien deviné de son malaise quand il évoquait une hypothétique blonde ? Ou quand il affirmait que les trans étaient des dégénérés qui avaient besoin de soins psychiatriques ? Quand il se moquait de leur voisine Marie si masculine ? Il avait fixé son père durant un long moment, puis avait clamé son amour pour Jacob. Le recul, le regard glacial, la moue d'écœurement de Marc-Aurèle Jutras étaient éloquents, mais, contrairement à ce qu'avait redouté Lucien, aucune insulte n'avait fusé. Il lui avait alors répété, martelé, crié qu'il était gai. Le silence s'était éternisé, Lucien avait pensé qu'ils ne s'adresseraient plus jamais la parole, mais Marc-Aurèle Jutras lui avait demandé d'éviter d'étaler cette histoire sur les réseaux sociaux.

Désarçonné par la retenue de son père, il le lui avait promis. De toute manière, Jacob et lui avaient décidé de garder leur amour secret jusqu'à l'Halloween. Ils feraient alors un party pour fêter avec leurs amis. En attendant, ils goûtaient les clins d'œil complices, la fugacité d'un effleurement, le bonheur de s'envoyer des messages tandis qu'ils étaient à un mètre l'un de l'autre dans un lieu public. Ils étaient retournés s'embrasser au pied de l'escalier du Faubourg, puis avaient décidé qu'ils le feraient en bas de tous les escaliers de ce quartier qu'ils découvraient. C'est au pied de l'escalier Victoria qu'il se perdait maintenant dans la contemplation de la nuque de Jacob pour calmer son inquiétude, pour oublier qu'il habitait toujours avec son père. Ce n'était pas normal qu'il ne l'ait pas insulté, il s'attendait à ce qu'il vocifère, qu'il en vienne même aux coups. Il l'avait peut-être inconsciemment souhaité afin d'avoir une raison de plus de le haïr. Qu'il fallait donc qu'il tienne à devenir candidat pour avoir réussi à se maîtriser! Qu'allaient-ils se dire quand il rentrerait pour souper? Il avait fait son coming-out en croyant que sa vie changerait, que son père exploserait d'une si grande fureur qu'elle mettrait fin à leur relation, il avait même envisagé de se réfugier à nouveau chez son oncle, mais rien ne s'était passé comme prévu. C'était trop bizarre. Qu'est-ce que cela cachait? Peut-être que son père pensait encore à le convaincre d'apparaître à ses côtés, de l'accompagner dans un *meeting*? Oui. Ça devait être ça, il s'était imaginé paraître en public avec son fils.

Marc-Aurèle Jutras ne renonçait jamais. Sa mère lui avait raconté qu'il lui avait envoyé trois roses chaque jour pendant un an pour la persuader de lui donner sa chance. Elle s'était dit que n'importe quel autre homme se serait découragé devant son manque d'intérêt, mais Marc-Aurèle Jutras avait été persévérant, convaincant, éloquent et elle avait fini par lui céder, par oublier qu'il avait quinze ans de plus qu'elle. Elle avait été émue par son drame, s'était sentie spéciale d'être celle qui redonnait le goût d'être amoureux à ce veuf qui s'était installé tout près de la demeure de ses parents après avoir vécu en France durant sept ans. Elle avait accepté de se marier alors qu'elle s'était juré de faire le tour de l'Europe à bicyclette après son bac.

Jacob se tourna vers Julien, prit ses mains entre les siennes : s'il était aussi anxieux à l'idée de rentrer chez lui, il n'avait qu'à le suivre au squat. Sinon, il pouvait aussi l'accompagner et affronter son père.

— On est deux. Qu'est-ce que tu veux qu'il nous fasse ?

Jacob avait raison. Son père n'allait tout de même pas le tuer ! Il était ridicule de le craindre, mais son regard avait parfois des lueurs si étranges.

Quand il aurait touché son héritage, il irait chez DeSerres et achèterait tout le matériel dont avait besoin Jacob pour imprimer sa marque aux quatre coins de la ville. Il n'aurait plus jamais à voler de la peinture.

2

Québec, 12 octobre 2022

Il faisait étonnamment chaud pour la mi-octobre, plus de vingt degrés, et cette douceur étrange ravissait Maud Graham autant qu'elle l'inquiétait. Cette preuve supplémentaire du dérèglement climatique ternissait le plaisir qu'elle prenait alors que la brise caressait son visage. Elle se maudit d'être incapable de profiter de l'instant présent, de jouir de cette escapade qu'elle s'était autorisée au milieu de l'après-midi. Elle avait eu subitement envie de quitter son bureau où elle avait rédigé d'interminables rapports pour se rendre à pied chez Camellia Sinensis. Elle y achetait ses thés préférés depuis des années et s'en félicitait davantage depuis la pandémie : comme les employés des boutiques ne pouvaient plus permettre aux clients de sentir les arômes en plongeant leurs visages dans les profondes boîtes de Gyokuro, de Sencha ou de Matcha, Graham faisait appel à sa mémoire et achetait les thés qu'elle connaissait bien. Verts, toujours verts. Toujours japonais. Si elle se laissait tenter par un Lapsang Souchong en plein hiver, elle se lassait vite de son goût fumé et revenait rapidement à la grâce ineffable d'un Tamahomare. Elle aimait le calme qui régnait dans la boutique, si différent de l'animation du poste où tant de policiers s'agitaient à toute heure du jour et de la nuit. Est-ce que la clémence du temps pousserait les citoyens à faire la fête ce soir, même si on était en pleine semaine ?

Plusieurs terrasses étaient toujours ouvertes, prêtes à recevoir les clients grâce à de performants braseros. Peut-être qu'il ne serait pas nécessaire de les allumer aujourd'hui. Vingt-trois degrés, se répéta-t-elle en s'approchant de l'église Saint-Roch. Les itinérants qui jasaient sur le parvis appréciaient certainement le redoux qui leur éviterait de devoir se présenter à un refuge. Elle vit une femme ouvrir la porte d'un des frigos où les démunis pouvaient s'approvisionner, la refermer en sacrant. Elle prit Graham à témoin.

— Y reste pu rien. Mais j'pouvais pas venir avant.

— Ça prendrait plus de frigos.

— As-tu des cigarettes?

— J'ai arrêté de fumer.

— Tabarnac! Pu personne fume!

Graham hocha la tête; le temps où elle calculait le nombre de Player's Light qu'elle s'autorisait par jour était loin, mais elle se rappelait le contentement qu'elle éprouvait en aspirant une longue bouffée après avoir terminé un interrogatoire ou clos une discussion avec son ancien patron. Elle tira dix dollars de son porte-monnaie et le tendit à la jeune femme qui écarquilla les yeux.

— C'est pour moi?

Maud Graham s'éloigna en s'interrogeant: combien coûtait aujourd'hui un paquet de cigarettes? Puis elle songea à l'anecdote que lui avait racontée Michel Joubert, où il était question de Baudelaire marchant dans les rues de Paris avec Barbey d'Aurevilly: en croisant un mendiant, le poète lui remit plusieurs pièces. Son ami s'étonnant de sa générosité, Baudelaire s'expliqua: il ne faisait pas la charité, mais encourageait le vice puisqu'il était assuré que l'homme s'empresserait de boire cet argent à la première taverne venue.

Avait-elle eu raison de permettre à cette femme d'assouvir sa dépendance au tabac? Elle ne savait jamais quelle attitude adopter quand une main se tendait vers elle. De plus en plus souvent. Tout était pire depuis la pandémie. Graham n'avait pas besoin de lire les journaux ni de regarder les infos à la télé pour savoir que les demandes d'aide aux banques alimentaires avaient explosé et que les refuges étaient exploités au maximum de leur capacité, elle n'avait qu'à circuler du parc Victoria à la gare du Palais pour croiser des itinérants. Cette situation économique l'inquiétait un peu plus chaque jour, la pauvreté favoriserait la criminalité ; elle était ainsi persuadée que la dernière victime de féminicide aurait quitté son conjoint si elle en avait eu les moyens. Tiffany McEwen avait réussi à la convaincre de porter plainte, mais n'avait pu lui assurer immédiatement une place dans un refuge. N'ayant pas d'argent pour aller à l'hôtel, Ginette était retournée chez son bourreau en attendant d'être accueillie dans un endroit sécuritaire. Elle avait été étranglée la veille de son soixante-neuvième anniversaire. Entre les maris qui voulaient se débarrasser de leurs épouses et les vieilles femmes aux revenus trop modestes, la vie était dure pour les aînées. Graham poussa la porte de la boutique en se demandant si les recherches de Nguyen et Boudrias avaient été fructueuses, s'ils avaient pu remonter la piste de Roy. Où était l'homme qui avait volé les économies de Céline Fournier, de Manon Laplante, de Suzanne Rhéaume, de Judy Harvey ? Depuis la déposition de la première victime de cet arnaqueur, Graham ne s'était pas couchée une seule fois sans le maudire et souhaiter qu'un juge lui inflige une peine conséquente. Elle soupira, ce qu'elle pensait n'avait aucune importance, la justice n'avait pas d'émotions, elle suivait ses codes et l'appareil judiciaire était en manque de juges ; d'ici Noël, des pourris bénéficieraient de l'arrêt Jordan et seraient relâchés dans la nature.

En repassant devant l'église Saint-Roch, elle regretta de ne pas être croyante pour l'implorer de faciliter l'arrestation de Roy. Que deviendraient toutes ces femmes qui avaient cru ce beau parleur ? Elle songea à ses parents ; avaient-ils bien écouté ses mises en garde contre toute sollicitation par téléphone ou par Internet ? Son père disait qu'il n'était pas naïf, mais les enfants des victimes de fraude avaient tous été étonnés de constater que leurs proches se soient laissé embobiner si aisément. Un frère et une sœur s'étaient accusés de ne pas avoir été assez présents ; s'ils avaient vu leur mère plus souvent, ils se seraient interrogés sur André Roy, ils auraient vite compris que c'était un manipulateur et l'auraient dénoncé.

Et elle ? Était-elle assez près de ses parents ? Si elle les appelait plus régulièrement après avoir eu peur de les perdre durant la pandémie, elle n'était pas allée les voir depuis un mois et ne profitait pas du fait qu'ils étaient toujours en vie et qu'ils pouvaient se retrouver sans masque, sans distanciation. Graham se sentait coupable de s'être habituée à ne pas les prendre dans ses bras et de ne pas en ressentir maintenant le besoin. Elle n'aimait pas ce que la COVID avait changé en elle et se demandait si ce détachement nouveau était définitif. Elle avait pris une certaine distance dès les débuts de la pandémie pour se tenir à l'écart de la panique et elle s'était tellement forcée à rester calme, logique, cartésienne qu'elle n'arrivait pas à retrouver celle qu'elle était deux ans auparavant.

Ou peut-être qu'elle avait simplement vieilli. Que tous les soucis reliés à la pandémie avaient précipité ce processus qu'elle aurait tant voulu repousser. Elle n'était pas du tout prête à renoncer à colorer ses cheveux, même si Alain lui répétait qu'elle serait aussi belle avec des mèches blanches ou grises dans sa chevelure rousse. Non. Vraiment pas prête.

On annonçait encore du soleil pour les prochains jours, elle inviterait ses parents à souper à la maison. Et sa sœur. Parce que rien ne plaisait davantage à leur mère que de les avoir en même temps auprès d'elle. « Comme quand vous étiez petites, vous vous colliez ensemble sur moi. » Maud Graham ne la corrigeait pas, mais elle n'avait pas le souvenir d'étreintes en trio ; Nancy l'agaçait trop avec sa manie de toujours tout compliquer. Ce serait encore le cas quand elle lui téléphonerait pour le souper. Sa sœur commencerait par dire qu'elle était ravie, puis ajouterait qu'il aurait été préférable qu'elle ait eu cette idée plus tôt, qu'elle devrait changer ses plans pour le week-end. Maud dirait alors qu'elle comprenait la situation, qu'on remettrait le souper à un autre moment. Nancy protesterait,

Chapitre deux | 39

elle pourrait s'arranger, elle viendrait samedi avec son mari. Sans ses filles cependant, elles n'étaient pas à Québec. Il fallait toujours que son aînée précise qu'elles vivaient à l'extérieur de la ville. Elle en parlerait sûrement durant le souper. Et Maud chercherait à faire une remarque aimable sur ses nièces qu'elle connaissait si peu. Quand sa collègue Tiffany parlait de sa nièce Marjorie, elle était toujours heureuse de souligner à quel point elles se ressemblaient, comme c'était agréable d'avoir tant à partager avec elle. Pour ses quinze ans, elles étaient parties ensemble à New York. Elles se voyaient encore plus souvent depuis que Tiffany était mère; sa petite Frida était la filleule de Marjorie, qui prenait son rôle très à cœur.

Maud Graham soupira; elle ne pourrait pas inviter Grégoire, il serait en cuisine au Chat de gouttière. Il n'y aurait donc qu'Alain, elle et sa famille. Elle savait déjà qu'elle boirait un peu plus qu'à l'habitude. La possibilité qu'un incident l'arrache à ce souper lui traversa l'esprit; elle se sentit coupable d'avoir espéré qu'un acte criminel lui serve d'alibi pour s'éclipser. Quel genre de fille, quel genre de sœur était-elle pour redouter un repas en famille? Elle fut reconnaissante qu'on l'arrache à ses pensées en lui offrant à goûter le thé du jour, un thé chinois qu'elle ne connaissait pas et qui l'étonna par sa suavité. Elle prétendait n'aimer que les thés japonais, mais acheta pourtant cinquante grammes de Huo Shan Huang Ya. Parce qu'il était délicieux et pour se prouver qu'elle n'était pas si rigide.

En sortant de la boutique, elle répondait à un appel quand elle faillit heurter un homme qui traversait la rue Saint-Joseph d'un pas pressé, elle s'excusa, le piéton la dévisagea durant quelques secondes, c'était lui qui ne regardait pas où il allait.

— Il me semble qu'on se connaît, dit Graham tout en étant incapable de se rappeler où et quand elle avait pu voir cet homme.

L'homme secoua la tête en remontant le col de son imperméable.

— Vous êtes sûr?

— Peut-être qu'on s'est vus à Lauberivière? avança l'homme en faisant un geste comme s'il indiquait la direction du refuge.

Je suis bénévole. D'ailleurs, on m'attend pour aider à préparer le repas du soir.

— C'est toujours aussi achalandé ? s'enquit Maud Graham.

— Même plus. Les gens n'ont pas d'argent. Tout ce qu'ils gagnent disparaît dans les loyers. C'est apeurant !

— Ça fait longtemps que vous travaillez là ?

Elle lui emboîtait si naturellement le pas que l'homme, d'abord surpris, lui répondit qu'il était bénévole depuis quelques années, puis lui offrit une cigarette qu'elle déclina alors qu'il fouillait dans ses poches à la recherche d'un briquet. Elle eut l'impression fugace que tout le monde fumait dans ce quartier, qu'elle finirait par replonger dans cette dépendance si elle y restait encore longtemps. Heureusement, l'inconnu ne fumait pas des Player's Light.

— Une chance qu'il y a des gens comme vous, lui dit-elle en suivant les volutes de la fumée qu'elle ne put s'empêcher de humer.

— Ça me fait du bien de sortir du garage, de voir d'autres choses que des pièces à changer, des carburateurs à nettoyer.

— C'est peut-être là que je vous ai croisé, dit Maud Graham. Au garage, j'ai fait réparer mon auto chez Paré.

— Ce n'est pas là que je travaille.

— Est-ce que vous avez beaucoup de personnes âgées dans votre clientèle ?

— On a plus de tout. La pandémie…

Maud Graham fut tentée de lui demander s'il connaissait Madeleine Verville, y renonça ; elle ne voulait pas lui annoncer ce décès en pleine rue, sans y mettre plus de formes. Boudrias avait probablement appelé à Lauberivière pour savoir si la vieille dame y était allée récemment. Cet homme apprendrait sa mort en prenant son poste en arrivant au refuge. Ou non. Même si madame Verville avait dîné ou soupé à l'occasion à Lauberivière, ce n'était peut-être pas la coutume d'afficher un avis de décès quand un client disparaissait. Elle se corrigea, « client » n'était pas le mot qui convenait. Usager ? Le terme usager ne recelait-il pas une idée de régularité, de fréquence ? Pensionnaire, alors ? Peut-être pour ceux qui y dormaient. Mais pour ceux qui venaient manger parce qu'ils n'avaient qu'une boîte de biscuits dans un appartement mal chauffé ?

Désespéré. Même si ce n'était pas le terme qui devait être utilisé.

: :

Québec, 27 octobre 2022

Marc-Aurèle Jutras regardait Rémi-Paul Lauzon s'éloigner vers la côte De Salaberry en se disant qu'il avait rêvé, qu'il n'avait pas eu cette conversation insensée avec Lauzon et qu'il n'aurait pas à le revoir, mais ce crétin l'avait pourtant bel et bien attendu dans le stationnement de son bureau et avait eu le culot de se plaindre qu'il ne l'ait pas rappelé.

— Tu avais promis de me téléphoner, qu'on prendrait un verre ensemble, mais les semaines ont passé et tu...

— Je suis très occupé, Rémi...

— Je t'ai vu à la télé, l'avait coupé Lauzon. Tu n'es pas chanceux avec cette histoire de terrains contaminés. Ils perdent toute leur valeur. Je comprends ta situation, j'ai eu des problèmes du même genre. J'avais investi un peu dans l'immobilier et j'ai eu de mauvaises surprises. Je pensais que tu allais te présenter aux élections. Ça me déçoit, j'aurais aimé ça connaître un ministre. Je suis certain que tu aurais été élu.

Rémi-Paul Lauzon avait hoché la tête pour appuyer ses propos.

— Sûr et certain ! Mais je comprends que ta vie est compliquée ces jours-ci et que tu n'as pas beaucoup de temps pour moi. Sauf que c'est justement mon problème, je n'en ai plus tellement non plus. Tu ne t'es pas demandé pourquoi je suis rendu *slim* ? Je suis malade. Je veux revoir tous mes vieux amis pendant que je le peux encore. Les gens qui ont compté pour moi. On a vécu tellement de choses...

— Je suis désolé d'apprendre ça, Rémi.

Marc-Aurèle avait cherché quelque chose à ajouter, mais n'avait su que répéter qu'il était désolé en espérant que son ton démontrait néanmoins l'empathie espérée par Lauzon. Que pouvait-il faire de plus à part le plaindre?

— J'aimerais ça qu'on passe un moment tous les deux, avait déclaré Lauzon. Avant que je déménage à Matane.

— À Matane?

Bonne nouvelle, il serait débarrassé de lui bientôt.

— J'ai besoin de voir la mer, de retourner dans mon coin. C'est plus calme qu'en ville. Les médecins disent que ça peut me faire du bien. Comme de jaser de ce qui s'est passé à l'hôpital.

— À l'hôpital?

— Avec Magalie. Magalie Therrien. Tu ne l'as pas oubliée?

Marc-Aurèle avait haussé les épaules avant de déclarer que des décennies s'étaient écoulées depuis cet été où il travaillait à Robert-Giffard.

— Je me sens mal avec ce qui s'est passé. J'aimerais… je ne sais pas trop… mais je crois qu'il faudrait qu'on discute de tout ça. J'ai du ménage à faire dans ma tête.

Qu'aurait-il pu lui répondre? Qu'il ne voulait surtout pas entendre parler de Magalie Therrien? Et si Rémi-Paul avait été assez idiot pour tout rapporter à un tiers? Dans quel but? Et qu'est-ce que ça lui donnerait de remuer le passé? Il n'avait pas le choix, il avait dû inviter Lauzon à souper chez lui. Il avait consulté son agenda, dit qu'il devait s'absenter les prochains jours, mais qu'ils pourraient se retrouver dans deux semaines. Qu'ils seraient tranquilles chez lui pour discuter, qu'ils auraient toute la soirée à eux, pour se raconter leurs vies: s'était-il marié? Avait-il des enfants? Avait-il revu d'autres gars de leur bande? Est-ce que le 25 novembre lui convenait? Rémi-Paul avait acquiescé, c'était parfait, vraiment cool. Jutras lui avait alors donné son adresse, l'avait averti qu'il aurait du mal à se garer près de chez lui s'il venait en voiture.

Chapitre deux | 43

— Il y a trop peu de places pour se garer dans notre quartier.

— Je me déplace en bus. Je vais prendre la 807, elle m'arrête au coin de Bourlamaque.

Lauzon ne s'était pas corrigé ? Il parlait toujours *d'une* autobus ? Il l'avait pourtant repris de nombreuses fois quand ils empruntaient ce transport en commun en face de l'hôpital.

— Il me semble que tu aimais la bouffe chinoise. On pourrait se faire venir du poulet Général Tao. Ou des sushis si tu préfères. Je connais toutes les bonnes adresses, je commande souvent depuis que ma femme est décédée.

Rémi-Paul lui avait aussitôt présenté ses condoléances qu'il avait acceptées d'un petit hochement de la tête.

— Ça fait deux ans, je commence à m'habituer, mais je ne cuisine toujours pas. À part des sandwichs.

— Du chinois, c'est toujours bon.

Le sourire de Lauzon avait soulagé Marc-Aurèle Jutras. Il semblait content de passer une soirée chez lui, se retourna deux fois pour lui envoyer la main. Néanmoins, en le voyant s'éloigner, Jutras éprouva un certain malaise, cette rencontre était trop étrange. Pillsbury avait sûrement une idée derrière la tête en l'abordant. Les gens ne font rien pour rien. Il se précipita vers sa voiture, il devait suivre Lauzon, tenter d'en savoir plus sur lui. Il emprunta la côte De Salaberry en se rappelant que Lauzon n'avait pas de voiture, poussa un soupir de soulagement en le voyant courir vers l'arrêt du 807. Il n'avait plus qu'à le suivre jusqu'à ce qu'il descende du bus. En espérant qu'aucun sens unique ne contrarierait ses plans, et que Lauzon rentrait bien chez lui. Mais il devait avoir besoin de se reposer s'il était vraiment malade, non ?

Marc-Aurèle sursauta en entendant sonner son portable, scruta l'afficheur, reconnut le numéro de son beau-frère, se rappela que la secrétaire de ce dernier lui avait laissé un message la veille. Qu'y avait-il de si important à lui dire pour qu'il s'efforce de le joindre ? S'il n'avait aucune envie de lui parler, la curiosité fut cependant plus forte, il espéra malgré lui que Jean-Philippe avait changé d'idée à propos du domaine Beaumont.

— Je prépare une soirée pour les cinquante ans de mon épouse, annonça Jean-Philippe. Je compte sur votre présence, à toi et Lucien.

— Je ne peux rien te promettre, il est possible que je sois à l'extérieur de Québec. Quant à Lucien, je lui ferai le message. Mais comme rien de ce que je dis ne trouve grâce à ses yeux, tu ferais mieux de l'inviter directement. De toute manière, il est rarement chez nous. Il n'est d'ailleurs pas rentré hier soir.

— Qu'est-ce qui se passe avec lui?

— Je ne sais pas, il est dans une phase bizarre. De nouveaux amis au cégep. Je suis certain qu'il prend de la drogue. Je ne peux pas le surveiller constamment ni l'attacher...

— Bizarre? Je n'ai pas eu cette impression quand il a couché chez nous le mois dernier. Je l'avais même trouvé joyeux...

Il fallait bien sûr que Jean-Philippe lui rappelle que Lucien s'était réfugié chez eux quand il avait quitté la maison. Juste pour lui montrer qu'il savait s'y prendre avec lui. Il fallait toujours qu'il étale ses compétences. Jutras ne regrettait cependant pas d'avoir appelé chez son beau-frère quand Lucien avait découché: il avait montré une légitime inquiétude de père responsable. Qu'avait pu lui raconter son fils? Qu'il était un imbécile qui ne l'avait jamais compris? Avait-il continué sur sa lancée et avoué aussi à Nadine et Jean-Philippe qu'il était homosexuel? Fallait-il que tout le monde soit au courant?

— La réception se fera au domaine Cataraqui, annonça Jean-Philippe.

— C'est là que...

— Vous vous êtes mariés, oui. Nadine et moi voulons associer Isabelle à cette fête. On aurait aimé qu'elle soit avec nous et elle aimait beaucoup ce lieu. Notre amie Patricia viendra même de Toronto pour l'occasion. Elle a d'ailleurs demandé de tes nouvelles.

— Patricia?

Il se souvenait vaguement de cette grande femme trop maigre, présente aux funérailles d'Isabelle. Patricia Connelly.

— Tu sais qu'elle a vécu en France en même temps que toi.

En quoi cela pouvait-il l'intéresser ? Jean-Philippe tentait-il de le caser avec cette amie ? Il garda le silence, attendant que son beau-frère ajoute quelque chose.

— Tu es encore fâché ? finit-il par lâcher.

— Fâché ?

— Pour le domaine Beaumont. J'y ai repensé, mais je doute que ce soit un bon investissement.

— Tu m'as déjà donné ton opinion…

— J'ai quand même continué à m'informer à ce sujet et je crains que les lois sur le patrimoine t'empêchent de faire ce que tu souhaites de cet endroit. Tu as déjà des soucis avec les terrains qui sont contaminés…

Marc-Aurèle faillit répondre que bien des lois avaient pu être contournées, mais il se tut, laissant à nouveau s'étirer le silence.

— Je n'ai pas pris ces renseignements pour t'ennuyer…

— C'est gentil de ta part, mais j'ai fait des recherches aussi de mon côté. Tout se présente bien. Je dois te laisser maintenant, je suis attendu pour un souper à l'autre bout de la ville.

— Pas un souper spaghetti ?

— Tu sais bien que je ne me présente plus aux élections…

— J'avais de la difficulté à t'imaginer dans une salle paroissiale avec le maire de la place, ses conseillers et…

— Je suppose que la fête pour Nadine sera le samedi plutôt que le jour même de son anniversaire ?

— En effet. On célébrera deux jours plus tard pour accommoder tout le monde. Tu transmettras le message à Lucien ?

— Tu peux le lui texter. Vous vous textez souvent, non ?

— Arrête de te braquer, je te donne un prétexte pour parler avec ton fils. Ça me désole que ce soit si tendu entre vous. Lucien n'est pas heureux de cette situation.

— Tu viens de me dire qu'il était plus joyeux…

— Ça lui pèse tout de même. Il croit que tu lui en veux parce qu'il ne partage pas tes idées politiques.

— Je ne suis pas si borné.

— C'est ce que je lui ai dit.

Vraiment? Jean-Philippe Bisson avait plaidé sa cause? Il fit semblant de le croire, affirma qu'il souhaitait lui aussi que les relations s'améliorent avec son fils, mais qu'il n'avait jamais imaginé qu'il se retrouverait veuf, seul pour élever Lucien.

— Il n'y a pas de mode d'emploi pour ça. Je pensais que ça irait mieux avec le temps, passé le choc de la mort de sa mère…

Il marqua une pause avant de dire qu'il avait renoncé à se lancer en politique en partie à cause de son fils.

— Je n'aurais jamais été à la maison. Je sais bien que Lucien a presque dix-huit ans et qu'il n'a pas besoin de moi comme avant, mais je ne veux pas le négliger. Ce n'est pas ce qu'aurait souhaité Isabelle. Elle avait le tour avec lui, c'était sa confidente…

Celle à qui il avait peut-être dit qu'il était gai. Celle qui lui aurait répondu qu'elle l'aimait tel qu'il était. Celle qui aurait accueilli ce Jacob, ce garçon qui ferait sûrement collectionner à son fils les échecs au cégep, et qui devait attendre avec impatience que Lucien touche son héritage. Jacob au nom juif. L'était-il? D'où venait-il? Combien y avait-il de Juifs à Québec?

— Je vais parler à Lucien, déclara Jean-Philippe Bisson. Je veux vraiment qu'il soit présent à l'anniversaire de Nadine. Pour le sien, je suppose qu'il fera un party avec ses amis. Même si c'est quelques jours après la fête pour Nadine, je n'imagine pas les célébrer ensemble. Dix-huit ans, c'est un moment unique. Je pourrais lui prêter le chalet.

— Tu es sûr? Une bande de jeunes…

— Il faut qu'il puisse fêter ça.

— Je lui offre un voyage, ce n'est pas rien.

— J'ai eu la même idée! s'écria Jean-Philippe.

— J'ai acheté des billets pour Punta Cana, dit Marc-Aurèle.

— C'est normal qu'on ait pensé tous les deux à ce voyage, Isabelle a tellement aimé l'endroit. Nous avons tellement eu de fous rires durant notre dernier séjour... Vous auriez dû venir avec nous.

Isabelle, encore Isabelle, toujours Isabelle. Allait-il changer de disque ? Quelle idée saugrenue de faire la fête au domaine Cataraqui. Il était prêt à parier mille dollars que Jean-Philippe porterait un toast à la mémoire de sa sœur durant la soirée, qu'il s'arrangerait pour que Lucien soit à ses côtés. Dieu qu'il était horripilant dans cette attitude de père de substitution ! Il n'avait qu'à adopter un gamin s'il tenait tant à en avoir un. N'avait-il pas assez de ses deux filles ?

— Nadine aimerait vraiment que tu sois à sa fête, insista Jean-Philippe. Ce serait regrettable que tu manques cette soirée.

Regrettable ? Qu'est-ce que son beau-frère sous-entendait ?

— Tu m'as bien fait comprendre que tu n'es plus intéressé par l'achat du domaine Beaumont. Est-ce qu'il y a autre chose que je devrais savoir ?

— La question n'est pas là, répondit Bisson. J'aimerais seulement qu'il n'y ait pas de malaise entre nous. En mémoire d'Isabelle. Je t'invite à luncher au Clan demain midi. Peux-tu te libérer ?

— Je vais demander à ma secrétaire d'appeler la tienne.

Il n'allait tout de même pas lui répondre qu'il était toujours disponible pour lui !

Dès leur première rencontre, Jean-Philippe Bisson lui avait fait sentir qu'ils n'étaient pas du même monde. Il avait tout tenté pour le prendre en défaut, mais Marc-Aurèle Jutras n'était pas idiot et avait beaucoup appris des années vécues en France. Des sujets à éviter lors d'un souper mondain aux manières à table en passant par l'histoire des plus grandes fortunes et la façon de ne jamais montrer sa gêne de n'avoir fréquenté ni Harvard, ni Yale, ni la Sorbonne. Le plus simple était de devancer les questions, les remarques, jouer la carte de la transparence. Il n'avait rien dissimulé de ses origines modestes à Isabelle. Il était parti de rien.

Il avait commencé au bas de l'échelle, avait travaillé au pic et à la pelle pour obtenir sa carte de la CCQ. Il avait construit sa première maison à vingt-cinq ans. L'avait vendue aussi vite, avait acheté un immeuble décrépit, l'avait rénové, vendu, puis en avait acquis un autre, deux autres, trois... Il avait fait fortune dans l'immobilier, puis dans les mines, avait acquis deux hôtels. Parce qu'il avait des convictions et de l'énergie à revendre. Tout s'était bien passé jusqu'aux dernières années. La pandémie, puis les damnées lois sur l'environnement; sans elles, il aurait pu vendre à meilleur prix les terrains près du Saguenay, renflouer les coffres. Et acheter le domaine Beaumont. Bisson prenait ses distances à cause de ces terrains maudits, du gouffre financier qu'ils représentaient maintenant. C'était un lâche. Il l'avait toujours su. Il ne voulait plus lui apporter son soutien ? Tant pis. Mais il n'était pas question qu'il le laisse encourager Lucien dans ses délires. Lucien n'était pas efféminé, ne l'avait jamais été, ne le serait jamais ! Il avait été capitaine de l'équipe de hockey ! Et si Lucien avait inventé tout ça pour le provoquer ? Il connaissait son opinion sur le mariage entre conjoints du même sexe et avait voulu le pousser à bout. Il le contredisait sur tout depuis le début de l'été. Il était simplement passé à une vitesse supérieure en prétendant être amoureux de Jacob. Jacob ? Même ce nom sonnait faux ! C'était la seule explication possible à ces affirmations insensées. Il n'y avait pas de tapette dans la famille et il n'y en aurait jamais. C'était impossible qu'il ait engendré un dépravé.

Marc-Aurèle Jutras ralentit derrière le bus pour la troisième fois, poussa un cri de victoire en voyant Lauzon en descendre et se diriger vers la côte Sainte-Geneviève. Il pesta la seconde suivante en constatant que la côte était à sens unique. Il devait se garer pour continuer à filer le fantôme de son passé. Il réussit à suivre Lauzon à pied jusqu'à la petite rue Sainte-Madeleine et le vit entrer dans un immeuble en briques sombres. Il revint sur ses pas en se disant qu'il avait toujours de bons réflexes. Il ne s'éterniserait pas au bureau, rentrerait se servir un scotch bien tassé même s'il n'était pas encore dix-sept heures. Une fois n'est pas coutume. Il s'installerait dans son meilleur fauteuil et tenterait d'apprécier les nuances de tourbe du Bowmore.

::

Montréal, 28 octobre 2022

Kim Germain choisit le nom d'André Roy dans sa liste de contacts, pour la cinquième fois depuis midi, et secoua la tête en entendant le même message. Ce n'était pas possible qu'il n'y ait plus d'abonné au nom d'André Roy, voyons! Ils s'étaient parlé l'avant-veille! Il lui avait dit de se faire belle, qu'ils avaient quelque chose à célébrer, avait laissé entendre que son divorce était enfin prononcé et qu'il s'en tirait financièrement bien mieux qu'il ne l'avait espéré. Il avait ajouté qu'il n'aimait pas parler d'argent, mais qu'il serait heureux de pouvoir lui rendre tout ce qu'elle lui avait prêté quand ils se retrouveraient. Il avait pris la liberté de réserver une table pour eux au Toqué!. Était-elle contente? Tellement qu'elle était allée s'acheter une robe en soie émeraude qui moulait avantageusement ses formes, attirerait l'attention sur son corps plutôt que sur ses yeux trop ronds qui l'avaient toujours complexée. Elle entendait encore les insultes dans la cour de l'école où on la comparait à une grenouille, où on lui demandait d'attraper des mouches avec sa langue. Des gros yeux qu'aucun maquillage n'améliorait vraiment. Des yeux toujours cachés derrière une frange.

Des yeux qui auraient dû voir qu'André Roy lui mentait.

Elle recomposa le numéro alors qu'elle savait que le message ne serait pas différent, alors qu'elle commençait à mesurer l'ampleur de son idiotie, alors que la honte s'emparait d'elle. On avait abusé de sa naïveté, on avait profité de ses élans amoureux et on la jetait maintenant qu'elle avait assez servi. Elle s'était pourtant juré que personne sur terre ne l'humilierait jamais plus.

: :

Longueuil, 1er novembre 2022

— J'ai toujours aimé l'Halloween, dit Jeanine à Maxime Desrosiers. Mais à partir d'aujourd'hui, je vais… je vais me rappeler…

— Je suis désolé que tu aies fait cette découverte. J'aurais aimé mieux que ça se passe autrement.

— Je l'ai déjà vu ici, dit la patronne du café où Maxime allait souvent s'acheter un moka. Je suis contente que ce soit toi qui aies répondu à l'appel.

— On est là pour ça, l'assura Maxime.

Il observait Jeanine ; elle ne montrait aucun signe de contamination, mais elle avait dit qu'elle avait touché la victime. « J'espérais qu'il serait juste endormi ou dans le coma. » Elle n'avait pas pris son pouls, c'était inutile, sa peau était glacée. Elle était aussitôt entrée à l'intérieur du café pour téléphoner et Maxime souhaitait que Jeanine n'ait pas été en contact avec un produit toxique ; certaines drogues qui circulaient maintenant dans les rues étaient si puissantes qu'elles pouvaient empoisonner par simple inhalation. Maxime portait toujours un masque et des gants quand il s'approchait d'une victime, mais Jeanine s'était précipitée vers l'homme sans protection, ignorant le danger qu'il représentait peut-être. Heureusement, elle n'avait pas tenté de bouger la victime, ne l'avait pas fouillée. Il s'inquiétait probablement inutilement, impressionné par les informations recueillies plus tôt dans la semaine lors d'un stage sur la toxicomanie.

— J'ai appelé d'autres agents, on va malheureusement occuper ton stationnement pour un petit bout de temps. L'identité judiciaire va prendre de la place.

Chapitre deux | 51

— Pauvre gars! déplora Jeanine. C'était un client tranquille, il s'installait avec sa tablette dans un coin. Il était bien trop jeune pour mourir.

Maxime acquiesça tout en se demandant quel était l'âge acceptable pour disparaître. Est-ce que ce n'était pas toujours trop tôt? Du moins pour les proches du défunt? Qui pleurerait l'homme qui gisait à trois mètres de la sortie de secours du café? Pourquoi était-il mort seul dans cette nuit où les fantômes et les sorcières hantaient les rues de la ville? Il avait dû rencontrer des gens durant la soirée, sinon à quoi rimait son déguisement de clown? Maxime pensa à Maud, à cette enquête sur un pédophile qui s'approchait des enfants en réalisant des animaux avec des ballons gonflables. Elle s'en voulait encore de ne pas avoir deviné quel pervers se cachait sous ces habits si colorés, sous cette perruque bleue. Cela remontait à des années, il n'était même pas arrivé dans la vie de Maud quand elle avait arrêté Robert Fortier, mais elle ne s'était jamais départie d'une certaine méfiance envers les clowns, n'avait jamais voulu en inviter aux anniversaires de Maxime.

Qui était l'homme dont le masque s'entêtait à sourire, semblant narguer la mort?

Ce n'était pas un itinérant d'après les propos de Jeanine. Maxime ne l'avait jamais vu au café, mais même s'il prenait toujours le temps d'échanger quelques mots avec les employés et les vieux habitués, il ne pouvait pas remarquer tout le monde. Il tourna la tête en entendant claquer la portière d'une voiture, retourna vers le stationnement où Simon le retrouva.

— C'est un accident? dit Simon en mettant son masque. Pas de marques de violence...

— Ça ressemble à une surdose. Une autre... C'est peut-être un suicide.

— Et il serait allé à un party avant de tirer sa révérence?

Simon désignait le masque de clown, le foulard aux rayures fluo.

— Peut-être qu'il voulait faire un *hold-up*? avança-t-il sans y croire. C'est pratique pour ça l'Halloween, ça garantit l'anonymat à tout le monde, les gentils comme les bandits…

— Il devait aller dans un party. Ou un bar. Il ne s'est pas déguisé pour récolter des bonbons. Peut-être qu'il s'est passé quelque chose à cette fête qui lui a donné envie d'en finir.

— Comme quoi?

— Une rupture, répondit aussitôt Maxime pour qui le pire serait que Constance Chevrier le quitte.

Il n'arrivait pas encore à comprendre ce que sa blonde lui trouvait, pourquoi elle l'aimait alors qu'elle aurait pu sortir avec des hommes plus beaux, plus riches et plus disponibles que lui. Mais quand il s'excusait pour ses absences, elle souriait, répétait que ça ne la gênait pas; elle avait besoin de solitude pour créer. Ses horaires exigeants lui convenaient, elle avait toujours quelque chose à faire. «Je ne m'ennuie jamais», avait-elle assuré. Il avait eu envie de lui demander si elle ne se languissait tout de même pas un peu de lui, mais s'était contenté de hocher la tête, se moquant intérieurement de son incohérence; il n'aurait surtout pas voulu d'une femme dépendante. C'est seulement que Constance était si brillante, si talentueuse qu'il n'arrivait pas à croire à sa chance. Cette magicienne métamorphosait son existence. Il avait l'impression de passer d'un décor en noir et blanc à la couleur quand il la retrouvait et que les violences les plus sombres qui avaient marqué son quart de travail, les zones grises où s'engouffraient les misères quotidiennes s'évanouissaient dans l'arc-en-ciel de son regard. Constance ensoleillait tout. Et si elle rendait fidèlement les expressions de haine, de douleur ou de sidération lorsqu'elle croquait les scènes qui se déroulaient à la cour, elle changeait de palette dès qu'elle délaissait les sujets imposés par son travail de dessinatrice judiciaire. Ses toiles explosaient de vie.

— Peut-être, convint Simon, mais je crois quand même à un accident. Ça serait mieux, non?

Maxime ébaucha un haussement d'épaules. Était-ce vraiment préférable de mourir d'une dose mal évaluée plutôt que d'être tellement désespéré qu'on ne voie plus autre chose qu'une solution définitive à un terrible mal-être ? Il n'avait pas de réponse. Il en avait rarement. Être policier le confrontait chaque jour à des dizaines de questions qui ne pouvaient pas être tranchées par un oui ou par un non.

— Il doit avoir acheté de la *scrap*, dit Simon.

— Ça arrive trop souvent, déplora Maxime.

— Et ce n'est pas fini. Les prix ont augmenté comme partout ailleurs. Les dealers vendent n'importe quoi.

— C'est peut-être du carfentanil. Des dizaines de fois plus puissant que le fentanyl. Il n'y a plus de limites...

— Je ne comprends pas les dealers, avoua Simon. À quoi ça leur sert d'inventer des drogues qui peuvent tuer aussi rapidement leurs clients ? C'est dans leur intérêt de les garder en vie, non ?

— Tu es cynique.

— Non, logique. Je ne sais pas comment ces pourris-là réfléchissent.

— Il doit y avoir des centres de désintoxication qui sont financés par la mafia...

— C'est toi le cynique maintenant.

Maxime soupira, songea aux mises en garde de Maud Graham. L'indifférence, la banalisation d'un drame, le cynisme représentaient une menace bien réelle. Il ne devait jamais l'oublier.

3

Québec, 7 novembre 2022

Marc-Aurèle Jutras serrait les poings et retenait son souffle. Il devait se maîtriser s'il voulait entendre ce que disaient Lucien et Jacob. Ignoraient-ils vraiment qu'il était rentré ou s'en foutaient-ils carrément ? Il avait garé la voiture, avait poussé la porte qui menait du garage à l'entrée de la cuisine, avait vu d'abord la demi-baguette, le jambon, le pot de moutarde, la motte de beurre entamée, s'était dit que Lucien laissait comme toujours tout traîner, puis il avait remarqué deux assiettes dans l'évier, deux couteaux. Il avait alors perçu les rires qui s'échappaient de la salle à manger, entendu Lucien dire que Mila viendrait au parc avec eux.

Eux ?

Marc-Aurèle Jutras avait collé son oreille contre la porte battante de la cuisine, une voix un peu claire se mêlait à celle de son fils. Dix secondes avaient suffi pour qu'il comprenne que Lucien avait emmené Jacob à la maison, et il était là, immobile, écoutant les propos insipides des garçons, puis s'inquiétant du silence qui se prolongeait. Il ne voulait pas, ne pouvait pas imaginer ce qu'il signifiait. Ils n'étaient pas en train de s'embrasser. Non. Non. Non ! Son fils n'aurait jamais osé lui faire un tel affront.

N'aurait pas osé six mois plus tôt, se corrigea Marc-Aurèle Jutras. Mais il avait changé, leurs prises de bec des dernières semaines auraient dû l'alerter, Lucien n'avait-il pas répété à chacune de leurs disputes qu'il n'aurait bientôt plus aucun droit sur lui ? Le cliquetis des griffes de la chienne sur le bois verni l'avertit que celle-ci l'avait flairé et se trouvait maintenant derrière la porte. Il n'avait plus le choix de se manifester et la poussa d'un coup d'épaule, découvrit Lucien et un type aux cheveux blonds attachés avec un nœud vert. Ses lèvres trop rouges, ses ongles vernis, son ridicule vêtement galonné d'argent lui donnèrent immédiatement la nausée. Tout comme le sourire qu'arborait son fils en posant une main sur la nuque de ce dégénéré.

— Jacob, voici mon père.

Allait-il lui tendre la main ?

— Je t'ai déjà parlé de Jacob, Marc-Aurèle.

Combien de fois avait-il dit à son fils de ne pas l'appeler par son prénom ? Il avait développé cette manie après la mort d'Isabelle et s'amusait à le provoquer en s'adressant ainsi à lui.

— Bonjour, monsieur, dit Jacob. Vous avez une bien belle maison.

Que pouvait-il répondre à cette banalité ? Qu'il était content qu'elle lui plaise ? Qu'il pouvait revenir se vautrer quand ça lui chanterait sur le sofa du salon ? Il se contenta de hocher la tête tout en continuant de fixer son fils, de mesurer son degré de satisfaction. Il n'allait pas lui faire le plaisir de s'énerver.

— Tu aurais dû ranger le jambon dans le frigo. Mila aurait pu sauter sur le comptoir…

Il n'avait pas attendu la réplique de son fils. Il avait traversé la salle à manger et gagné l'escalier en se retenant de jeter un dernier coup d'œil à Jacob. Son fils avait-il fait exprès de choisir une créature aussi efféminée ? Était-ce bien de la dentelle qu'il avait vue sous le blouson extravagant de cet intrus ? Il aurait dû remonter la fermeture éclair de ce vêtement et rabaisser le capuchon pour se cacher. Des malades comme lui ne devraient pas exister. Comment Lucien avait-il pu se permettre d'introduire cette erreur de la nature dans cette maison dont il avait surveillé la rénovation pierre par pierre? Il le dégoûtait.

Il venait d'entrer dans son bureau quand il entendit claquer la porte de l'entrée. Il se pencha vers la fenêtre, vit Mila courir devant Lucien et son... son quoi? Il ne voulait pas, même mentalement, penser au mot qui définirait son rôle. Non. C'était impossible à envisager. Qu'avait-il fait pour mériter ça? En fixant les silhouettes qui s'évanouissaient au bout de la rue, Marc-Aurèle Jutras songea que tous ses problèmes seraient réglés si Lucien s'effaçait aussi simplement de sa vie. S'il disparaissait pour toujours au bout d'une route.

Ça, c'était envisageable.

Marc-Aurèle Jutras demeura quelques instants encore devant la fenêtre, comme s'il visionnait un film qui pourrait se rembobiner, comme s'il voyait Lucien revenir à la maison avec ce blondinet. Il secoua la tête, il n'avait pas envie de revivre cette scène, pas envie que son fils ramène à nouveau ce malade chez eux, pas envie de le revoir avec Jacob. Ni même seul. Cette constatation le troubla; il n'arrivait plus à imaginer le voir jour après jour, partager le café du matin avec lui, s'intéresser à ses études. Mais pourquoi s'en était-il tant soucié? Pourquoi continuerait-il à s'en faire pour lui? Lucien le décevait davantage chaque année par sa mollesse, sa paresse, ses doutes perpétuels. Ils ne se ressemblaient en rien. Rien. S'il n'avait pas été présent à l'accouchement, il aurait pu croire qu'Isabelle et lui avaient adopté Lucien et, aujourd'hui, il penserait que c'était normal que cet enfant ne lui ressemble pas, puisqu'il l'avait trouvé au bout du monde. Puisqu'il ne l'avait pas engendré...

Engendré. L'évidence le tétanisa: il n'était pas le père de Lucien!

C'était clair comme de l'eau de roche. Même s'il devait admettre l'inconcevable: Isabelle l'avait trompé. Mais aussi pénible qu'elle le soit, c'était la seule explication valable au vide abyssal qui s'était creusé entre Lucien et lui. Pourquoi n'avait-il pas compris avant cette réalité? Une pensée encore plus désagréable le submergea: Jean-Philippe devait être au courant de la trahison d'Isabelle. Il avait protégé son secret durant toutes ces années, jubilait de le savoir cocu. Et en avait probablement parlé à sa femme. Marc-Aurèle Jutras avala péniblement sa salive. Non! Il ne voulait pas y croire.

Il voulait un verre de gin.

Un Tanqueray. Pas un de ces nouveaux gins aromatisés au melon ou au concombre qui plaisaient aux tapettes, un gin normal qui goûtait le genièvre. Il descendit l'escalier en espérant qu'il reste des olives, pesta en constatant que le jambon était toujours sur le comptoir, s'en empara pour le ranger au frigo et découvrit le téléphone de Lucien en soulevant la barquette de charcuterie. Il saisit l'appareil, se demandant aussitôt s'il réussirait à accéder à ses courriels, à son répertoire, à ses secrets. Il essaya sans succès les mots de passe les plus classiques, prénoms de ses proches, dates importantes dans la vie de Lucien, nom d'équipes sportives. Il ignorait ce qu'il écoutait, les titres des séries qu'il aimait, les lieux qui le faisaient rêver et qui lui auraient inspiré le sésame. Il reposa brusquement l'appareil, ouvrit le congélateur, laissa tomber quelques glaçons dans le verre en cristal Saint-Louis, y versa une généreuse rasade de Tanqueray, sourit en constatant qu'il y avait un pot d'olives à moitié plein dans la porte du réfrigérateur, enfin un signe positif dans sa journée. Il trouverait le mot de passe, déverrouillerait ce maudit téléphone et lui soutirerait le maximum d'informations.

Il se souvint une heure plus tard du chat roux que Lucien avait voulu adopter malgré son interdiction. Caramel. L'écran illumina subitement son visage, les couleurs des pictogrammes chatoyèrent. Merci, Caramel!

: :

Il faisait nuit quand Denis Dupuis se réfugia dans l'abribus pour attendre l'autobus. La plupart du temps, il marchait pour se rendre de son appartement à Lauberivière, mais la pluie glacée qui s'abattait subitement sur la capitale l'en avait dissuadé. Il se rendrait à Saint-Sauveur au sec, n'aurait que huit minutes de marche avant d'arriver chez lui. Il s'arrêtait souvent au petit parc du Moulin de l'hôpital pour observer les enfants qui glissaient dans le toboggan et fumer une Export A avant d'emprunter la rue Napoléon pour gagner son domicile. Il jetterait comme toujours un coup d'œil à la vierge immaculée qu'on avait curieusement installée dans une niche creusée à quinze pieds du sol dans un mur lépreux qui ne comptait qu'une fenêtre au rez-de-chaussée. Que faisait cette madone dans cet endroit insolite? Lui avait-on érigé cette place en remerciements de faveur obtenue? Qui croyait encore aux prières?

Bernard Boivin. Oui. Et c'était tant mieux pour lui qu'il n'ait pas perdu la foi à la suite de toutes les épreuves qu'il avait traversées. Denis Dupuis avait rencontré des dizaines, des centaines de personnes depuis qu'il était bénévole à Lauberivière, mais peu d'entre elles avaient multiplié autant les tragédies. Mort de sa mère quand il était enfant, accident qui l'avait fait renoncer à ses rêves de sportif, mariages ratés, suicide de sa fille, dépression, ruine et récent diagnostic de Parkinson. Pourquoi le sort s'acharnait-il ainsi sur Bernard? À sa place, il aurait maudit ce dieu qui le tourmentait ainsi, mais Boivin allait régulièrement à l'église Saint-Roch et avait au cou une médaille de saint Christophe de Lycie. Denis avait cru qu'il affectionnait ce saint, car il aimait les voyages ou en rêvait, mais Bernard Boivin lui avait révélé qu'il vénérait cet élu, car il portait l'Enfant Jésus sur son épaule. Il avait fait de même avec sa fille Lili jusqu'à son premier divorce. «Au chalet, il y avait un ruisseau qu'on traversait à gué. Lili me tirait les oreilles en riant, me fouettait dans le dos avec une branche, disait que j'étais son cheval préféré.» Denis n'avait pas osé lui demander où était situé ce chalet. Il n'y avait pas assez longtemps qu'il connaissait cet homme, il ignorait quelles questions poser; certaines en apparence banales pouvaient le heurter. La plupart des personnes qui avaient vécu dans la rue avaient des secrets. Lui-même en avait toujours. Cette période éprouvante de son existence était terminée, mais il faisait fréquemment des cauchemars où on l'agressait pour lui voler le peu qu'il avait, où il battait à mort ceux qui s'en prenaient à ses maigres possessions, où il se noyait avant de pouvoir sauver son fils. Il était encore étonné de se réveiller dans un lit après avoir dormi de si nombreux mois dans des abris de fortune. Certains craquements lui rappelaient toujours le bruit du vent qui faisait claquer les pans de sa tente avant de l'emporter. Il repensa au petit nouveau qui avait dressé la sienne sur le périmètre du refuge, espérant arriver à le convaincre d'entrer. Le jeune soutenait qu'il était mieux dehors, affirmait qu'il se sentait en sécurité en étant si près des murs de Lauberivière, mais cette rassurante proximité n'empêcherait pas la pluie de s'engouffrer dans sa tente. Batman aurait besoin d'un café bien chaud demain matin.

Denis Dupuis traversa plusieurs rues sans rencontrer âme qui vive, l'orage gardait les habitants du quartier en otage chez eux, les éclats bleutés des téléviseurs de tous ces locataires le confirmaient. Dupuis espéra que l'émission de téléréalité ou la série policière qu'ils suivaient leur faisaient oublier la morosité du temps.

:   :

Montréal, 17 novembre 2022

La nuit était tombée sans que Kim Germain s'en aperçoive, et elle aurait continué à naviguer sur les sites de rencontre si la faim ne l'avait pas arrachée à ses recherches. Elle s'étira, se leva, s'approcha de la fenêtre de son bureau; pleuvait-il encore? Avait-elle le courage de s'habiller et de sortir pour aller acheter un *poke bowl* au coin de la rue? Ce serait plus simple d'en commander un. Ou une pizza. Oui, elle méritait une pizza après s'être astreinte à échanger avec tous les hommes qui s'étaient inscrits sur ces sites pour débusquer où continuait à sévir André Roy. Car elle était persuadée qu'il n'avait pas cessé son manège; il avait pu changer de nom s'il craignait qu'elle dépose une plainte contre lui, mais avec un patronyme aussi banal, il ne devait pas vraiment s'inquiéter. Est-ce que des enquêteurs appelleraient vraiment les centaines d'hommes qui portaient ce nom? Parce qu'un certain André Roy l'avait arnaquée de cinq mille dollars? Ils avaient sûrement des fraudes plus importantes à élucider. Kim le comprenait et ne leur en voulait pas. C'était à elle d'agir pour obtenir justice. Maintenant que sa décision était prise, il n'était pas question d'entrer en relation avec des policiers. Elle émit un petit rire, ce rire qu'André Roy prétendait tant aimer; il ne savait vraiment pas à qui il s'était attaqué.

:: :

Québec, 19 novembre 2022

La multitude de lampes, l'éclat des couverts et même les paillettes de la robe de Nadine qui se reflétaient dans la baie vitrée empêchaient Marc-Aurèle Jutras de distinguer les jardins du domaine Cataraqui. Il devinait la terrasse, la fontaine, les dépendances qui faisaient l'orgueil de cette villa plus que centenaire. Il se rappelait les photos qui avaient été prises dans la roseraie lors de son mariage avec Isabelle, juste après qu'ils s'étaient juré de s'aimer et d'être fidèles jusqu'à ce que la mort les sépare. Marc-Aurèle se demandait avec quel homme elle avait trahi ses vœux. Le connaissait-il? Depuis son arrivée à cette soirée d'anniversaire, il scrutait les visages des invités en cherchant une ressemblance avec les traits de Lucien, s'en trouvait un peu ridicule, car l'identité de l'amant d'Isabelle n'était qu'un détail insignifiant. Il n'y aurait sans doute pas accordé d'importance si l'idée qu'il soit un ami, un proche de Jean-Philippe ne l'agaçait pas autant. Penser que ce dernier savait tout de la liaison de sa sœur lui revenait sans cesse à l'esprit, le gênait comme un caillou dans une chaussure. Paradoxalement, il éprouvait un sentiment de liberté: il n'avait plus à se persuader qu'il aimait Lucien, que ce n'était pas grave s'ils n'avaient rien en commun. Il devait seulement prendre garde à ce que personne ne remarque cette satisfaction qui le contentait en songeant qu'il n'avait pas engendré une tapette. Il aurait presque plaint le père biologique de Lucien, mais celui-ci ignorait probablement qu'il avait engrossé Isabelle. Dans quel intérêt le lui aurait-elle appris ? Cet homme se serait manifesté si l'envie de connaître son fils avait été impérieuse. Marc-Aurèle ne croyait pas non plus qu'Isabelle avait tout déballé à Lucien. Peut-être qu'Isabelle attendait qu'il soit majeur pour lui parler à cœur ouvert ? Il devrait se retenir de lui jeter cette vérité au visage lors d'une de leurs disputes.

Mais peut-être que Jean-Philippe avait décidé qu'il se chargerait de tout révéler à Lucien quand il aurait dix-huit ans… Quelles promesses avait-il bien pu faire à sa sœur avant qu'elle meure ? Devait-il s'attendre à des surprises à la majorité de Lucien ? Bon Dieu ! Pourquoi se posait-il toutes ces questions inutiles ? Parce qu'il s'ennuyait, parce que cette soirée s'éternisait, parce que l'accoutrement de Lucien l'exaspérait. Son nouvel ami l'influençait ; il n'aurait jamais porté avant ce tee-shirt bariolé. Il ressemblait à un perroquet. Plus il le regardait, plus il était certain que ce serait gaspiller son argent de faire un test d'ADN ; Lucien ne pouvait pas être son fils. Il n'en revenait pas de ne pas s'en être aperçu plus tôt. Et d'avoir cru durant près de deux décennies que sa femme était honnête. Toutes des putes. Sa deuxième épouse ne valait pas mieux que la précédente. Heureusement que la COVID l'avait emportée. Il n'avait pas eu à la tuer. C'était dommage que Lucien n'ait pas été contaminé par le virus, tout aurait été plus simple. Et si Rémi-Paul Lauzon l'avait chopé, lui aussi. Ou si le cancer l'avait déjà emporté. Il ne paraissait pourtant pas à l'article de la mort quand il était venu le harceler près de son bureau ; son teint, son maintien, son regard n'étaient pas ceux d'un condamné. Peut-être qu'il lui avait menti et qu'il n'était pas plus malade que lui. Il avait pu maigrir en suivant un régime. Sa propre mère avait fait ça toute sa vie. Lauzon prétendait que la maladie l'avait forcé à cesser de travailler, mais il avait mentionné aussi ses déconvenues dans le domaine de l'immobilier. Marc-Aurèle Jutras se frotta l'estomac, il avait des problèmes de digestion depuis qu'il avait revu ce type, il était certain qu'il espérait le faire chanter. Pour quelle autre raison aurait-il tant tenu à lui parler? Il se rappela son imperméable élimé, ses baskets usés; Lauzon avait besoin d'argent. Pour payer son déménagement à Matane? Croyait-il vraiment au père Noël? Était-il persuadé d'avoir déniché le parfait pigeon? Il n'était pas de taille à se mesurer à lui, il aurait dû le savoir. Mais bon, Lauzon n'avait jamais été une lumière. Il avait toujours été pataud et le restait même s'il avait perdu cinquante livres. Marc-Aurèle avait flairé une certaine gêne quand il l'avait questionné sur ses enfants. Il avait répondu trop vite en fuyant son regard, expliqué que sa fille Mariem était infirmière et que son fils étudiait en histoire à l'Université de Montréal. Ça sonnait comme un petit discours bien préparé. Il avait été tenté d'appeler au CHUL pour vérifier si une Mariem Lauzon y était véritablement employée, mais peut-être que les appels étaient enregistrés et qu'on pourrait éventuellement remonter jusqu'à lui. Il connaissait mal la sophistication de la téléphonie moderne, ses capacités et ses limites. Il devait éviter tout lien avec Lauzon, même le plus infime. Il regretta pour la centième fois d'avoir été tenté par l'arène politique; si son nom n'était pas apparu dans les médias, Lauzon n'aurait jamais pensé à lui parler de Magalie Therrien. Tout ça n'avait été qu'une affreuse perte de temps et d'argent. Il allait couper le robinet. Oublier la politique, les maudits terrains contaminés qui avaient tout gâché et Rémi-Paul Lauzon: le problème serait réglé dans une semaine. Il avait appelé Lauzon de la gare du Palais pour lui confirmer leur souper chez lui. Une semaine et il aurait la paix. Plus personne pour lui pourrir la vie! Il pourrait ensuite repenser au domaine Beaumont. Il aurait l'esprit libre pour se consacrer à ses projets. Il retint un soupir en voyant Patricia Connelly se diriger vers lui d'un pas qui se voulait souple, mais qui avait la grâce d'un missile téléguidé. Il regarda sa montre, surprit Lucien près du bar qui l'imitait : s'ennuyait-il aussi ? Parce qu'il n'avait pas emmené Jacob à cette soirée ? Et s'il lui proposait, devant Jean-Philippe et Nadine, de repartir avec lui ? De le déposer où il le souhaitait en ville ? Il démontrerait sa bienveillance. Ils ne pourraient pas nier ses efforts pour s'entendre avec son fils. Il sourit à Patricia Connelly en la contournant et rejoignit Lucien qui parut surpris de sa suggestion, mais qui répondit qu'il avait donné rendez-vous à son amoureux au parc de l'Esplanade, qu'il l'attendait avec leur amie Nelly dans l'Allée des Poètes. L'expression de surprise de Jean-Philippe et Nadine prouva à Jutras que Lucien ne leur avait pas encore parlé de Jacob. Ils sourirent, Jean-Philippe donna une tape dans le dos de son filleul en lui disant qu'ils avaient hâte de connaître son chum. Qu'ils espéraient le rencontrer à son anniversaire.

À son anniversaire… Le décompte était commencé. Il devait absolument tout prévoir avant l'anniversaire de Lucien. Et avant le souper avec Lauzon. Il devait se concentrer, penser aux obstacles qui l'attendaient pour atteindre son but même s'il manquait de temps pour se préparer, mais aurait-il souhaité que la situation s'éternise ? Non. Il avait toujours été un homme d'action. Qui réagissait quand on le provoquait.

Qu'est-ce que Lucien allait faire au parc de l'Esplanade ? Il ne s'intéressait certainement pas au monument aux vétérans ni à l'ancienne poudrière. L'Allée des Poètes ? Comme s'il n'avait pas déjà assez la tête dans les nuages ? Dieu merci, il n'aurait plus à s'en préoccuper bientôt.

: :

Québec, 23 novembre 2022

Jacob Dubuc caressait la chevelure noire de son amoureux en s'extasiant de son épaisseur soyeuse.

— Tes cheveux sentent l'hiver.

— Ils doivent plutôt sentir ton odeur, dit Lucien.

— Non, ils ont gardé le parfum du dehors. Ça sent les forts qu'on faisait quand j'étais petit.

Jacob parsema la tête de Lucien de légers baisers comme s'il picorait l'enivrante odeur d'ozone, puis il glissa vers sa bouche, s'empara de ses lèvres en caressant son corps tout en tentant de lui enlever son tee-shirt.

— Je gèle, protesta Lucien en retenant son vêtement.

— Je vais te réchauffer…

— Sérieux, *man*, il fait vraiment froid ici. Il faut que tu déménages.

— Je vais trouver quelque chose. C'est juste que j'ai déjà dépensé le *cash* de ma mère…

— Je peux t'en donner, j'ai mes dernières paies de l'épicerie.

Jacob secoua la tête ; c'était faux, il avait acheté à manger. Et à boire. Et des bonbons.

— C'était du bon stock, ça valait la peine, non ?

Oui, ils avaient trippé, mais Lucien n'aurait pas dû payer aussi cher. Jim avait encore gonflé ses prix.

— T'aurais dû m'attendre, j'aurais passé un *deal* avec lui.

— Il a l'air de connaître tout le monde.

— Presque. Ça fait longtemps qu'il traîne dans le coin.

— Peut-être qu'il connaît quelqu'un qui nous louerait un appartement. Juste pour deux ou trois mois, le temps que je touche mon héritage. Ça ne coûte rien de lui demander. On ne sera pas difficiles, n'importe quelle place, pourvu que ce soit chauffé. Et que je puisse venir avec Mila.

En entendant son nom, la chienne vint lécher le menton de Lucien qui caressa ses oreilles noires veloutées.

— Elle a dormi sous les couvertures. Elle aussi gelait.

Crisse qu'ils étaient douillets !

— On trouve un appartement aujourd'hui, déclara Lucien. Je vide mon compte en banque. Je ne peux pas croire qu'on n'arrivera pas à dénicher quelque chose.

— Mais j'ai besoin de place pour mon stock, commença Jacob. Et pour peindre…

— Tu fais ça dans la rue.

Jacob soupira, comment expliquer à son amoureux qu'il était inconscient ? Il n'avait pas idée du prix des logements. Et de l'attitude qu'aurait un propriétaire quand il les verrait. Trop jeunes, trop flyés, trop tout.

— Tu ne veux pas vivre avec moi, c'est ça ?

Jacob protesta, il n'avait jamais autant aimé quelqu'un. C'était pour cette raison qu'il ne pouvait pas profiter de lui.

— Les logements sont chers, même dans ce coin-ci. Tu finiras par penser que je sors avec toi pour ton argent. Je vais me trouver une autre jobine.

— Je suis sûr que tu pourrais vendre des dessins sur la rue du Trésor.

Lui ? Rue du Trésor ? Comment pouvait-il avoir une idée aussi débile ?

— Mais pourquoi ? Tes portraits d'animaux sont tellement beaux, tu peux dessiner n'importe quoi.

— Comme le Château Frontenac ? As-tu regardé ce que je fais ? As-tu bien regardé la tête du dalmatien en bas de notre escalier ? Ce n'est pas mon style de peindre des vieux châteaux. *Anyway*, ça prend sûrement toutes sortes d'autorisations, de permis.

— Tu pourrais au moins te renseigner.

— Y'a plus personne sur la rue du Trésor au mois de novembre.

— Non, j'ai vu un peintre la semaine dernière. Tu pourrais jaser avec lui…

Mais sur quelle planète vivait Lucien ?

— Je sors d'un centre, je squatte, je lave de la vaisselle, j'ai pas…

— Tu n'aurais qu'à faire quelques dessins de la terrasse Dufferin, du fleuve, insista Lucien. Ou du Vieux-Port.

— Arrête, ça ne marchera pas. J'ai eu juste un prof au centre la dernière année. J'ai pas pris de vrais cours.

— J'ai une meilleure idée! Tu devrais faire les portraits des chiens des touristes. Tu es bon avec les animaux. En plus, tu es bilingue.

Câlice! Voulait-il vraiment qu'ils se disputent? Ce n'était pas le moment! Il tentait de trouver depuis des jours comment lui avouer qu'il avait volé une des montres de son père quand ils étaient allés avenue De Bourlamaque, lui expliquer qu'il pourrait la vendre pour payer sa part de loyer, mais plus il attendait, plus il anticipait la réaction de Lucien. Il était peut-être plus *straight* qu'il le croyait, peut-être qu'il se fâcherait, le traiterait de minable, voudrait récupérer la montre. Si Lucien ne lui en avait pas parlé, c'est que le bonhomme Jutras n'avait pas encore remarqué qu'il lui manquait une de ses Rolex, mais il s'en apercevrait bientôt. Et Lucien lui en voudrait de lui avoir caché ce délit, de ne pas lui avoir fait confiance, s'il ne lui en voulait pas d'avoir volé son père. Et maintenant, ils s'obstinaient pour des dessins, rue du Trésor. Pourquoi est-ce que tout était si compliqué?

— On ne parle plus de ça.

— J'essaie de t'aider, insista Lucien.

— Me vois-tu vraiment me vendre aux touristes? Tu me connais mal…

Il fixait Lucien, lisait l'incompréhension dans son regard, l'inquiétude. Aurait-il dû lui mentir, faire semblant de considérer cette suggestion de merde? Lucien ne voulait pas l'insulter, mais croire qu'il pouvait s'installer rue Sainte-Anne et sourire aux touristes montrait bien qu'il ne saisissait pas sa démarche. Qu'il n'avait jamais prêté attention à ce qui l'entourait. Peut-être qu'il n'avait jamais entendu l'expression « Street Art » avant de le rencontrer. Il aimait pourtant la musique, il aurait dû percevoir les notes qui s'échappaient de la murale de la côte de la Montagne, le clavecin, puis les chants. Il aurait dû aussi savoir qu'il ne fallait pas lui dire ce qu'il devait faire; après des mois d'obéissance, il n'acceptait plus qu'on décide pour lui.

— OK, fit Lucien, je te laisse tranquille. Je ne voulais pas me mêler de tes affaires.

Il s'approcha d'un pas, s'arrêta comme s'il attendait sa permission pour s'avancer jusqu'à le toucher, comme s'il avait lu dans ses pensées et qu'il ne voulait pas le décevoir. De toute façon, il était trop beau pour qu'il se fâche contre lui. Il ne pensait pas qu'un être humain pouvait avoir des cils aussi longs ! Ils lui conféraient le regard doux des girafes, ce regard qu'il devait apaiser. Il prit le visage de Lucien entre ses mains, lui dit qu'il avait raison, qu'il avait froid lui aussi dans cet immeuble abandonné.

— J'avoue que la chaufferette ne suffit pas.

— Non. Et ça sera pire à -30 °C.

— Tu veux vraiment dépenser tes paies pour un logement ?

La joie si éclatante de Lucien émut Jacob ; après tout, qui était-il pour lui interdire de louer un appartement ? Il n'avait pas non plus à lui dire quoi faire. Et ce serait temporaire. Il ne resterait pas à Québec.

— De toute manière, on partira en voyage, fit Lucien.

Peut-être, oui, qu'il le devinait bien, même s'il ne sentait pas toutes les correspondances qu'il établissait entre les couleurs, les sons et les odeurs. Au moins, il ne pensait pas qu'il était taré parce qu'il croyait que Mila jappait en sol majeur. Et quand Lucien avait vu le portrait de son premier chien près de l'escalier Lavigueur, il avait dit qu'il semblait si vrai qu'on pouvait sentir son haleine. Il lui sourit, le serra contre lui, tandis que Mila émettait des petits couinements de bonheur, elle aussi rassurée que les nuages se soient dissipés. Jacob espéra qu'il parviendrait à rendre la vivacité de la chienne sur une toile. Que pouvait-il offrir de mieux à son amoureux pour son anniversaire ? Il lui avait déjà donné des croquis, mais une toile grandeur nature lui ferait tellement plaisir. Et il n'aurait pas à la cacher si Lucien parvenait à louer un appartement. Son amoureux ne reviendrait plus dans ce squat trop froid, il pourrait terminer le portrait de la chienne en paix, fixer la tendresse de son regard et son sourire. Car Mila souriait en retroussant légèrement ses babines quand elle attendait une gâterie. Il l'avait tout de suite adoptée et comprenait pourquoi Lucien l'aimait autant, elle était vraiment adorable et n'avait jamais renversé de peinture même s'il y avait des pots un peu partout dans ce qu'il avait ironiquement baptisé son « atelier ».

: :

— Tu as l'air découragée, dit Pascal Bouthillette à Maud Graham en verrouillant les portières de sa voiture.

— Roy a fait plus de victimes qu'on l'imaginait. Et de tous les âges, contrairement à ce que j'ai d'abord pensé; parce que les premières victimes à déposer une plainte à l'unité des fraudes avaient la soixantaine, j'ai cru qu'il ne s'en prenait qu'aux femmes d'âge mûr, mais Janick n'a pas quarante ans.

Elle consulta ses notes, vérifia l'adresse où habitait cette femme, se dit qu'il fallait être jeune pour résider sur D'Auteuil, une rue bruyante, touristique, si près du site du palais de glace et autrefois des calèches. Une rue au va-et-vient plus intense en été et en février au moment du carnaval, mais toujours achalandée avec tous ces restaurants aux alentours. Elle se demanda pour la centième fois si Grégoire avait eu raison de s'installer dans ce quartier, s'il n'aurait pas plutôt dû choisir Limoilou où le loyer de son restaurant aurait été moins cher. Mais, bon, Grégoire avait eu un coup de cœur pour un local sur la rue Cook — ce nom prédestiné pour un cuisinier l'amusait — et s'était installé à un jet de pierre de l'édifice Price. Peut-être avait-il souhaité qu'il y ait dans l'entourage du premier ministre, qui habitait cet immeuble prestigieux, des gourmands qui remarqueraient le Chat de gouttière et auraient envie de s'y attabler? Maud Graham espérait qu'ils prendraient le temps, avant de pousser la porte du resto, d'admirer la sculpture du draveur niché entre un immeuble de la rue Sainte-Anne et l'édifice Art déco. Elle aimait l'énergie qui émanait de cette œuvre, aurait été curieuse de rencontrer ses créatrices. Elle savait que *L'Homme-Rivière* avait été installé vingt ans auparavant, mais n'arrivait pas à se souvenir de l'événement. Elle s'était aperçue subitement de sa présence quelques mois plus tard, s'était étonnée de ne pas avoir vu l'œuvre avant : comment était-ce possible ? Elle avait ressenti un certain malaise à être si peu attentive, avait pourtant l'impression d'être plutôt observatrice sur une scène de crime. Probablement qu'elle mettait toutes ses énergies à focaliser son esprit sur ces détails qui pouvaient changer le cours d'une enquête et se permettait d'être plus distraite quand elle ne travaillait pas. De laisser son esprit au repos.

— C'est ici, fit Bouthillette en désignant une immense porte de bois blond. C'est bien entretenu.

Les quelques marches du perron avaient été récemment balayées et quand ils poussèrent la porte, ils constatèrent qu'aucune feuille ne s'était égarée dans le vestibule. Janick Langlois habitait au dernier étage et Graham pensa à nouveau à l'édifice Price en gravissant les escaliers ; sa construction avait suscité un tel tollé qu'il avait entraîné, en 1937, l'interdiction d'ériger des édifices de plus de 65 pieds. Il y avait donc peu d'ascenseurs dans les immeubles de ce quartier. Heureusement, celui-ci ne comptait que quatre étages, elle était juste un peu plus essoufflée que Bouthillette quand elle appuya sur la sonnette.

Janick Langlois leur ouvrit immédiatement, leur fit signe d'entrer. L'odeur de café qui flottait dans l'air se mêlait à celle d'une composition de fleurs séchées où Maud distinguait des bâtons de cannelle et des écorces d'orange. Elle se souvint qu'elle et Nancy piquaient des clous de girofle dans ces agrumes, les enroulaient d'un ruban de satin noir et les suspendaient dans l'entrée de la maison pour Noël. Et que leur père pestait chaque fois qu'il accrochait une orange en ouvrant la porte après avoir déneigé le perron. Elle respira le parfum tonifiant des agrumes et se dit qu'elle achèterait des citrons Meyer si elle en trouvait rue Cartier.

— Je me sens tellement stupide, dit Janick Langlois après leur avoir servi un café. J'aurais dû savoir que c'était trop beau pour être vrai.

Elle prit une gorgée de café, déposa la tasse, fit rouler la bague qu'elle portait au majeur droit, joua avec une breloque de son bracelet, glissa une mèche de cheveux trop fins derrière son oreille. Si Graham avait dû décrire Janick Langlois dans un rapport, elle aurait écrit que ses cheveux n'étaient ni bruns ni blonds, d'une couleur indéfinissable et cependant lumineuse. Janick Langlois en prenait visiblement soin pour qu'ils soient aussi brillants. C'était son seul atout, pensa Graham qui s'en voulut de sa sévérité sans pouvoir s'empêcher de voir ce qu'avait vu André Roy : une femme au menton trop fort, aux yeux trop rapprochés, au teint terne. Elle savait parfaitement qu'aucune disgrâce physique n'est incompatible avec le charme, mais elle savait aussi que la beauté facilitait la vie et que toute femme connaît son classement dans l'échelle de la séduction.

— C'est normal de faire confiance, dit Bouthillette, sinon on n'aurait aucune interaction sociale.

— Roy est un manipulateur professionnel, renchérit Graham. Vous êtes nombreuses à avoir été piégées. Plus d'une douzaine.

Janick Langlois la dévisagea, à la fois surprise et soulagée, se sentant déjà moins coupable. Elle poussa une assiette de biscuits à l'érable devant les enquêteurs. Bouthillette en prit aussitôt un, tandis que Maud Graham calculait le nombre de calories qu'un seul biscuit pouvait représenter.

— Ça paraît qu'ils sont faits maison, dit-elle en succombant à la tentation, ils sentent si bon.

— André les adore… les adorait.

— Il venait souvent ici ? Ou vous vous retrouviez à l'extérieur ? À quoi ressemblait votre relation ?

Janick haussa les épaules avant d'expliquer que André Roy l'avait invitée au restaurant quand ils s'étaient rencontrés.

— Au Saint-Amour, puis au Chat de gouttière.

— Au Chat de gouttière ? C'est bien ? fit Bouthillette en se retenant de sourire.

— Oui, vraiment excellent. J'aurais voulu y retourner, mais André préférait qu'on se retrouve ici. Il me gâtait, m'apportait toujours des fleurs, des chocolats.

— De quoi parliez-vous ?

— Il s'intéressait à tout, lisait le *Times*, le *Wall Street Journal*, le *Monde*, *The Financial Times* évidemment.

— Évidemment ? releva Bouthillette.

— Il a été *trader* à New York, expliqua Janick. Au début, il m'a fait gagner de l'argent avec mes investissements. Comme analyste financier, il savait…

Elle se mordit les lèvres, soupira.

— Je suppose que c'est aussi de la *bullshit*…

— On l'ignore pour le moment, dit Maud Graham. On aura beaucoup de questions à poser à André Roy. Y a-t-il un élément qui vous est revenu à l'esprit depuis que vous avez porté plainte ? Un détail qui vous aurait surprise ? Ou charmée ? Qui nous en apprendrait plus sur son mode opératoire.

— Son mode opératoire ? répéta Janick Langlois. On dirait que vous parlez d'un tueur en série comme dans *Les Experts*, il n'est pas dange…

— C'est un criminel en série, l'interrompit Maud Graham. À partir de trois victimes, je crois qu'on peut employer ce terme. Et vous êtes plus que trois à avoir été abusées. Vous avez dit que Roy vous invitait au restaurant quand vous l'avez rencontré, mais qu'ensuite vous étiez plus souvent ici ?

— André Roy disait qu'il voyait tellement de monde au travail qu'il avait envie d'être au calme avec moi la fin de semaine. « Dans notre cocon d'amour. »

— Vous faisiez la cuisine ou André Roy arrivait avec les plats d'un traiteur ?

— Il a apporté des plats pour un pique-nique cet été, puis j'ai commencé à cuisiner ici. Il disait que j'étais aussi bonne que les grands chefs.

Chapitre trois | 73

— Je suis d'accord, glissa Pascal Bouthillette en croquant un troisième biscuit.

— Vous ne sortiez pas avec des amis?

— Il voyait tant de monde au travail…

— … qu'il avait envie d'être au calme, compléta Graham. Vous ne vous voyiez donc que le week-end?

— Il était en instance de divorce, murmura Janick après un long silence. Il habitait encore à Montréal.

— Vous n'alliez jamais le rejoindre?

— Je le lui avais proposé, mais c'était risqué à cause de sa femme. Et on n'aurait pas eu de temps à nous. Il avait vraiment des horaires très chargés. Il disait que c'était romantique de s'ennuyer de moi, puis de me retrouver la fin de semaine.

— Il devait sacrer pour trouver une place de stationnement, dit Bouthillette. Ou il se garait au stationnement Chauveau. Ça devait lui coûter un bras!

— Il venait en train. Comme ça, il pouvait étudier ses dossiers et…

Janick Langlois déglutit; quels dossiers retenaient réellement l'attention de son amant? Des notes la concernant ou concernant les prochaines proies de ses montages financiers bidon?

— Vous êtes déjà allée le chercher à la gare du Palais?

— J'ai voulu le retrouver là-bas, je l'ai appelé pour lui dire que j'allais le chercher, murmura Janick en recommençant à jouer avec les breloques de son bracelet.

Elle se leva subitement et s'approcha de la fenêtre, l'ouvrit et inspira profondément, se tourna brusquement vers Maud Graham qui l'avait rejointe pour la retenir si elle esquissait un mouvement pour se jeter dans le vide. Graham n'avait jamais oublié le cri qu'avait poussé un homme à qui elle venait de lire ses droits quand il avait plongé vers la mort. Il faisait chaud dans l'appartement du criminel, les fenêtres étaient ouvertes. Il s'était laissé menotter sans réagir puis s'était propulsé vers une d'entre elles.

— André Roy se plaignait qu'il n'y avait jamais de taxi à la gare, poursuivit Janick. Mais il était distant. Il m'a dit qu'il s'était organisé avec un collègue pour venir à Québec, qu'il n'avait pas opté pour le train. Plus tard, il s'est excusé. Le voyage avait été pénible avec son collègue qui parlait sans arrêt. Il avait regretté de ne pas avoir pris le train, dit qu'il aurait pu travailler.

— Il voyage habituellement en train?

— Oui, en première.

Janick Langlois haussa les épaules, marmonna qu'il lui avait assez volé d'argent pour se permettre ce luxe.

— Moi, je ne suis monté qu'une fois, dit Bouthillette pendant que Graham notait quatre mots sur son calepin : train, voisine, caméra, gare.

— Auriez-vous une photo de Roy à nous transmettre?

Janick Langlois secoua la tête, elle avait dû effacer les photos qu'elle avait prises quand André Roy était venu chez elle la première fois.

— Vous avez tout effacé? insista Maud Graham même si elle avait déjà compris que Janick n'aurait aucune photo de Roy à leur montrer.

Comme les autres victimes. Il avait raconté la même salade à chacune d'entre elles : il ne pouvait courir le moindre risque qu'une photo de lui s'égare sur les réseaux sociaux et que sa femme la voie, elle s'en servirait pour lui réclamer encore plus d'argent. Il s'excusait d'être aussi paranoïaque, promettait qu'ils prendraient ensemble un million de *selfies* quand son divorce serait prononcé. Que c'était l'affaire de quelques semaines. Qu'il talonnait l'avocat pour accélérer les choses et être débarrassé de son ex.

— Il y aurait peut-être un *selfie* de nous deux, reprit Janick, je l'avais envoyé à ma meilleure amie avant qu'il me dise d'effacer ses photos. Je vais vérifier auprès de Julie. Elle voulait mettre sa photo sur les réseaux sociaux pour prévenir d'autres femmes, mais je n'ai pas voulu. Je lui ai dit d'effacer cette image. Même si elle brouillait mon visage, j'avais trop peur d'être reconnue. Je ne veux pas qu'on apprenne que je me suis fait avoir.

— Je comprends, compatit Maud Graham tout en sachant que le silence des victimes humiliées aidait le criminel à arnaquer de nouvelles proies.

— Vous n'avez pas de photos de lui? devina Janick Langlois. Les autres femmes ne vous en ont pas donné?

— Rien d'utilisable, répondit Bouthillette.

— Je me souviens qu'il y avait des mariés sur la terrasse Dufferin quand j'ai pris le *selfie*. Ils avaient l'air tellement heureux…

Graham aurait aimé lui dire qu'elle rencontrerait un jour un homme qui l'aimerait réellement, mais cette phrase qu'elle aurait voulu sincère sonnerait comme un cliché. Elle-même l'entendait ainsi quand Léa la lui répétait avant qu'elle croise le chemin d'Alain. Elle questionna Janick sur sa rencontre avec André Roy. Avait-elle utilisé une application?

— Non, s'exclama Janick. On ne sait pas qui on peut trouver! André Roy était devant l'agence de voyages où je venais chercher mes billets pour Miami. Je l'ai bousculé en sortant, j'ai échappé mon enveloppe, il l'a ramassée, m'a demandé où j'allais. Il avait lui-même des billets en main, on a discuté… Il connaît bien la Floride, il a dit qu'il pourrait me donner de bonnes adresses. On a fini par aller prendre un verre.

Maud ajouta le mot « voyages » dans son carnet. Une autre victime interrogée par McEwen avait mentionné que Roy était un globe-trotter, qu'il avait promis qu'ils iraient ensemble voir les volcans en Islande.

— Est-ce que vous vous souvenez du jour où vous avez bu ce verre? Et de l'endroit?

— Évidemment, sur Grande-Allée. C'était la veille de mon anniversaire. Le 15 juin. Il m'a invitée à souper le lendemain dès qu'il a appris que c'était ma fête, mais j'étais déjà prise. Il m'a relancée deux jours plus tard, il avait préparé un pique-nique, avait tout acheté chez un traiteur, il y avait du champagne. Il y avait toujours du champagne avec André Roy. Il avait repéré un beau coin sur les Plaines. Il était si romantique. J'avais bien vu qu'il avait une marque à son annulaire, mais j'ai voulu croire qu'il était déjà séparé. Qu'il était libre…

Maud Graham décelait une certaine nostalgie dans les propos de Janick Langlois. Elle chérissait ce moment où elle avait eu l'impression qu'on la désirait et, si c'était légitime, c'eût été préférable que ce soit la colère qui l'habite. Roy l'avait escroquée de onze mille dollars, n'était-ce pas assez pour lui en vouloir? Elle n'était pas la seule à avoir cette attitude; quel magnétisme arrivait-il à exercer sur les femmes? Elle avait hâte d'avoir ce séducteur en face d'elle.

Mais quand?

Il fallait d'abord découvrir sa véritable identité. Si André Roy était bien son nom, l'arnaqueur avait pu choisir un des patronymes les plus populaires au Québec pour plus d'anonymat, se noyant parmi les dizaines d'hommes qui portaient le même nom. Parmi tous ceux qui avaient pu être appelés par les policiers, aucun ne correspondait aux descriptions des victimes. Les enquêteurs avaient interrogé ces hommes avec minutie, songeant qu'un d'entre eux connaissait peut-être celui qui avait choisi ces nom et prénom comme patronyme, mais aucun des hommes n'avait remarqué quoi que ce soit d'inhabituel dans leur quotidien. Pas de fraude dans leurs comptes en banque, pas de messages suspects sur Internet. Rien à signaler. Qui était André Roy? Quel âge avait-il? Quel était son vrai visage? Les victimes décrivaient un homme élégant à la barbe soigneusement taillée, ou portant une moustache, aux cheveux allant du blond cendré au brun, arborant des lunettes de formes et de couleurs différentes. Un caméléon. L'homme qui changeait d'apparence au gré de ses proies qu'il grisait cependant des mêmes paroles, à qui il faisait les mêmes promesses. Pourquoi aurait-il modifié ses bobards? Ils avaient prouvé leur efficacité à répétition. McEwen avait dit qu'elle ne se serait jamais fait piéger par ces déclarations

Chapitre trois | 77

d'amour éternel, mais Marie-Pier Beauchamp était plus nuancée ; il suffisait qu'une proie soit vulnérable au moment où Roy la croisait et son travail d'approche en était facilité. « On ne connaît pas toutes celles qui n'ont pas été dupes de son jeu. » Non, et c'était dommage de ne pas avoir leurs témoignages, toute information sur ce fraudeur aurait été bienvenue. Était-il encore au Québec ou considérait-il qu'il avait amassé suffisamment d'argent pour s'installer hors du pays ? Mais pourquoi aurait-il cessé ses arnaques ? Ses victimes avaient tenté de le joindre pour lui demander des explications ou le maudire jusqu'à la fin des temps ? *So what* ? Il n'y avait plus de réponse au numéro qu'elles composaient. Comme si Roy n'existait plus. Et de fait, il n'existait plus pour elles, il s'ingéniait à créer un nouveau personnage dans une autre ville. Quatre victimes à Montréal, trois à Ottawa, une à La Malbaie, deux à Magog et six à Québec. McEwen trouvait étrange qu'à l'ère des réseaux sociaux, Roy ne s'inquiète pas davantage de voir son image apparaître sur un site pour le dénoncer, même s'il interdisait à ses victimes de le photographier. Mais Graham n'était pas si surprise : l'homme savait que la honte musellerait ces femmes, elles ne clameraient pas à tout vent qu'elles avaient été assez naïves pour croire au prince charmant. Graham se demandait plutôt dans quelle région sévirait maintenant Roy. Il avait commencé à opérer dans la métropole, puis s'était rendu dans l'Outaouais, en Estrie, dans Charlevoix puis dans la capitale. Ferait-il bientôt des ravages dans le Bas-du-Fleuve ? Il semblait préférer les grandes villes, Rimouski lui paraîtrait-elle assez prometteuse ? Inviterait-il sa prochaine proie à souper chez Colombe Saint-Pierre ? Ou au Narval ? Graham ne put s'empê-cher de saliver en se remémorant son dernier repas dans ce petit restaurant où Alain et elle s'étaient attablés en revenant des îles de la Madeleine ; la qualité des produits, la touche asiatique qui faisait chanter chaque plat, les textures moelleuses ou craquantes, la gentillesse de la jeune serveuse, tout les avait séduits. Peut-être que Roy opterait pour le Mange-Grenouille? Cette auberge du Bic était particulièrement romantique.

Allait-il dans les mêmes restaurants quand il était seul? L'était-il? Avait-il une femme dans sa vie? Que savait-elle de lui? Lui mentait-il autant qu'aux autres?

4

Québec, 24 novembre 2022

Marc-Aurèle Jutras hésita, renonça à boire un autre café. Il devait plutôt manger, refaire ses forces après la nuit éprouvante qu'il venait de vivre. Il devait avoir l'air frais et dispos quand il arriverait au bureau. Et quand il rejoindrait son beau-frère pour dîner au Bello. Une bonne douche le requinquerait, effacerait les efforts qu'il avait dû fournir plus tôt. Il s'attendait à ce que transporter un corps soit difficile, mais c'était pire que ce qu'il s'était imaginé. Il était pourtant en forme, s'entraînait régulièrement. Il fixa ses mains. Elles ne tremblaient plus. Conduire l'avait apaisé, même s'il ne pouvait s'empêcher de récapituler les événements en se demandant s'il avait négligé un détail. Non. Tout s'était déroulé comme prévu à partir du moment où il avait trouvé un itinérant prêt à lui vendre du fentanyl. Il avait fait un premier repérage la semaine précédente en roulant dans Limoilou. Saint-Sauveur. Il s'était rappelé qu'il y avait eu des incidents violents dans le périmètre du boulevard Henri-Bourassa. Il avait rayé les abords du centre Vidéotron et du marché où il y avait sûrement des caméras, espérant dénicher un *squeegee* un peu plus loin. La chance lui avait souri, un jeune avait attiré son attention en surgissant au coin d'une rue et en marchant d'un pas très rapide vers l'arrière d'un immeuble où il avait procédé à un échange avec un autre homme. Celui-ci était resté sur place alors que le drogué disparaissait en courant. Jutras avait attendu une dizaine de minutes avant de sortir de sa voiture. N'ayant repéré aucune caméra à l'arrière de l'immeuble, il avait hélé le vendeur au bonnet noir. Il avait été surpris par la facilité avec laquelle il avait pu se procurer l'opioïde dont il avait besoin, ce n'était pas étonnant que cet analgésique fasse de plus en plus de ravages au Québec. En rentrant chez lui cependant, Jutras s'était dit qu'il avait peut-être acheté de la merde, il ne connaissait rien au produit qui l'intéressait. Il avait même hésité quelques secondes quand le vendeur l'avait questionné; voulait-il des *pills*, des *patchs*, des fioles d'Apache? Des ampoules. Il n'aurait même pas à écraser le produit. Mais était-ce si grave s'il avait acheté du fentanyl frelaté? Non, il s'inquiétait inutilement, cette drogue était cinquante fois plus puissante que l'héroïne. Même coupé, le fentanyl était extrêmement dangereux. Heureusement, il n'aurait pas à chercher aussi loin pour la morphine.

Quelle semaine! Quelle nuit! Il n'en revenait pas de tout ce qu'il était parvenu à accomplir en si peu de temps. L'organisation, le mot-clé de la réussite dans tous les domaines. Et la conviction. Il avait réussi à trouver les bons mots pour amadouer Lucien quand il l'avait reconduit au parc de l'Artillerie, il avait admis avoir été choqué par son coming-out, mais depuis il avait réfléchi. Il n'allait pas se brouiller avec son seul enfant. Lucien devait seulement lui laisser le loisir de s'accoutumer à cette idée. Il s'était moqué de lui-même, il avait toujours été *old fashioned*, n'était-ce pas ce que disait Isabelle? Il l'avait même interrogé sur Jacob; d'où venait-il? Comment s'étaient-ils connus? Lucien n'avait pas élaboré de longues réponses, mais son sourire était sincère quand il l'avait remercié de l'avoir emmené dans le Vieux-Québec. Et hier, il avait enfin daigné souper avec lui au lieu de s'enfermer dans sa chambre. Il avait eu raison de mettre une bouteille de champagne bien en évidence sur l'îlot de la cuisine; il lui avait demandé de trinquer avec lui comme il le faisait autrefois avec Isabelle quand il concluait une belle transaction. « Juste un verre comme je le faisais avec ta mère. » Lucien avait accepté après avoir dit qu'il espérait souper tôt, il voulait sortir ensuite. « On ne s'éternisera pas », avait-il promis en allant chercher des croustilles dans le garde-manger, tournant le dos à Lucien pour verser du fentanyl dans la flûte avant de la remplir jusqu'au bord. Il avait même prévu d'ajouter de la crème de cassis pour dissimuler le goût de l'opioïde. Il avait tendu le verre de kir royal à Lucien avant de piger dans le bol de chips. Puis il lui avait proposé de commander des sushis. Il le préviendrait quand le livreur arriverait. Il avait vidé son verre, s'était resservi, avait versé du champagne dans celui de Lucien, l'avait surveillé tandis qu'il s'éloignait vers sa chambre en consultant son Samsung. Et il avait attendu en se demandant s'il avait mis assez de fentanyl dans le verre de Lucien, si les minutes se transformeraient en heures, s'il aurait dû choisir une autre méthode pour parvenir à ses fins. Il avait enfin entendu des bruits provenant de la chambre de Lucien, des objets qui tombaient au sol. Un choc plus fort, plus sourd. Et plus rien. Il avait poussé la porte de la chambre, avait mis ses gants pour toucher le corps. La peau de Lucien lui avait paru plus bleutée. Il était allé chercher les sacs prévus pour l'emballer, s'était mis au boulot. Puis il avait dû encore patienter, il ne devait plus distinguer aucune lumière chez ses voisins, personne ne devait voir sa voiture sortir du garage. En transportant Lucien vers la Mercedes, il avait sué, comme il le faisait sur les chantiers quand il était jeune. Repenser à ces années de dur labeur l'avait aidé à maintenir ses efforts ; il avait tellement travaillé depuis pour devenir riche, rien ni personne n'allait lui nuire aujourd'hui. Il ne retournerait pas au bas de l'échelle à son âge ! L'héritage de Lucien renflouerait les coffres. Heureusement qu'Isabelle n'avait eu qu'un enfant. Elle avait bien laissé de l'argent à son frère, mais c'était son fils qui devait toucher sa fortune à sa majorité.

Il ne serait pas là pour la réclamer et partir avec ces centaines de milliers de dollars.

Combien de temps mettrait-on à découvrir son corps ? Il ne déclarerait pas la disparition de Lucien avant samedi ou dimanche. Jean-Philippe et Nadine s'envolaient demain vers Miami, leurs filles étaient trop jeunes pour aller seules au chalet familial. Quand il évoquerait plus tard cet endroit avec les enquêteurs, il dirait son étonnement : comment Lucien avait-il bien pu se rendre au fin fond de la forêt ? Il avait fallu qu'un ami possédant une voiture l'emmène. Un ami qui l'avait abandonné alors qu'il mourait d'une surdose. Avec un peu de chance, des bêtes s'en prendraient au cadavre. Il repensa à la mise en scène près du chalet, il avait même pensé à déposer l'ampoule brisée à quelques mètres de l'entrée. Les enquêteurs l'enverraient sûrement au laboratoire. Est-ce qu'on confirmerait la présence de fentanyl rapidement ou les réponses viendraient-elles de l'autopsie ? Il lui semblait avoir lu que le GHB ne demeure pas trop longtemps dans le sang contrairement à la marijuana, mais il ne savait rien à propos du fentanyl. *So what* ? L'ampoule servirait d'indice pour conclure à un suicide par surdose tout autant que les lieux du drame : qui se rendrait à la vieille cabane perdue en plein bois au mois de novembre ? Elle n'était pas si facile d'accès, il avait dû se servir de la luge pour transporter le corps. Personne ne pouvait voir cette partie du domaine familial des Bisson du chemin qui menait au chalet. Si les filles de Jean-Philippe ne mentionnaient pas ce lieu, les enquêteurs n'iraient pas jeter un coup d'œil avant le retour de son beau-frère. Lui, c'est certain qu'il s'ouvrirait la trappe. Mais bon, il faudrait bien que le corps soit découvert un jour ou l'autre.

Des jappements firent sursauter Marc-Aurèle Jutras. Misère ! La chienne était de retour ! Il pensait pourtant en être débarrassé, il l'avait laissée près du campus après lui avoir enlevé son collier. La sonnerie de la porte d'entrée lui vrilla les tympans. Qui sonnait si tôt chez lui ?

— J'ai trouvé Mila au parc des Braves, dit Thérèse Joly.

— Elle s'est sauvée hier soir, je l'ai cherchée partout. Je craignais tellement que Lucien revienne et trouve la maison vide. Il ne me l'aurait jamais pardonné !

— Il n'est pas là ?

— Il dormait chez une amie, dit Jutras avec un sourire complice.

— C'est ça, la jeunesse ! Et c'est tellement un beau garçon, ça ne me surprend pas qu'il ait du succès.

— Je ne sais pas comment vous remercier...

— De rien, voyons, c'est une chienne si gentille.

Qui n'aurait pas dû revenir à la maison. Elle fonça vers la cuisine, vida le contenu de sa gamelle, puis fila vers la chambre de Lucien où elle sauta sur le lit.

— Tu vas l'attendre longtemps, murmura Marc-Aurèle Jutras en songeant qu'il pourrait se débarrasser de Mila dans quelques semaines. Auparavant, il répéterait à qui voudrait l'entendre que la chienne espérait tout comme lui le retour de Lucien, qu'elle continuait à chercher sa trace quand il la sortait pour sa promenade.

Il ouvrit le réfrigérateur, prit une orange dans le compartiment du bas, s'approcha de la fenêtre et scruta le ciel gris en souhaitant que les vingt centimètres de neige annoncés pour ce soir tombent comme prévu et effacent les traces de pneus de sa voiture même s'il s'était arrêté à une bonne distance du chalet. Les flocons dissimuleraient encore davantage l'entrée de la caverne, personne ne trouverait la dépouille avant un certain temps.

Jutras avala les quartiers d'agrume sans s'en rendre compte, pensant maintenant au souper avec Rémi-Paul Lauzon. Il avait hâte que tout soit derrière lui. Mais il était satisfait de ce qu'il avait réalisé et d'avoir pensé à utiliser le vieux Ford qu'il avait laissé sur le chantier, à mi-chemin entre Québec et Armagh, et d'avoir rangé le Samsung de Lucien dans le coffre après l'avoir évidemment éteint. Il pensait que les enquêteurs tenteraient le géolocaliser. Pour plus de précautions, il l'avait glissé dans un sac Faraday. Il avait vraiment pensé à tout.

: :

— Je ne sais plus quoi faire! s'écria Jacob Dubuc. Lucien devait me rejoindre pour aller voir un film. Je lui ai envoyé un million de textos. Il ne répond pas! Je ne peux pas croire qu'il est vraiment fâché contre moi à cause de l'appartement.

Nelly posa ses mains sur les épaules de son ami; peut-être que oui, peut-être que Lucien était capable de bouder pendant longtemps.

— Tu ne le connais pas tant que ça. C'est votre première dispute...

— Mais on ne s'est pas même pas engueulés! J'ai lui ai seulement dit qu'il ne peut pas tout décider parce qu'il a du *cash*.

— Je ne te comprends pas, tu es chanceux que Lucien cherche un appartement pour vous deux. Qu'est-ce qui est arrivé pour vrai?

Jacob haussa les épaules. Il ne savait pas trop comment la visite de l'appartement avait dégénéré.

— C'est quand Lucien a dit qu'il faudrait peindre les murs en blanc, que ça ne prendrait pas tant de temps vu que j'ai de l'expérience. Puis il m'a demandé s'il y avait un Rona dans le coin. *Fuck*! Je ne peins pas des murs! Je peins sur les murs. Je me suis énervé, je l'ai planté là. Il faut toujours qu'il me dise quoi faire. Il reproche à son père de vouloir le contrôler, mais il fait la même chose et je...

— Tu exagères, le coupa Nelly en resserrant son foulard autour de son cou, cachant les mèches frisées qui s'échappaient de son bonnet de laine pourpre. Tu vas dire que je suis de son bord, mais c'est toi qui as tout décidé quand on s'est retrouvés au parc de l'Artillerie. Où on irait, qui on verrait. Lucien a été *nice*. Et je le comprends de vouloir un endroit plus chaud. Tu ne peux pas rester ici, tu vas tomber malade. Tu n'aurais jamais dû pousser Kevin à bout!

— Mon cousin veut me contrôler lui aussi...

— Arrête de penser que tout le monde veut te dire quoi faire. Kevin est *chill*, Lucien est *chill*...

— Je le sais! Je n'aurais pas dû partir. Mais Lucien n'a pas essayé de courir pour me rattraper quand on s'est disputés.

— Parce qu'il ne voulait pas que le propriétaire pense que vous étiez trop *heavy* pour qu'il vous loue l'appart. Réfléchis donc un peu...

Jacob soupira, tout s'emmêlait dans sa tête, dans son cœur. Nelly avait raison, il avait réagi trop vite.

— Lucien ne veut plus rien savoir de moi, sinon il m'aurait répondu, gémit-il. Je suis juste un…

— Il va te répondre, il est bien trop en amour avec toi.

— Tu es sûre?

— Certaine, affirma Nelly. Il te regarde comme si tu étais ce qu'il avait vu de plus beau dans sa vie. T'es *cute*, mais pas à ce point-là. Peut-être qu'il a perdu son téléphone. Ça m'est arrivé cet été. C'était pénible!

— Tu devrais le texter. S'il te répond, ça veut dire que c'est seulement à moi qu'il ne veut pas parler.

— Attends encore un peu. Viens souper chez nous. Ma mère est partie pour la fin de semaine. Viviane sera là.

— Ah! La belle Viviane? Elle n'est plus avec Mylène?

— On est seulement amies.

Jacob haussa les sourcils: qui Nelly espérait-elle convaincre?

— Tu capotes sur elle, mais il ne se passera jamais rien si tu ne le lui dis pas. Tu sortais avec Ian quand tu es entrée au cégep. Elle ne peut pas deviner que tu trippes sur elle…

— Occupe-toi plutôt de tes affaires, fit Nelly qui ne pouvait contredire son ami d'enfance. Il la connaissait trop bien. Elle avait hâte qu'il rencontre Viviane. Ils passeraient une belle soirée. Elle espérait que ça lui changerait les idées, car elle ne savait plus quoi dire pour persuader Jacob que Lucien lui répondrait.

— Et si mon chum avait eu un accident?

— Un accident?

— Il est toujours en vélo. Ça arrive souvent des accidents de vélo. Ce n'est pas son père qui m'appellera pour me prévenir.

— Lucien a dit qu'ils s'étaient parlé, que c'était moins pire chez lui.

— Pas au point que le bonhomme Jutras me téléphone. On devrait appeler tous les hôpitaux.

Nelly soupira, Jacob avait toujours été tellement intense. Elle lui donna une tape sur l'épaule. Ils feraient les appels chez elle. Ils pourraient aussi appeler la police.

— Non! Pas la police! Je ne veux pas de troubles...

— Pourquoi t'en aurais?

— Je ne veux pas leur parler.

— Qu'est-ce que tu as fait?

— J'ai piqué une montre au père de Lucien. S'il s'en est rendu compte...

— Lucien ne t'en a pas parlé?

Jacob avait secoué la tête.

— Tu ne l'as pas dit à Lucien, c'est ça?

— J'attendais le bon moment. Il n'arrête pas de répéter qu'il hait son père, mais peut-être qu'il est fâché contre moi.

— Ou qu'il te protège. Si son père a découvert le vol, il doit avoir dit à Lucien qu'il porterait plainte contre toi, que tu aurais des problèmes avec la police. Lucien doit avoir prétendu qu'il t'en voulait aussi, que vous vous êtes disputés. Il fait semblant d'être du bord de son père pour que ça s'arrête là. De toute manière, est-ce qu'il a la preuve que c'est toi qui as piqué sa Rolex?

— Il y en avait cinq sur la commode de la grande chambre. Je n'ai pas réfléchi. Mais même si Jutras se doute que c'est moi, rien ne le prouve. Il peut aussi avoir perdu sa montre.

Nelly opina. Elle comprenait mieux pourquoi Jacob refusait de parler à des policiers.

— En plus, j'avais du stock sur moi. Pour faire une surprise à Lucien. Penses-tu qu'il m'a *ghosté*?

— Ça n'arrivera pas.

— Peut-être qu'il n'a pas pu louer l'appartement et qu'il m'en veut à mort et...

— Arrête! Tu répètes la même affaire depuis des heures! Mets ton anorak, on s'en va chez nous.

— Tu es la seule personne que je connais qui dit « anorak ». Tu as toujours été bizz, Nelly Simard.

— Pas autant que toi.

— Lucien aussi doit me trouver trop *weird*.

— Non, mais tu es pénible.

— Toi, tu pourrais appeler la police pour t'informer, pour savoir s'il y a eu un accident…

— On fera ça chez nous, répéta Nelly.

: :

Québec, 25 novembre 2022

Rémi-Paul Lauzon soupira, il n'arrivait pas à se décider ; devait-il mettre une chemise ou un pull pour aller chez Marc Jutras ? Le pull serait plus aisé à enfiler avec son poignet bandé, mais une chemise faisait plus sérieux. Et un jean ou son pantalon de velours côtelé gris ? Il saisit celui-ci en se fustigeant ; il était ridicule de vouloir paraître à son avantage devant son ex-collègue, mais il était quasiment persuadé que celui-ci porterait une chemise et même une cravate quand il lui ouvrirait sa porte. Jutras avait toujours été soucieux de son apparence. Il répétait que l'habit fait le moine. Et le jugement des gens. Il prenait toujours le temps de se laver longuement les mains avant d'enfiler ses vêtements de rechange après avoir enlevé son uniforme à la fin de son quart de travail à l'hôpital. Pas question qu'une goutte de sang, qu'une saleté macule son tee-shirt même s'il ne quittait Robert-Giffard que pour se rendre chez lui. Rémi-Paul conservait sa tenue de préposé pour prendre le bus qui le ramenait à son appartement, se changeait plus tard, pourquoi aurait-il traîné des vêtements pour la seule raison d'être plus propre dans les transports en commun ? Jutras disait que c'était une question de fierté personnelle. Et il avait continué à changer de tenue quand il s'était acheté une voiture, alors qu'il ne croisait quasiment personne en traversant le terrain de stationnement. Rémi-Paul reconnaissait que Marc paraissait bien, mais en quoi était-ce important au boulot? Les malades se foutaient de ce qu'avaient l'air les préposés qui faisaient leur toilette. Même plus tard, quand il était devenu infirmier, il n'avait pas modifié ses habitudes et gardait son pantalon et son sarrau bleus toute la journée. Il n'avait pas honte de son travail. Tandis que Marc Jutras, lorsqu'ils sortaient prendre une bière et qu'une femme s'intéressait à ce qu'il faisait, parlait plutôt de son deuxième emploi, de son boulot dans la construction. Lauzon devait néanmoins admettre que Marc avait eu raison de s'investir sur les chantiers, c'était là qu'il avait gravi les échelons. Là où l'empathie n'était pas nécessaire. Un mot qui ne faisait pas partie du vocabulaire de Marc Jutras. Il n'avait pas changé, malgré le ton chaleureux qu'il avait pris pour l'inviter à souper chez lui, son regard était à peine curieux quand il avait expliqué qu'il se battait contre un cancer. Il avait exprimé sa sympathie machinalement. Le robot Jutras.

Lauzon soupira à nouveau, s'en voulant encore d'être impressionné par la réussite de ce type qui se croyait à tort supérieur aux autres. Il devait montrer plus de confiance en lui, plus de fermeté quand il exigerait quarante mille dollars en échange de la preuve de ses abus sur Magalie Therrien. Qu'est-ce qu'il en avait à foutre de son habillement pour aller chez Marc Jutras? Pardon, Marc-*Aurèle* Jutras. Pourquoi prenait-il des gants blancs avec un homme qui avait ce genre de prétention parfaitement risible?

Jutras l'avait toujours intimidé par son charisme, sa volonté, sa capacité à obtenir ce qu'il désirait, mais Rémi-Paul n'avait plus rien à perdre aujourd'hui. Rien. Pas même son honneur. Il voulait seulement apaiser sa conscience et que ses enfants aient une meilleure image de lui. Peut-être que ça ne changerait rien, qu'il était trop tard. Il ne leur avait même pas encore annoncé qu'il avait un cancer du pancréas. Il se plaisait toutefois à imaginer leur surprise quand ils apprendraient qu'il n'était pas aussi insignifiant, aussi égoïste, aussi paresseux qu'Odile le leur avait répété. Quarante mille dollars. Est-ce que c'était un bon prix à demander à Marc Jutras? Ce n'était qu'un petit trou dans son portefeuille. Rémi-Paul Lauzon se demanda pour la centième fois comment il avait eu l'idée de mettre une caméra dans le réduit où Marc entraînait Magalie Therrien, ils étaient censés être amis. Mais est-ce qu'un ami l'aurait laissé prendre l'autobus? Jutras l'invitait à monter dans sa Camaro quand ils sortaient au Beaugarte le vendredi soir, mais pas durant la semaine. Non, il ne lui avait jamais offert de le déposer chez lui alors que son studio était sur son chemin. Il n'aurait eu qu'à le prendre au coin de Charest et de Marie-de-l'Incarnation pour lui éviter d'attendre l'autobus sous la pluie. Ils avaient le même horaire. Mais il n'en avait pas eu envie. Et Marc Jutras s'arrangeait plutôt bien pour ne faire que ce qui lui plaisait.

Il devrait pourtant se résigner à écouter ce qu'il avait à lui dire. Il lui dirait qu'il avait souvent pensé à cette confrontation, qu'il avait gardé ce secret jusqu'à aujourd'hui par honte. Mais sa mort prochaine balayait ce sentiment et Marc devrait se soumettre à ses demandes. Il le tenait enfin! Il avait hâte de voir la panique s'emparer de lui! La perspective que les réseaux sociaux s'enflamment en apprenant qu'il avait abusé d'une débile mentale lui serait infiniment désagréable. Insupportable! Davantage que le fait de débourser quarante mille piasses. Même s'il était têtu… Se plierait-il à ses volontés? Pour la première et dernière fois de leurs vies, les rôles seraient inversés.

Lauzon se regarda dans le miroir de la salle de bain et se dit qu'il avait eu raison de se raser le crâne dès l'annonce de son cancer, de ne pas attendre que ses cheveux tombent par poignées même si ça ne changeait plus rien maintenant. Il effleura sa tête lisse, commençant à s'y habituer. Sa dernière séance de chimio remontait à deux semaines, il n'avait pas eu trop de nausées même si les aliments avaient tous un goût de fer. Qu'avait dit Jutras? Qu'il ferait livrer du chinois? Du japonais? Peut-être qu'il lui demanderait ce qu'il préférait. Ils n'auraient pas encore abordé la vraie raison de sa visite, ils bavarderaient en prenant l'apéro, évoqueraient l'époque où ils étaient préposés à Robert-Giffard. Il l'interrogerait sur son brillant parcours, ils parleraient peut-être de leurs enfants. Combien de temps Jutras mettrait-il à l'interroger sur les motifs qui l'avaient animé pour chercher à le revoir? Il devait s'être posé souvent la question depuis qu'il l'avait vu dans le stationnement de son bureau.

Il lui donnerait toutes les réponses dans moins de trois heures. Et Jutras comprendrait qu'il n'était plus aussi souriant que la mascotte Pillsbury. Plus aussi naïf. Et bien plus volontaire.

:   :

Les feuilles mortes qui s'étaient entassées sous l'escalier du Faubourg s'éparpillèrent mollement lorsque Jacob Dubuc donna un coup de pied dans le monticule aux tons rouille alourdi par les premières neiges. Il les piétina avec acharnement sans parvenir à calmer sa rage et son angoisse : il devait retrouver Lucien la veille à quinze heures, mais vingt-quatre heures s'étaient écoulées depuis sans le moindre signe de son amoureux. C'était impossible qu'il l'ait quitté! Pas après ce qu'ils avaient vécu ces dernières semaines. Et pas après avoir proposé de louer un appartement pour eux. Il s'était passé un truc qui l'empêchait de communiquer avec lui. Nelly avait peut-être raison : s'il avait perdu son téléphone, il n'avait aucun moyen de le rejoindre. À moins de se présenter au squat. Mais il n'était pas venu. Ou il était passé au moment où il se réchauffait dans un café.

Et s'il n'avait pu sortir de chez lui? Le père de Lucien avait dû le manipuler, lui dire qu'il couperait tous les ponts s'il quittait la maison, s'il s'entêtait à le revoir. Lucien répétait qu'il toucherait l'héritage de sa mère, était-ce vraiment garanti? Comment pouvait-il en être certain? Que ferait-il si son père le jetait à la rue? Il le rejoindrait dans le squat pour geler avec lui ? Non. Le bonhomme Jutras ne pouvait pas le sacrer à la porte, il n'était pas encore majeur, il en avait la responsabilité. Si c'était le cas, Lucien devait rester avenue De Bourlamaque jusqu'à son anniversaire.

Et s'il n'était pas à l'hôpital quand Nelly et lui avaient tenté d'avoir des informations, mais y était arrivé plus tard ? S'il avait été battu après leur dispute à l'appartement qu'ils voulaient louer, s'il était resté dans une ruelle un bon bout de temps avant que quelqu'un le trouve et appelle le 911 ? Son père avait sûrement été prévenu si c'était bien ce qui s'était passé ? Peut-être que Lucien était entre la vie et la mort.

La seule manière d'en savoir plus était de se rendre chez lui. Peut-être que Jutras l'accuserait du vol de la montre, mais il était prêt à courir ce risque pour voir Lucien. Même si c'était seulement une seconde ! Il saurait à son regard s'il l'aimait toujours.

: :

Assise entre le canapé du salon et le fauteuil en cuir noir, Églantine suivait de son regard myosotis les mouvements des invités, guettant le moment où elle pourrait chaparder une rondelle de saucisson, cet instant béni où ils se lèveraient tous et tendraient leurs verres pour trinquer à l'anniversaire de Michel Joubert. La siamoise aimait beaucoup les célébrations, sa maîtresse préparait souvent des toasts au foie gras et laissait le couteau qui avait servi à tartiner le pain grillé dans le lavabo, prêt à être consciencieusement léché. Et il restait toujours des miettes de pailles au fromage dans l'assiette rouge. Elle hésita à accompagner Maud Graham à la cuisine quand celle-ci reposa son verre sur la table du salon ; pouvait-elle espérer une petite bouchée de saumon ou un peu de bacon ou valait-il mieux continuer à faire le guet au salon ? Si elle se rapprochait de Grégoire, si elle frottait son museau contre ses mains, il finirait bien par lui donner un peu de charcuterie.

— Églantine est toujours aussi gourmande, constata Michel Joubert en voyant la chatte louvoyer vers Grégoire. Et elle devine qui lui cédera.

— Elle est trop mignonne, je ne peux pas lui résister.

Joubert sourit. Il se sentait toujours un peu coupable de ne pas avoir consenti à l'adoption d'un chat quand il voyait le plaisir qu'éprouvait son amoureux à flatter Églantine, mais ils étaient si peu chez eux, l'animal s'ennuierait sûrement. Et ils aimaient voyager, qui garderait leur chat en leur absence ? Grégoire n'était-il pas heureux de pouvoir s'envoler sur un coup de tête au soleil ? Il se rappela que Rouaix, l'ancien partenaire de Graham, revenait de Miami et se tourna vers lui ; avait-il fait beau durant leur séjour ?

— Magnifique, juste assez chaud pour boire l'apéro en écoutant le bruit des vagues.

— Notre agent de voyage nous avait conseillé un bon hôtel, ajouta sa femme Nicole. Tout était comme il nous l'avait promis.

— Oui, renchérit Rouaix, je suis de la vieille école. J'aime mieux m'organiser avec un voyagiste plutôt que magasiner sur Internet. Si jamais il y a un souci, on a quelqu'un pour nous aider.

— Ça fait partie du plaisir de naviguer sur les sites, protesta Grégoire, on tombe sur des occasions si on est souple.

— Je ne sais pas comment vous y parvenez, avoua Rouaix. Avec le poste de Michel et ton resto...

— C'est vrai que ce n'est pas simple, mais on finit par y arriver.

— Je suis passée devant le resto cette semaine, dit Graham en revenant vers les invités avec un plateau d'huîtres.

— Sans t'arrêter ? dit Grégoire sur un ton faussement réprobateur.

— J'avais rendez-vous avec la victime d'un séducteur.

— Un séducteur ? répéta Rouaix. Le terme fait vieillot.

— Peut-être, mais le type est doué, précisa Joubert. Une bonne douzaine de victimes à son actif.

— À Québec ?

— Non, André Roy sévit dans toute la province...

Chapitre quatre | 93

— Il a tant de charme que ça ? s'enquit Nicole.

— Je l'ignore, dit Maud Graham d'un ton rogue. On n'arrive pas à lui parler.

— Mais au moins, on a réussi à obtenir une photo de lui, tempéra Michel Joubert. Après des heures à regarder des vidéos des caméras de surveillance des restos et des bars de Québec.

— Je n'y croyais plus quand j'ai reconnu Suzanne, une des victimes d'André Roy. Il l'avait emmenée au Il Teatro. Il ventait beaucoup cette journée-là, ils étaient en terrasse et il a perdu sa casquette, on a enfin une image un peu moins floue de cet arnaqueur et...

— Ses victimes n'en avaient pas ? s'exclama Nicole. Il me semble que tout le monde se prend en photo aujourd'hui. Et une femme amoureuse aime avoir une image de l'homme qui la fait rêver.

— Roy a servi la même raison à toutes ses conquêtes : il ne voulait pas être pris en photo tant que son divorce n'était pas réglé. Il disait qu'il se méfiait des ratés de la technologie, que si une photo de lui se retrouvait sur Facebook, son ex serait folle de rage et serait capable de retarder la séparation. Il admettait sembler paranoïaque, mais prétendait que sa femme était cinglée. Et même dangereuse. Il promettait une fête pour célébrer la signature officielle des papiers du divorce, une fête qui inaugurerait une vie de rêve où ils seraient libres de s'aimer au grand jour. Et de se prendre en photos sous tous les angles.

— Ces femmes le croyaient ? s'étonna Grégoire.

— Elles ont toutes en commun d'avoir été longtemps célibataires avant de rencontrer André Roy. Trois lui ont désobéi, mais les photos ne sont pas nettes, faites trop vite à l'insu de Roy. Et il n'est jamais le même sur les images ; avec ou sans barbe, portant des lunettes différentes. On n'a rien obtenu en entrant cette image de comparaison dans la banque de données, mais on a au moins une idée de la tête de Roy.

— Je suppose que vous avez vérifié si elles étaient inscrites à des sites de rencontre ? demanda Nicole.

— Oui, la plupart l'étaient. Et on suppose que Roy y existait aussi sous un faux nom.

— Je n'en reviens pas de leur naïveté, dit Rouaix. C'est triste.

— La pandémie a généré énormément de solitude, expliqua Maud Graham. Il y a des personnes qui ont pensé qu'elles pouvaient disparaître de la surface de la Terre sans que personne ne se soucie d'elles.

— Ou qui ont mesuré leur solitude au moment des confinements, ajouta Joubert. Elles avaient une vie sociale, des sorties, des loisirs qui leur permettaient de s'étourdir, d'oublier qu'elles étaient seules.

— On peut être seul dans une foule, avança Grégoire.

— Mais ne pas le voir. Ou refuser de le voir.

— Les fraudes en tous genres se sont multipliées, dit Maud. Il y a beaucoup de vautours prêts à profiter de la fragilité des gens.

— C'est vrai, renchérit Nicole, on a eu des patients à l'hôpital qui étaient sûrs d'être protégés de la COVID grâce aux pilules miracles qu'ils avaient commandées sur Internet.

— Il faut bien que ce Roy soit quelque part, dit Grégoire.

— Il est peut-être en train de se faire dorer la couenne en Floride, dit Michel Joubert. Peut-être que vous l'avez croisé là-bas.

— Envoyez-nous sa photo, répliqua Rouaix. Je vous dirai si on a joué ensemble au golf.

— Vous aimez vraiment ça, constata Alain en tendant la dernière paille au fromage vers Maud.

Celle-ci secoua la tête, elle en avait déjà mangé trois et voulait s'autoriser un peu de dessert. Elle songeait déjà au temps des fêtes qui approchait à grands pas, aux repas copieux qui se multiplieraient, aux calories qui s'additionneraient et la déprimeraient lorsqu'elle monterait sur le pèse-personne. Elle devait tenter de perdre un kilo avant Noël, soupira intérieurement. Maigrir n'avait jamais été une chose aisée, mais c'était encore plus difficile avec la ménopause. Elle aurait cessé ses efforts depuis longtemps si elle ne vivait pas avec Alain.

— C'est Grégoire qui a préparé le dessert, précisa-t-elle à Nicole qui se tourna aussitôt vers lui, le regard pétillant.

— La charlotte au chocolat ?

— Au pralin et à la crème de mélilot, compléta Grégoire en souriant.

— Les victimes de Roy ont toutes dit qu'il avait la dent sucrée, dit Joubert.

— Tu suggères qu'on fasse aussi le tour des pâtisseries ?

— On peut reparler aux victimes, savoir s'il leur apportait des desserts, d'où ils venaient. On peut maintenant montrer sa photo. Roy est peut-être prudent avec les caméras quand il est en compagnie d'une proie, mais il doit moins s'en soucier quand il est seul. Il y a des éléments qui ne changent pas, la largeur du front, la distance entre les yeux, s'ils sont plus ou moins enfoncés, l'espace entre la bouche et le nez. Si on obtient plus de points de comparaison, on arrivera à faire un portrait-robot.

— En tout cas, il choisit de bons restos, commenta Grégoire. Le Laurie Raphaël, le Saint-Amour, le Rioux et Pettigrew... J'aime beaucoup aller chez BŌ. Les ris de veau et le flanc de porc braisé sont sublimes !

— Bouthillette devait voir cet après-midi le traiteur chez qui André Roy allait acheter les pique-niques qu'il offrait sur les Plaines à ses victimes. Notre chance, c'est que Roy a choisi le même traiteur les quatre fois. Avec les dates des pique-niques, on pourra peut-être retracer la liste des clients qui se sont rendus chez le traiteur et espérer que celui-ci associe la photo à un d'entre eux.

— Et que Roy ait payé avec une carte de crédit, dit Joubert. Une carte à son vrai nom.

— Peut-être pas, fit Rouaix. Peut-être qu'il fraude aussi du côté des cartes.

— J'espère qu'il n'a pas déjà quitté le pays, dit Graham. Les déjeuners sur l'herbe, c'est estival, la première victime de Québec a connu Roy en mai, la dernière fin août.

— Un travailleur saisonnier? ironisa Grégoire. Il y en a qui vendent de la crème glacée, lui se donne à fond dans l'arnaque...

— Il fait toujours soleil quelque part, dit Graham. Ça vaudrait peut-être la peine de jaser avec nos homologues américains en Floride. Où s'installent les *snowbirds*. Il doit y avoir des femmes seules, là aussi.

Elle secoua la tête; leur raisonnement était bancal, Roy avait sévi bien avant l'été à Montréal et à Ottawa.

— Vous finirez par le trouver, affirma Grégoire. Il se prend peut-être pour Arsène Lupin, mais il n'est pas l'homme invisible.

— Et Bouthillette fait une bonne équipe avec Boudrias, dit Joubert. Ils sont peut-être chez le traiteur en train de visionner des bandes pendant qu'on prend l'apéro.

— Tu crois que vous auriez dû rester au poste avec eux au lieu de célébrer ton anniversaire? demanda Grégoire.

— Veux-tu que Maud se sente coupable? renchérit Rouaix.

— Aucune chance, fit Maud en levant sa flûte de Taittinger. Le champagne est délicieux, je ne bougerai pas d'ici. Ce n'est plus de mon âge de passer des heures devant un écran. Mes yeux ne sont plus aussi bons...

— Dit la femme qui a toujours un excellent score au stand de tir, la coupa Joubert avant de lever à son tour sa flûte pour remercier Maud de les recevoir.

Elle esquissa un petit sourire, aussi heureuse que Michel de cette soirée si amicale. Elle se rappelait les interdictions de se réunir durant la pandémie. Ces moments où elle avait connu la solitude lui semblaient à la fois récents et très éloignés dans le temps, comme si ses repères avaient été distordus et qu'ils n'avaient pas repris leur forme, leur fluidité. Elle devinait que rien ne serait plus comme avant. Même si la vie semblait être revenue à la normale, le chaos l'avait fragilisée. Les vendredis et samedis où elle s'était retrouvée seule à la maison lui avaient désagréablement rappelé ses années de célibat après sa rupture avec Yves, avaient exacerbé sa peur de perdre Alain. Et Maxime, Grégoire, Rouaix, Léa qui s'inquiétait tant pour ses étudiants, Nicole qui était allée prêter main-forte à l'hôpital, remettant sa tenue d'infirmière au pire de la pandémie. Elle avait toujours aimé la femme de Rouaix, mais son retour au CHUL l'avait impressionnée.

— Qu'est-ce qu'il y a? s'enquit Nicole en voyant Graham la fixer.

— Je me disais qu'on avait de la chance d'être tous ensemble. Je ne peux pas m'empêcher de penser à André Roy qui a profité du sentiment d'isolement de ses victimes. À qui ces femmes pourront-elles faire confiance maintenant? Il leur a menti sur tout, même sur ses voyages en train, il n'apparaît sur aucune vidéo de la gare. On ignore d'où il vient. Et où il est actuellement.

— Et les banques? demanda Rouaix. Il y a eu des virements du compte des victimes au compte de Roy. Il doit bien aller dans une succursale.

Michel Joubert expliqua que les victimes de Roy avaient viré de l'argent à l'adresse Internet de compagnies fictives.

— Qui n'existent plus, dit Maud Graham. Et les montants n'ont jamais dépassé cinq mille dollars à la fois. Il reste sous le radar.

— Il faut qu'il soit habile pour que toutes ces femmes aient cru à la rentabilité de cette pseudo-compagnie, observa Nicole.

— Elles ont toutes gagné de l'argent au début, c'est ça? dit Rouaix. Comme le leur avait promis Roy en leur vantant une pyramide de profits. Puis elles ont investi davantage…

— Et c'est à ce moment qu'il a disparu de leur vie, murmura Graham.

: :

Québec, 26 novembre 2022, à l'aube

Ça ne pouvait pas être la coke qui l'avait fait halluciner! Ce n'était quand même pas la première fois qu'il en prenait. Jacob n'avait rien perçu d'anormal quand il avait sniffé une ligne avec Tommy, il s'était seulement senti mieux. Et plus alerte. Il avait besoin d'un petit remontant pour se rendre chez Lucien. Il avait imaginé ce qu'il allait lui dire si c'était lui qui répondait à la porte, inventé un scénario si c'était son père, un autre s'ils étaient ensemble, mais au fond, il n'avait aucune idée de ce qui l'attendait avenue De Bourlamaque. Il s'était arrêté au parc des Braves où il avait repris un peu de poudre et avait laissé son regard errer au loin, survoler la basse-ville dont il connaissait tous les escaliers. Il aimait vraiment les escaliers. Surtout l'escalier Lépine à cause de ses arches en fer forgé. Il donnait toujours un petit coup sur le métal pour l'entendre tinter. Il espérait que les fantômes des personnes qui avaient été embaumées à l'entreprise funéraire voisine entendaient ce petit salut sonore. Lucien avait paru légèrement surpris quand il lui avait parlé des esprits, mais il avait admis que c'était possible qu'ils existent. Personne n'avait la preuve du contraire. En s'appuyant sur le socle de la colonne érigée au parc des Braves, Jacob s'était rappelé qu'il contenait les ossements des soldats tués lors de la bataille entre Lévis et Murray. Est-ce que quelques crânes anglais s'étaient mêlés à ceux des Français ? Reposaient-ils aux côtés des vaincus ? Ceux-ci avaient-ils tremblé autant que lui en se lançant contre l'ennemi ? S'il craignait que Jutras le menace d'appeler la police, il redoutait bien davantage qu'il lui apprenne que Lucien avait eu un accident.

Ou pire : que Lucien apparaisse sur le seuil avec Mila et lui dise que tout était fini entre eux. Nelly soutenait que c'était impossible, mais son cœur s'affolait à cette idée et il avait cru qu'il allait s'évanouir tellement les palpitations s'étaient accélérées lorsqu'il s'était arrêté devant la résidence des Jutras.

Et là, il avait changé d'idée. C'était stupide de sonner si tard à la porte de la résidence. Il fallait plutôt se diriger vers la cour arrière et tenter d'apercevoir Lucien, malgré la neige mouillante qui commençait à tomber, essayer de vérifier s'il y avait de la lumière dans sa chambre. Il n'était venu qu'une fois dans cette maison, mais il se souvenait de l'emplacement des pièces. Il avait vu tout de suite que la cuisine était éclairée et s'était dissimulé derrière un des trois cèdres qui avaient été plantés à la naissance de Lucien. Il avait regretté d'avoir mis le blouson qu'il avait trouvé à la friperie, il n'était même pas chaud et les bandes argentées du col et des poignets pouvaient attirer l'attention s'ils étaient dans l'angle de la lumière du mur nord. Il avait tenté de se faire encore plus petit derrière le cèdre, avait pensé que les battements de son cœur le trahiraient. Allait-il exploser ? Il devait se calmer. Il allait poser une main sur sa poitrine quand il avait aperçu une silhouette devant la porte-patio de la cuisine. Elle s'était évanouie, puis avait reparu. Était-ce Lucien ou Jutras ? Ils étaient de la même taille, mais la distance empêchait Jacob de faire la distinction. Il fallait qu'il s'avance sans se faire repérer en courant d'un arbre à un autre jusqu'à atteindre le perron. Il s'était rappelé que Lucien lui avait dit de prendre garde aux marches, qu'elles étaient glissantes. Lucien se souciait de lui. Tellement. C'était impossible qu'il l'ait rejeté. Il avait fixé les fenêtres de la cuisine sans se décider à avancer à nouveau, tout se mêlait dans sa tête, il était trop stressé, il n'arrivait plus à réfléchir. Et s'il tentait encore une fois d'appeler Lucien ? S'il avait égaré son téléphone et l'avait retrouvé dans la soirée ? Il avait eu alors l'impression que son appareil vibrait dans son blouson. Était-ce Lucien ? Étaient-ils à nouveau connectés ?

Il allait glisser sa main dans la poche de son vêtement quand il avait vu du mouvement derrière la porte-patio, le voile s'écarter. Il s'était décidé à sprinter vers la porte arrière en tentant de se souvenir s'il y avait des détecteurs de mouvement reliés à un système d'alarme. Mais non, l'alarme lui aurait vrillé les tympans depuis longtemps. Il avait distingué Marc-Aurèle Jutras qui tenait un homme chauve par le cou. Il ne le lâchait pas. Il l'étranglait ! Puis ils avaient disparu tous les deux.

Que devait-il faire ? Il ne pouvait pas sonner à la porte et demander si tout se passait bien !

Puis Jutras était apparu de nouveau à la porte-patio. Et s'était figé en l'apercevant. Il était sorti aussitôt et Jacob n'avait eu qu'une fraction de seconde pour pivoter et s'enfuir. Et se répéter que ce n'était pas Lucien qu'il étranglait. Lucien n'était pas chauve, il avait les cheveux noirs. Jacob s'était élancé entre les cèdres, avait sauté par-dessus la clôture des voisins et avait couru droit devant lui, emprunté la Grande-Allée, couru, couru encore sans s'arrêter, sans se retourner, sans savoir où aller jusqu'à ce qu'il voie la tour Martello 2. Il s'était tapi derrière elle, avait senti les pierres glacées contre son front.

Il y serait peut-être encore s'il n'avait pas eu si froid. Il ne se souvenait pas comment il était parvenu à regagner le squat. Il savait seulement qu'il s'était assis près de la chaufferette en tremblant. Qu'il frissonnait encore lorsque Tommy lui avait tendu un café.

— Es-tu malade ? Tu *shakes* en calvaire.

Jacob avait bu avant de répondre, fermé les yeux tandis que le liquide brûlant coulait dans sa gorge, tandis que se répandaient de réconfortants arômes.

— J'ai passé la nuit dehors.

— T'étais sur le party ?

— Non. Je…

Il avait bu à nouveau, remercié Tommy.

— Il m'en manque des bouts. Je n'ai pas sniffé tant que ça.

— Fais attention, l'avait mis en garde le squeegee, il y a de la *scrap* qui circule. Missy est à l'hôpital. « China white », elle répétait ça tout le temps. Le nom la faisait capoter. Fentanyl de merde.

— C'est pas ça que j'ai pris.

Jacob avait failli raconter sa nuit à Tommy, lui dire que la dope n'était pas responsable de son état, c'était le choc, la peur, l'épuisement conjugués. Il s'était pourtant tu. Peut-être que la scène qui l'avait épouvanté disparaîtrait s'il ne l'évoquait pas, s'il ne lui conférait aucune réalité.

Chapitre quatre | 101

Mais deux heures plus tard, le visage blafard du chauve et le regard dément de Jutras ne s'étaient toujours pas effacés de ses pensées. Jacob se répétait qu'il devait appeler la police, saisissait son téléphone, le reposait, il était encore trop tôt, il se tromperait en racontant ce qu'il avait vu, il serait confus, passerait pour un fou. Et si les policiers demandaient à le rencontrer? Il fallait que ce soit Nelly qui leur parle; pourquoi ne le rappelait-elle pas? Il lui avait laissé sept messages. Pas un, pas deux, pas trois, mais sept! Il poussa un soupir de désespoir en regardant le portrait de Mila qu'il avait esquissé sur un fond gris ardoise, songea qu'il n'avait pas entendu japper la chienne durant la nuit. Où était-elle? Avec Lucien. Mais pas dans la maison, sinon elle aurait aboyé en percevant du mouvement dans la cour. Peut-être que Jutras l'avait enfermée. Ou tuée.

Comme l'homme chauve.

Est-ce qu'il était mort? Et s'il avait mal interprété ce qu'il avait vu? Et s'il s'était trompé? Peut-être que l'homme était ivre, que Jutras le soutenait, l'empêchait de tomber? Le père de Lucien ne pouvait pas avoir étranglé un homme! Ou peut-être que cet homme était un voleur et que Jutras s'était défendu. L'homme devait s'être débattu, s'était peut-être même échappé à l'heure qu'il est.

Il avait tout imaginé. Il fallait qu'il ait imaginé cette scène. Tout s'était passé très vite. Il avait paniqué en voyant Jutras sortir de la cuisine, il avait sûrement attiré son attention en s'enfuyant. Mais Jutras n'avait pas pu le reconnaître. Il était dans l'ombre, portait un bonnet, avait détalé à toute vitesse. Et personne n'avait couru derrière lui quand il cavalait sur De Bourlamaque. Aucune voiture n'avait surgi dans la nuit pour le poursuivre. Tout ça n'avait aucun sens! Et pourquoi Mila ne s'était-elle pas jetée sur ce cambrioleur?

Parce que Mila était partie avec Lucien. Mais où?

Jacob gémit, il n'aurait jamais dû se rendre avenue De Bourlamaque, il n'arrivait plus à savoir ce qu'il avait vu et il n'avait pas davantage d'informations au sujet de Lucien.

Nelly ! Il fallait que Nelly le rappelle ! Il but une gorgée de café. Il avait l'impression qu'il n'arriverait jamais à se réchauffer. Il rapporterait le blouson de cuir à la friperie et leur dirait qu'il ne valait rien, qu'il avait gelé toute la nuit, qu'il voulait un vêtement qui le protégerait du froid, que ce truc n'aurait pas dû être accroché avec les manteaux d'hiver, qu'il voulait être remboursé. S'il ne trouvait pas un manteau chaud rue Saint-Vallier, il devrait retourner chez sa mère pour chercher celui qu'il avait dû laisser là. Il n'était pas certain de ce qu'il en avait fait à la fin de l'hiver dernier. Il avait trop de problèmes à ce moment-là, les choses s'embrouillaient dans sa tête. Calvaire ! Il ne voulait pas revoir sa mère, pas entendre ses sermons ni les niaiseries de son chum. Pas aujourd'hui, tout allait déjà assez mal. Si seulement il cessait de grelotter. Lucien avait eu raison de lui dire qu'une chaufferette ne suffirait pas quand le mercure baisserait. Il regrettait vraiment de s'être disputé avec son cousin. Tout allait tellement mal !

Où était son amoureux ?

Il fallait que Nelly téléphone à la police.

5

Québec, 26 novembre 2022

— Qu'est-ce que Marc-Aurèle Jutras faisait ici? demanda Maud Graham en secouant la neige de son manteau. C'est bien lui que j'ai croisé à l'accueil? Il n'est même pas dix heures…

— Son fils a disparu, répondit Marie-Pier Beauchamp. Je pourrais te poser la même question. Tu es en congé…

— J'ai oublié mes lunettes hier soir.

— C'est vrai, se rappela Marie-Pier, tu as mis tes lentilles de contact avant d'aller chercher ton beau Alain à la gare. C'est trop mignon.

— Quel âge a le fils de Jutras? la coupa Graham.

— Presque dix-huit ans.

— Et il s'est volatilisé depuis longtemps?

— Depuis mercredi. Il paraît qu'ils ont soupé ensemble la veille, que Lucien s'est ensuite retiré dans sa chambre pour regarder un film. Monsieur Jutras s'est couché tôt et Lucien était déjà parti quand il s'est levé. Il a été un peu étonné, puis il s'est souvenu que Lucien avait dit qu'il avait congé jeudi et vendredi et qu'il irait à Montréal avec des amis. Monsieur Jutras ne s'est pas inquiété jusqu'à hier après-midi. Il a laissé un message à son fils jeudi soir, auquel celui-ci n'a pas répondu. Jutras n'en a pas fait de cas, mais il l'a appelé à nouveau vendredi sans que Lucien réponde et, ce matin, il n'était toujours pas revenu à la maison. Son téléphone semble éteint. Monsieur Jutras nous a avoué qu'il y avait des tensions entre eux depuis la mort de sa femme, mais il ne croit pas que son fils l'aurait laissé sans nouvelles après son deuxième message. Ni qu'il serait parti sans sa chienne durant des jours. D'un autre côté, c'était peut-être compliqué de la traîner à Montréal.

— Il s'est rendu là en bus ? s'enquit Graham.

— Monsieur Jutras l'ignore. En fait, il ne sait pas grand-chose sur l'escapade de son fils à Montréal. Il ne l'a pas trop questionné, Lucien est quasiment majeur.

— Est-ce qu'il a une blonde ? Un chum ?

— Rien de sérieux. D'après Jutras, Lucien est un beau garçon, il plaît à tout le monde et papillonne. C'est vrai qu'il est *cute* sur la photo que nous a transmise son père.

— Papillonne ? répéta Graham. Ma grand-mère disait ça.

— Jutras a un côté un peu composé quand il parle. Comme s'il cherchait un beau mot à mettre dans une phrase. Il « perle ». C'est comme son look, tiré à quatre épingles, les cheveux lisses, pas un poil qui dépasse. On dirait qu'il s'attend à ce qu'on le prenne en photo à tout moment.

— C'est ce qui serait arrivé s'il s'était présenté aux élections, dit McEwen en ajoutant un sachet de sucre à son café, s'attirant l'envie de Maud Graham. Je suis contente qu'il ait changé d'idée, je n'aurais pas voulu qu'il soit élu. Il est tellement réac !

— J'ai demandé la liste des amis de Lucien à son père, reprit Beauchamp, les endroits qu'il fréquente. On va aller faire un tour au cégep. Je suppose qu'on patiente un peu pour l'enquête de voisinage ?

— Oui, c'est délicat, approuva Maud Graham. Marc-Aurèle Jutras a été sous les projecteurs avant de renoncer à se présenter aux élections. On peut attendre avant d'attirer des médias…

Elle se tut, soupira. Il y aurait très certainement quelqu'un qui parlerait de la disparition de Lucien sur les réseaux sociaux.

— Pas si les jeunes savent où est Lucien, la contredit McEwen. S'il avait une bonne raison de quitter la maison, ils se tairont.

— On doit parler à ses amis les plus proches, à ses profs.

— Jutras nous a dit que Lucien s'entend bien avec son parrain, Jean-Philippe Bisson.

— Bisson du bureau d'avocats Bisson, Éthier et Gosselin ?

— Lui-même. Jutras nous a dit qu'il était parti au soleil pour la semaine. Et que les filles de Bisson n'ont pas vu Lucien.

— On pourrait tout de même se pointer chez Bisson, avança McEwen. Il habite dans le quartier Le Mesnil. Grosse cabane. Pas autant que celle qu'avait Guy Lafleur quand il vivait à Québec, mais assez imposante avec ses colonnes blanches.

— Tu as déjà rencontré Jean-Philippe Bisson ?

— Vous ne vous souvenez pas de la série d'entrées par effraction dans des domiciles de ce quartier ? Juste avant la pandémie ? Bisson demeure tout près du parc de l'Escarpement.

— Jutras et Bisson sont donc amis, commenta Beauchamp.

— Beaux-frères, précisa Beauchamp. La femme de Jutras était la sœur de Jean-Philippe Bisson. Elle est morte de la COVID.

Beauchamp relut ses notes ; Marc-Aurèle Jutras avait dit que la mort de sa mère avait bouleversé Lucien, mais qu'il avait l'impression qu'il allait mieux depuis l'été, qu'il était content d'être au cégep, de voir du nouveau monde.

— Quand je lui ai demandé s'il pensait que Lucien pouvait avoir des idées noires, il a commencé par protester. Son fils allait fêter ses dix-huit ans, il ne parlait que de ça et du voyage que lui-même lui offrait pour célébrer sa majorité. Puis il a admis qu'il passait beaucoup de temps enfermé dans sa chambre ces derniers jours.

— Pas trop sociable pour un gars qui papillonne, nota McEwen.

— Il est quand même parti à Montréal avec des amis, la contredit Beauchamp.

— À dix-huit ans, je ne rêvais qu'à ça, dit Maud Graham, partir loin, quitter la maison.

— Les jeunes restent plus longtemps chez leurs parents aujourd'hui, rappela McEwen. Mon frère va avoir vingt-cinq ans et il est toujours chez ma mère.

— Jutras a avoué qu'il y a des frictions entre Lucien et lui, dit Beauchamp. Jusqu'à quel point ? Assez pour laisser son père s'inquiéter de lui ?

— Est-ce que Lucien consomme ?

— Du pot selon Jutras. Mais les parents sont rarement les mieux informés.

— C'est possible qu'il ait pris quelque chose de plus fort, de plus dangereux, suggéra Graham.

— On aurait été appelés si Lucien avait été victime d'une surdose. Ou s'il avait eu un accident. Son père a téléphoné à tous les hôpitaux avant de se pointer ici.

— Est-ce que Marc-Aurèle Jutras est sûr que son fils était à Montréal ?

— Il n'a pas l'air certain de grand-chose si j'en juge par ses hésitations à me répondre, admit Beauchamp. Lucien lui a dit qu'il allait à Montréal, mais il peut s'être poussé ailleurs.

— Vous avez beaucoup de questions à poser, conclut Maud Graham, et je voudrais que...

L'irruption de Baptiste Boudrias dans la salle de réunion la fit taire.

— Un corps vient d'être découvert dans Saint-Jean-Baptiste. D'après le patrouilleur, il est dans l'escalier Lavigueur. Enfin, à côté.

— En bas de l'escalier ?

— Non, dans le talus. Ça serait un homme.

— Qu'est-ce qu'il fait là ? s'étonna Bouthillette.

— Des renforts sont déjà en route, dit Boudrias.

— Tu les rejoins, fit Graham. Avec McEwen. Qui l'a trouvé ?

— Une femme qui cherchait son chat. Adam Longpré n'a pas pu obtenir plus de détails, la dame est sous le choc. On l'aurait vu plus vite s'il avait fait beau, mais personne n'est sorti hier à moins d'y être obligé. Pluie verglaçante, vent et maintenant de la neige…

— Au moins, ce n'est pas un touriste qui l'a découv…

— C'est sûr que c'est mieux que ce soit une pauvre femme d'ici, ironisa McEwen. Parce qu'un touriste aurait fait une mauvaise réputation à la ville.

— Ce n'est pas ce que je voulais dire, protesta Graham qui cherchait une réponse pour se défendre de son chauvinisme. C'est juste que c'est moins compliqué.

— Parce que la dame parle français ? reprit malicieusement Beauchamp, ravie d'appuyer McEwen.

Maud Graham haussa les épaules, marmonna que tout le monde savait que ce serait plus simple d'avoir un témoin sous la main.

— C'est peut-être Lucien Jutras, avança Joubert, disant tout haut ce que tout le monde pensait déjà.

— J'y vais, fit Graham.

— Ton congé prend le bord…

— Je veux juste savoir si c'est Lucien ou pas.

— J'ai hâte de voir ça, dit Boudrias.

Graham le fixa durant quelques secondes. Il baissa les yeux, gêné de sa remarque qui trahissait une grande curiosité.

— Si c'est le fils de Jutras, il faudra gérer les informations avec beaucoup de prudence. Rien ne doit sortir sur les réseaux. Vous allez me dire que c'est impossible, mais essayons de retarder le bordel médiatique au maximum. La scène doit être protégée.

— Longpré a fait le nécessaire, dit Boudrias. Le haut et le bas de l'escalier sont déjà fermés. Et d'après lui, avec la neige qui continue à tomber, on ne distingue pas grand-chose. Je plains les gars qui vont devoir récupérer le corps.

— Ils auront besoin de palans, supposa Beauchamp.

— Comment a-t-il pu tomber là ?

— Jutras a dit que son fils fumait. Peut-être qu'il consomme autre chose, qu'il a perdu la carte, qu'il hallucinait.

— Attendons de savoir s'il s'agit bien de Lucien Jutras, déclara Graham. Soyez prudents sur les routes, c'est glissant.

: :

Le pelage noir de Tonnerre était constellé de flocons alors que Mathis le caressait, en haut des marches de l'entrée de Lauberivière, et Denis Dupuis leur sourit.

— Vous avez l'air bien, leur dit-il.

— Je le garde pour Bruno, il est à la clinique. On s'est promenés. J'ai trouvé un *coat* sur Saint-Vallier. Y'est *hot*.

Mathis tendait les bras pour montrer les bandes argentées du vêtement.

— C'est super, confirma Dupuis. Mais c'est assez chaud ? Avec la tempête…

— C'est du cuir, j'suis pas frileux. Puis j'ai trouvé aussi un bonnet. Ça m'a coûté cinq piasses.

— C'est un bon *deal*.

Mathis hocha la tête, regarda le ciel et esquissa une moue.

— À la télé, ils avaient dit qu'il pleuvrait. Ils disent n'importe quoi, pis ils sont quand même payés pour ça.

— J'aurais préféré du soleil, dit Dupuis.

— Tu vis pas dans la bonne ville. J'vais pas rester ici, moi, j'vais partir dans le Sud.

— Où ?

— Ça n'a pas d'importance, j'veux juste changer de place. J'suis écœuré de voir les mêmes faces.

Il se tut, se reprit dans un demi-sourire partiellement édenté.

— J'dis pas ça pour toi.

— Pas de problème, le rassura Denis, étonné que le jeune parle autant.

Depuis son arrivée à Lauberivière, Mathis n'avait répondu que par monosyllabes ou par des haussements d'épaules. C'était aussi la première fois qu'il sortait du périmètre de l'établissement ; il devait se sentir mieux depuis qu'il parvenait à dormir. Peut-être qu'il faisait moins de cauchemars.

— J'ai failli me péter la gueule, dit Mathis. J'ai dérapé au coin de Fleurie. Y'ont encore rien mis, pas de sable, pas de gravelle, rien.

— Ils commencent par les artères principales.

Tonnerre se leva subitement pour s'ébrouer. Denis hésita à le flatter, mais le chien s'approcha pour flairer ses mains, puis la poche droite de son manteau.

— Il sent mon muffin.

— Il aime tout. Tu peux y'en donner.

— Si je trouvais quelque chose de mieux pour lui aux cuisines ? Rentrez avec moi, je commence à geler. Puis je dois retourner à mes chaudrons.

— Ils doivent être gros pour faire à manger pour tout le monde.

— Oui, de bons gros chaudrons. Tu peux venir voir si tu veux.

Mathis hésita, dit qu'il fumerait une autre cigarette avant de rentrer. Denis Dupuis voyait bien qu'il avait froid, mais il n'admettrait pas s'être trompé en choisissant le blouson aux bandes argentées.

— À tantôt, dit-il en lui tendant son muffin.

— Cool ! T'es *nice, man.*

: :

— Y'avait plein de chars de police ! dit Tommy à Jacob quand celui-ci revint au squat.

— Pourquoi ?

— Quelqu'un est tombé dans l'escalier. Y'avait aussi une ambulance. Ils sont repartis.

— As-tu vu qui c'était ?

— Non, on ne pouvait pas s'approcher, la police a mis du *tape* jaune partout. Comme pour un crime.

— C'était quand? s'affola Jacob. C'était qui? Quel escalier? Il y en a des dizaines à Québec!

Lucien avait-il fait une chute?

— On ne sait pas c'est qui, je viens de te le dire. Mais avec une ambulance, je suppose que le gars n'est pas mort. C'est l'escalier proche de Sutherland.

— C'est un gars?

— Oui.

— Qui t'a raconté ça?

— J'ai entendu du monde jaser au dépanneur. C'est une femme qui cherchait son chat qui l'a trouvé.

— Tu penses que le gars n'est pas mort ou quelqu'un te l'a dit? insista Jacob.

— Personne ne m'a rien dit, s'impatienta Tommy. Mais l'ambulance, c'est pour emmener les blessés à l'hôpital. S'ils avaient trouvé un cadavre, c'est un fourgon qu'on aurait vu. Mais peut-être qu'il y avait aussi un fourgon, je suis arrivé quand l'ambulance partait. Ça m'a surpris qu'il y ait autant de policiers. C'est peut-être une vedette qui s'est cassé le cou dans l'escalier.

— À quel hôpital est allée l'ambulance?

— Je ne le sais pas. Tu es donc bien énervé... ralentis sur les *speeds...*

— C'est peut-être mon chum qui s'est tué! s'écria Jacob. Je n'ai pas de nouvelles depuis trois jours! Il ne pouvait pas prendre l'escalier des Franciscains pour venir ici, il est fermé. T'as vraiment rien vu?

Tommy secoua la tête avant de suggérer à Jacob d'interroger l'employé du dépanneur qui connaissait la femme qui a perdu son chat.

— Elle est venue au dépanneur pour demander de l'aide. L'employé lui a offert un café en attendant la police. C'est lui qui l'a appelée, la femme était trop choquée et...

Jacob n'entendit pas la fin de la phrase, il courait vers le dépanneur en espérant qu'on pourrait lui donner une description de la

Chapitre cinq | 111

victime. Peut-être que l'employé était avec la femme quand les enquêteurs étaient arrivés sur les lieux. Il ne pourrait pas lui dire si c'était Lucien qui était blessé, mais il saurait s'il avait les cheveux noirs et s'il portait un manteau bleu sarcelle. Comment était-il possible que personne ne l'ait vu avant?

S'il avait emprunté l'escalier Lavigueur ou Badelard, c'est qu'il venait probablement le retrouver.

Quand avait-il fait cette chute? Où était-il avant d'avoir cet accident?

Jacob haletait en poussant la porte du dépanneur, où le caissier mit quelques secondes à le reconnaître.

— Avec ta tuque, j'te replaçais pas. Et avec tout ce qui s'est passé aujourd'hui...

— Le gars dans l'escalier, l'as-tu vu?

— De loin, pas longtemps, la police est arrivée tout de suite et nous a tassés.

— Est-ce qu'il a les cheveux noirs?

— Non.

— T'es certain? Puis son manteau? Quelle couleur?

— Brun.

— Pas bleu?

— Je connais mes couleurs, dit l'employé. C'est quoi ton problème?

— Je me demandais si c'était mon chum. Je suis venu acheter de la bière ici avec lui.

— Le gars était chauve.

— Chauve?

— La madame qui cherchait son chat répétait que l'homme avait sûrement perdu son chapeau. Elle n'arrêtait pas de parler de ce chapeau. J'sais pas si les policiers l'ont cherché. Vu que le gars n'en a plus besoin maintenant.

— Il est mort?

— Vrai comme je suis là. C'était toute une affaire de remonter la civière. Moi, j'ai manqué ça, fallait que je revienne ici et que j'ouvre le dépanneur. Mais il y a un policier qui est venu chercher du café, il était en sueur. Par chance, le mort était un petit format.

— Mais il paraît qu'il y avait une ambulance.

— J'l'ai pas vue. J'étais ici. J'allais ouvrir quand la madame est arrivée en criant. Mais j'pouvais pas rester en bas de l'escalier avec elle trop longtemps. J'sais pas si elle a retrouvé son Rantanplan. Tu parles d'un nom pour un chat.

— Tu es sûr que le mort était chauve ?

— Je l'ai vu de loin, mais oui.

Jacob acheta six bières en se disant qu'il ne devait pas boire davantage même s'il avait envie de tout oublier, il devait réfléchir : où était Lucien s'il ne s'était pas cassé le cou dans l'escalier ? Et le chauve... Il ne pouvait pas s'empêcher d'imaginer que c'était l'homme qu'il avait vu dans la cuisine des Jutras. Il avait donc quitté l'avenue De Bourlamaque. S'était-il enfui comme lui ? Avait-il déboulé l'escalier dans sa précipitation ? Quand ? Il revoyait constamment le regard de Marc-Aurèle Jutras. Il ne l'avait fixé que durant quelques secondes, mais son expression de fureur, de folie était imprimée dans son cerveau. Nelly lui répétait qu'il devait parler de l'inexplicable absence de Lucien aux policiers, mais si Jutras avait signalé sa disparition, il n'avait sûrement pas manqué de dire que Lucien traînait dans les rues avec lui. Jutras pouvait inventer n'importe quoi, tout lui coller sur le dos, c'était lui qu'on croirait. Pas un plongeur qui se prenait pour un artiste. Il remonta le col du manteau qu'il avait trouvé à la friperie, soupira. Il dormirait avec, la chaufferette ne suffisait vraiment plus pour réchauffer son atelier. Tommy lui avait annoncé qu'il ferait mieux de se chercher un autre endroit pour crécher. Des employés de la ville étaient passés la veille, avaient déclaré que l'immeuble était considéré comme dangereux, qu'ils devaient partir maintenant. Qu'ils enverraient des policiers s'ils ne quittaient pas les lieux de leur plein gré durant le week-end. Dès lundi, des hommes s'affaireraient à protéger les abords du squat en attendant sa démolition. Lundi, avait répété Tommy. Lundi !

Fuck! Qu'allait-il faire de son matériel? Il n'était pas question de retourner chez sa mère! Il pourrait aller dormir chez Nelly un soir ou deux, mais ce n'était pas une solution.

Des solutions, Jacob n'en voyait aucune. Il avait l'impression qu'un voile noir avait recouvert son existence depuis que Lucien avait disparu. Même la bière avait un goût de suie. Il regardait les bombes de peinture qui s'entassaient dans un coin de l'atelier, ses pinceaux, sa vieille brosse, se demanda s'il les emporterait avec lui. À quoi ça servait d'imprimer des têtes de chien aux quatre coins de la ville? À quoi ça servait de rêver qu'elles se multipliaient, s'assemblaient dans une grande murale que tout le monde admirerait? À quoi ça servait de vivre? Que ferait-il du portrait de Mila qu'il voulait offrir à Lucien pour son anniversaire? Qu'est-ce qui lui était arrivé? Nelly avait dit que Clotilde et Iris, avec qui Lucien étudiait, étaient en colère contre lui parce qu'il n'était pas allé au party, n'avait pas apporté l'alcool qu'il avait promis, ne s'était même pas excusé de leur faire faux bond. Il n'avait pas seulement disparu de son existence, il s'était aussi effacé des réseaux sociaux.

Il dirait à Nelly de rappeler la police, qu'elle devait insister pour être prise au sérieux. Nelly lui répéterait qu'elle n'était ni la sœur ni la blonde de Lucien, que les policiers ne parleraient qu'à un membre de sa famille s'ils découvraient quoi que ce soit. Qu'il devait dompter sa paranoïa et aller au poste, se présenter comme l'amoureux de Lucien, expliquer son inquiétude. S'il n'avait pas de drogue sur lui, s'il n'était pas gelé en arrivant à la centrale de police, personne n'aurait rien contre lui. Nelly avait probablement raison. Mais Nelly ne s'était jamais fait arrêter. Elle ignorait quelle féroce volonté les bœufs pouvaient mettre pour accuser quelqu'un et lui pourrir la vie. Elle devait parler de la disparition de Lucien sur Instagram, écrire qu'il aurait dû être au party, mais que personne ne l'avait vu depuis des jours. Est-ce que quelqu'un avait des nouvelles de lui?

Oui. C'est ce qu'il fallait faire. Et quand il y aurait des dizaines de réactions à ce message, Nelly pourrait tout relayer aux policiers, leur montrer qu'elle n'était pas la seule à s'inquiéter de ce qui était arrivé à son ami Lucien.

Il allait finir sa bière et rappeler Nelly. Et c'est chez elle qu'il laisserait le portrait de Mila. Il s'extirpa du canapé trop mou pour emballer la toile, fixa les yeux doux de la chienne et se mit à pleurer en lui demandant où était son maître.

: :

Marc-Aurèle Jutras était rentré chez lui en se félicitant de son sang-froid ; il avait donné les bonnes réponses aux policiers, avait montré son inquiétude et son honnêteté en mentionnant les tensions qu'il y avait parfois avec Lucien — quel adolescent n'a pas de différends avec ses parents ? Les enquêteurs s'attendaient à ces confidences qui prouvaient sa bonne foi. Comme d'avouer son manque d'information concernant la vie intime de son fils tout en se montrant sûr de ses succès amoureux. Les enquêteurs apprendraient sûrement l'existence de Jacob par Jean-Philippe, mais que pourrait-il raconter sur ce type qu'il n'avait jamais vu ? Quand il lui avait envoyé un courriel pour savoir s'il avait des nouvelles de Lucien, Jean-Philippe lui avait rappelé qu'il était en vacances dans le Sud et lui avait dit qu'il ne connaissait pas le nom de l'amoureux de Lucien, qu'il ne savait rien de lui.

Jacob. Jacob. Jacob. Jutras aurait donc voulu l'oublier, mais il était certain de l'avoir reconnu dans le jardin même si cette tapette n'avait donné aucun signe de vie depuis, n'avait plus tenté de rappeler Lucien et ne s'était pas encore rendue au poste de police pour signaler la disparition de son amoureux, sinon les enquêteurs lui en auraient parlé. Jacob semblait avoir compris qu'il valait mieux oublier Lucien et ne pas se mêler des affaires de la famille Jutras, mais son intrusion chez eux démontrait néanmoins son manque de jugement et sa dépendance à la drogue. Qui dans un état normal s'introduirait illégalement dans une propriété ? Le comportement

Chapitre cinq | 115

erratique de Jacob était troublant, n'importe quelle idée pouvait lui passer par la tête ! S'il ne s'était pas encore pointé au poste de police, c'est qu'il se doutait qu'on devinerait tout de suite qu'il consommait, mais sa génération était accro aux réseaux sociaux : s'il prenait l'envie à Jacob de lancer un appel pour retrouver Lucien ? Peut-être qu'un avis était déjà en ligne et qu'il ne l'avait pas repéré ?

À cette heure, les enquêteurs devaient avoir discuté avec les étudiants qui partageaient des cours avec Lucien et confié les informations à un crack de l'informatique. Si Jacob avait posté une alerte sur les réseaux sociaux, ils le savaient.

Et ils l'appelleraient pour lui en parler.

Ou non ?

Est-ce que les policiers allaient le tenir au courant de toutes leurs recherches ?

Et qu'en était-il de Rémi-Paul Lauzon ? Était-il possible que personne ne l'ait encore découvert à cause de la neige ? Il avait dû se raisonner pour ne pas circuler aux alentours de l'escalier Lavigueur afin de repérer une activité inattendue, se répétant qu'il devait apprendre la découverte du corps de Lauzon en même temps que tout le monde. Et qu'il ne chercherait même pas à en savoir plus quand la nouvelle apparaîtrait sur Apple News. En tout cas, il n'avait remarqué aucune agitation particulière au poste de police, n'avait pas entendu un mot sur une trouvaille macabre dans Saint-Jean-Baptiste. Peut-être que la neige avait mieux dissimulé le corps qu'il ne l'avait cru. Ou qu'il avait glissé en partie sous l'escalier ? Il n'était pas allé vérifier jusqu'où Lauzon avait dégringolé. Il était pressé de se débarrasser du cadavre. De le laisser derrière lui. D'oublier toute cette histoire abracadabrante.

Mais pourquoi Lauzon avait-il eu cette idée saugrenue de le soumettre à un chantage ? De s'en prendre à lui ? Il était tellement minable. L'avait toujours été. Son appartement était à son image, drabe, meublé sans goût, avec des reproductions de tableaux célèbres qui devaient être suspendues aux murs depuis des décennies.

Des murs qui suintaient l'ennui. C'était compréhensible que les enfants de Lauzon n'aient pas eu envie d'y passer trop de temps. Bon sang! Qui aurait eu envie d'écouter Lauzon se plaindre pendant des heures? Il se demandait encore comment il avait réussi à l'écouter énumérer ses douleurs et ses ennuis financiers durant toute une soirée, comment il avait réussi à ne pas l'étrangler à l'apéro. Mais il avait tenu bon, était parvenu à savoir qu'il n'y avait pas de copie des preuves qui l'incriminaient. Tout aurait été parfait sans l'irruption de Jacob dans la cour. Il avait été déstabilisé, mais avait vite repris son sang-froid, renoncé à poursuivre la tapette. La priorité était de transporter le corps de Rémi-Paul Lauzon jusqu'à sa voiture et de se rendre à son appartement pour le fouiller. Ses mains tremblaient un peu tandis qu'il essayait une des trois clés qu'il avait trouvées dans les poches du veston de son ancien collègue et son cœur battait alors qu'il ouvrait et fermait les tiroirs, cherchant sous le lit, dans les armoires de la cuisine, n'oubliant aucun recoin jusqu'à ce qu'il mette la main sur la maudite cassette. Malgré sa hâte de quitter l'endroit, il s'était forcé à réfléchir: oubliait-il un élément qui pourrait le trahir? En retournant dans chaque pièce, il s'était assuré qu'aucune autre cassette n'était dissimulée dans un endroit improbable de ce lugubre appartement, puis avait raflé les comprimés qu'il avait vus dans la pharmacie de la salle de bain. Une autre fausse piste pour les enquêteurs qui croiraient peut-être que Lauzon avait été victime d'un junkie. Après avoir tout vérifié, Jutras était retourné au plus vite à sa voiture, avait roulé sur Richelieu, tourné sur Félix-Gabriel Marchand, circulé sur la rue Lavigueur pour s'assurer qu'elle était vraiment déserte, qu'il n'y avait pas d'imbéciles qui promenaient leur cabot en pleine nuit. Il avait sorti la dépouille de Lauzon, l'avait chargée sur son dos, avait descendu péniblement jusqu'au premier palier et s'en était enfin délesté. Il avait l'impression de sentir encore son poids même si le cancer lui avait fait perdre plusieurs kilos.

Marc-Aurèle Jutras jeta un coup d'œil à sa montre, arrivant difficilement à croire qu'il avait pu accomplir tant de choses en un si court laps de temps. Être bien organisé, c'était depuis toujours le secret de sa réussite. Un jappement de Mila le tira de ses réflexions. Il devrait la sortir bientôt, jaser avec les voisins qu'il croiserait. Devait-il leur dire qu'il s'occupait de la chienne, car Lucien n'était pas rentré à la maison, évoquer ses craintes? Ou esquiver toute conversation comme un homme trop préoccupé? Il promènerait la bête, puis il irait faire quelques courses pour le souper. Il aurait préféré s'attabler au Clan, jouir de l'ambiance à la fois virile et feutrée de l'excellent restaurant, mais quel père soucieux du sort de son fils aurait le cœur à déguster un bon repas? Il devait se montrer inquiet en public. Il se contenterait des fromages et des charcute-ries du Petit Cartier. Ça ne serait tout de même pas si mal avec un Chambolle-Musigny. Il méritait un grand bourgogne après ces heures si éprouvantes. Il relirait les notes qu'il avait prises lorsqu'il avait trouvé le mot de passe du téléphone de Lucien. Il avait noté deux adresses. Une troisième exécution le contrariait vraiment, mais si lui s'était gardé de mentionner aux policiers que Lucien avait un amoureux, ceux-ci l'apprendraient par Jean-Philippe Bisson ou par des jeunes du cégep qui, eux, connaissaient son nom. C'était inévitable et les enquêteurs voudraient aussitôt rencontrer Jacob.

Ce maudit fif était resté discret jusqu'à maintenant sur l'absence de Lucien et sur ce qu'il avait vu depuis le jardin, mais que ferait-il quand le visage de Lauzon apparaîtrait à la télé? Il continuerait à se taire? Pas moyen de le savoir… Contrairement à l'adage, qui prônait de s'abstenir dans le doute, Jutras croyait qu'il valait mieux agir. Que Jacob soit aussi victime du fentanyl était crédible. Les enquêteurs se demanderaient évidemment pourquoi Lucien était mort avant Jacob et à des kilomètres de Québec, mais c'était une question qui demeurerait sans réponse. *So what*?

Ce qu'il devait faire à présent, c'était résister à l'envie d'aller rôder près de l'escalier Lavigueur. Il sillonnerait plutôt les rues de Saint-Roch pour repérer l'adresse rue Saint-Anselme qu'il avait lue dans les textos échangés entre Lucien et Jacob. Il y avait aussi celle d'un atelier près de la rue Arago et d'un café rue Saint-Joseph. Jutras inspira profondément, il trouverait où vivait Jacob. Et où il devait mourir. Trois morts en moins d'une semaine! Seigneur du ciel! Pourquoi la COVID ne s'était pas chargée d'eux? Lauzon, immunodéprimé, aurait dû être emporté comme l'avait été Isabelle. Au moins lui! Mais non, il devait se charger de tout, il ne pouvait quand même pas se laisser dépouiller sans réagir. Lucien aurait dilapidé son héritage avec sa tapette. Et les révélations de Rémi-Paul l'auraient rayé de la société. Heureusement, il avait du fentanyl et la morphine dérobée chez Lauzon. Jacob ne serait pas le premier junkie à mourir au fond d'une ruelle. Il y avait des coins sordides dans le bas de la ville qui feraient l'affaire. Oui, une ruelle.

Mais comment lui faire ingérer le fentanyl? Il devrait le menacer, le maîtriser pour le forcer à lui obéir. Ça prendrait trop de temps. Il fallait frapper fort et vite. *Hit and run?* Il repensa au fentanyl, il en laisserait aussi près du corps de Jacob. Peut-être que les enquêteurs découvriraient que l'ampoule provenait du même lot que celle trouvée au chalet. Le chalet dont parlerait Jean-Philippe à son retour. Le chalet où on enverrait des policiers pour examiner les lieux. Le chalet sur lequel l'interrogeraient certainement les enquêteurs qui s'étonneraient qu'il ne leur en ait pas parlé. Il avait déjà une réponse toute prête pour eux: Lucien n'avait jamais voulu y retourner depuis la mort de sa mère.

: :

Longueuil, 26 novembre 2022

Plus d'une semaine s'était écoulée depuis la perquisition qui avait permis de saisir deux cent cinquante-cinq grammes de cocaïne, près de quatre mille cinq cents comprimés de drogue de synthèse, de l'argent, des imitations d'armes à feu et deux katanas dans une résidence privée de Longueuil. Si Maxime se réjouissait du succès de l'opération menée par ses collègues, il se demandait s'il aurait dû s'interroger davantage quand Alex Loubier lui avait parlé d'un katana en mimant le geste de pourfendre un ennemi avec son sabre imaginaire. Il se souvint qu'il s'était remémoré le drame de l'Halloween 2021 à Québec lorsque le schizophrène lui avait dit qu'il pouvait affronter une armée de yakuzas, qu'il était certain d'avoir vu des membres de la mafia japonaise dans Saint-Hubert, même s'ils ne portaient pas leur arme avec eux. Il avait écouté ces élucubrations en souriant à celui qui affirmait être l'élève d'un samouraï, tout en le calmant pour le ramener chez son frère qui l'hébergeait et s'était inquiété de ne pas le voir à la maison quand il était rentré du travail. Maxime avait acquiescé quand Alex lui avait confié qu'il jasait avec un ronin qui n'aurait jamais dû quitter Kyoto, mais dont il se réjouissait de la présence à Longueuil, car le guerrier pourrait l'aider à s'entraîner quand il recommencerait les compétitions. Il avait fait de la compétition, est-ce que Maxime le savait? Il avait participé aux Jeux du Québec. Ken avait promis de lui montrer un jour ses armes. Il était certain qu'il pouvait couper une feuille de papier à cigarettes du bout de son katana. Oui, sûr et certain. Et aussi une noix de coco. Ça coupait tout, ce genre de sabre.

Qu'avait dit précisément Alex à propos du samouraï errant? Était-il possible qu'il ait confondu un citoyen asiatique avec un personnage de cinéma ou d'un manga? Avait-il vu un vrai katana? Où? Qui possédait ce type de sabre? Combien de Québécois détenaient cette arme dans la province? Devait-il reparler avec Alex? Se rendre chez son frère? Devait-il faire part de ses doutes à ses collègues, ou au moins à Simon, ou avait-il trop d'imagination en supposant le pire depuis qu'il avait vu les lourds katanas récupérés avec les drogues et l'argent? S'en serait-il soucié s'il n'y avait pas eu des victimes à Québec, s'il n'avait pas vu Maud aussi bouleversée par leur fin brutale? Il paya les cafés qu'il avait commandés en décidant de s'ouvrir à Simon. Au pire, son partenaire lui dirait qu'il connaissait Alex depuis des années et que ses délires incluaient aussi des extra-terrestres et des agents de la CIA.

Mais si Alex marchait des kilomètres par jour, sillonnait tout Longueuil, il traversait forcément des quartiers plus huppés où quelqu'un pouvait détenir un sabre valant dix mille dollars. Et alors? rétorquerait Simon. Ce n'était pas interdit de posséder une arme, à condition de la transporter de manière adéquate.

En s'avançant vers la voiture où l'attendait son partenaire, Maxime se rappela que celui-ci avait un ami qui était ceinture noire au karaté; connaissait-il des amateurs d'autres arts martiaux? Pourrait-il les briefer sur les combats au sabre?

Maxime se dit qu'il perdait probablement son temps avec ces questions oiseuses, mais il irait tout de même revoir Alex. Et emprunterait son trajet, tenterait de regarder les rues avec ses yeux.

: :

Québec, 26 novembre 2022

Alain Gagnon observait Maud Graham qui, par la vitrine du Chat de gouttière, regardait deux enfants courir, s'arrêter pour modeler des boules de neige qu'ils s'empressaient de lancer dans un joyeux brouhaha.

— Les premières neiges sont toujours magiques.

— Maxime aimait tellement ça!

— Je pense toujours à l'igloo qu'on avait construit au chalet.

— Tu vas me rappeler que vous auriez pu y dormir si je ne vous en avais pas empêché?

— Ce n'était pas si froid, affirma Alain. Un peu humide, peut-être…

Chapitre cinq | 121

— Je ne sais pas si Maxime apprécie autant la neige comme patrouilleur. Les accrochages qui se multiplient, les gens qui se blessent...

— Ça complique tout, c'est sûr, mais c'est beau.

— Boudrias ne disait pas la même chose ce matin quand il a fallu sortir le corps d'en dessous de l'escalier. C'était très glissant.

— Heureusement que la victime n'était pas plus lourde. Tu dois être soulagée que ce ne soit pas Lucien Jutras.

— Oui et non, dit Maud Graham. On peut considérer son absence comme une fugue et croire que Lucien réapparaîtra quand il le voudra, mais s'il était en détresse? Les premiers témoignages des étudiants et de ses enseignants nous indiquent qu'il a menti à son père. Il avait des cours jeudi et vendredi. Mais on ignore encore s'il s'est poussé pour aller à Montréal. Ou ailleurs.

— Il est quasiment majeur, dit Alain en rompant le pain qu'un serveur venait de déposer devant lui. Est-ce que son père ne s'inquiète pas un peu vite? Simplement parce qu'il n'a pas de nouvelles? Le jeune a probablement commencé à célébrer son anniversaire avec des chums et son paternel est le dernier de ses soucis. Vous continuez à le chercher de toute façon.

— Jutras a dit que Lucien était plus renfermé ces derniers temps. Je crains toujours les suicides.

Elle prit un morceau de pain Borderon à son tour, le tartina de beurre à l'estragon, le huma avant de le mordre avec appétit. Puis elle posa sa main sur celle d'Alain en lui disant qu'elle était navrée de l'avoir forcé à travailler un samedi.

— On a abusé de toi, dit-elle, mais tu nous as fait gagner du temps.

— Je serai évidemment plus précis après l'autopsie cette semaine, mais je ne pense pas que l'homme trouvé sous l'escalier s'est suicidé. C'est la blessure à la tête qui est responsable de l'hémorragie cérébrale qui a entraîné la mort. La plaie était importante.

— Mais pas faite avec un objet contondant, c'est bien ce que tu nous as dit?

— Je crois que l'homme est tombé, que sa tête a heurté le sol par-derrière. J'ai déjà vu une blessure semblable sur une victime qui avait glissé et s'était cogné la tête sur un comptoir en marbre.

— Quelqu'un qui l'a peut-être poussé par accident, avança Graham.

L'air dubitatif d'Alain était éloquent ; il ne croyait pas plus qu'elle à un incident.

— J'ai vu des marques sur son cou, reprit-il. Je ne peux rien affirmer maintenant, mais c'est la première chose que j'examinerai lundi en rentrant. Je pense que la victime a été agressée, qu'elle s'est débattue, a perdu l'équilibre et s'est fracassé le crâne en tombant. Elle peut avoir rebondi sur un îlot de cuisine en tentant de se défaire de son agresseur. Ou sur des dalles. N'importe quoi de dur. Est-ce que l'agresseur a paniqué ? Je ne sais pas. Mais le type était mort quand on l'a fait basculer au-dessus de la rambarde de l'escalier. Il n'est pas décédé des fractures causées par son plongeon.

— Tu penses qu'il souffrait d'un cancer. Il me semble que c'était suffisant pour le pauvre homme… Qui était si pressé qu'il meure ?

— Son cancer est une hypothèse, rappela Alain, je n'ai pas encore pratiqué l'autopsie, mais il…

Graham l'arrêta d'un signe de la main, lui apprit que son intuition était bonne.

— Longpré m'a texté qu'il a trouvé des informations, des brochures sur le cancer chez la victime, des médicaments antinausée. Il a vu des photos de Lauzon dans un album et m'a dit qu'il a perdu énormément de poids.

— As-tu remarqué sa ceinture ? Elle était au dernier cran…

— Longpré a laissé un message à l'oncologue qui suit Rémi-Paul Lauzon. Nous sommes samedi, je suppose que le spécialiste ne nous rappellera pas avant lundi. En tout cas, Lauzon n'existe pas dans notre système, même pas une infraction au Code de la route.

— Un citoyen modèle ?

Chapitre cinq | 123

— Pas nécessairement. J'ignore ce qu'on découvrira sur lui. A-t-il fait du mal à son assassin au point de pousser celui-ci à le tuer ou était-il à la mauvaise place au mauvais moment ? Témoin d'un crime assez grave pour qu'on l'élimine ? Tout est possible à ce stade de l'enquête. La seule chose qui paraît claire, c'est que ce n'est pas un suicide ni un accident. Et que le tueur est en bonne forme pour avoir porté Lauzon dans l'escalier. Pour le moment, l'enquête de voisinage n'a rien donné. Personne n'a rien vu. La chute de neige joue contre nous. Adam Longpré n'a relevé aucune trace de lutte ou d'effraction chez Lauzon, au contraire, tout était en ordre. De toute manière, si l'assassin avait assommé Lauzon chez lui, pourquoi ne l'aurait-il pas laissé là ?

— Du peu que j'ai vu, cet homme était soigné ; ses ongles nets, limés. Enfin, les trois qui ne se sont pas cassés dans la chute.

— Ses vêtements n'étaient pas neufs, mais ils étaient propres, nota Maud. Lauzon avait pris la peine de mettre une chemise et une cravate, même s'il a dû peiner à faire le nœud avec un poignet bandé.

— Peut-être qu'il ne défait jamais le nœud de ses cravates, suggéra Alain, qu'il n'a qu'à les passer au-dessus de sa tête comme un collier.

— Je vais demander à Longpré s'il a remarqué des cravates chez Lauzon. Je ne crois pas qu'il était simplement allé se promener. Il n'aurait pas fourni ces efforts vestimentaires. Il allait retrouver quelqu'un.

— Qui est assez costaud pour avoir déplacé le corps, l'avoir porté dans l'escalier, dit Alain avant de sourire à Grégoire qui venait vers eux en portant une petite marmite d'où montaient d'alléchants arômes.

— Comme promis, dit-il à Maud qui saliva en admirant la croûte de chapelure bien dorée du cassoulet.

— Je regrette que Michel ne puisse pas en profiter avec nous.

— Il aurait apprécié…

Grégoire posa sa main sur l'épaule de Maud avant de retourner vers les cuisines, ne pouvant s'attarder davantage. Le restaurant s'était rempli en moins d'une heure, des rires fusaient des tables, le tintement des verres se mêlait à la musique et au bruit intermittent des déneigeuses qui dégageaient les rues du Vieux-Québec.

— Je suis content pour Grégoire, dit Alain en embrassant la salle d'un regard satisfait. Son succès est mérité, on parle souvent du Chat de gouttière sur les sites de *foodies*.

— Oui, McEwen y est allée de son commentaire, dit Graham en tendant son assiette, anticipant le bonheur de la première bouchée, croquante et moelleuse.

— C'est brûlant, la prévint Alain, connaissant l'impatience de son amoureuse. Ça sent tellement bon !

Maud Graham fixa le morceau de saucisse piqué au bout de sa fourchette, souffla dessus, l'appuya délicatement sur ses lèvres, puis le mordit avec appétit en fermant les yeux.

— Tu ressembles à Églantine quand elle mange une crevette, commenta Alain.

— C'est délicieux !

Ils se turent quelques instants, tout au bonheur de savourer ce plat si réconfortant, puis Maud déclara que Janick Langlois s'était attablée au Chat de gouttière avec André Roy.

— C'est dommage que Grégoire n'ait pas fait installer de caméra à l'entrée du resto. Je lui ai montré une photo de Janick et celle que nous avons de Roy, mais il ne se souvient pas d'eux. La serveuse non plus, elle venait d'être engagée et ne savait pas où donner de la tête. C'était sa première soirée au Chat de gouttière. Iseut ne se rappelle que sa crainte de s'emmêler dans les commandes. Elle en rit aujourd'hui, mais elle était stressée quand elle a débuté ici.

— Les débuts s'inscrivent souvent sous le signe de l'anxiété. Je me souviens de notre premier souper...

Maud protesta ; après toutes ces années, il n'avait pas le droit d'évoquer son osso buco raté.

Chapitre cinq | 125

— Il y a prescription, déclara-t-elle. Je me suis améliorée.

Alain sourit; elle ne commettrait pas aujourd'hui l'erreur de saupoudrer les rouelles de veau de sucre glace en pensant avoir utilisé de la farine.

— J'étais aussi nerveux que toi à ce premier rendez-vous, dit Alain. J'avais l'impression de passer un test.

— Je me demande si les victimes de Roy avaient aussi cette impression. Je ne me suis jamais inscrite à un site de rencontres. Ça doit être embarrassant de souper avec un étranger.

— Il y a des gens qui s'envoient plusieurs courriels, qui se parlent au téléphone ou par Zoom avant de se rencontrer, j'imagine qu'ils ont un peu l'impression de se connaître.

— D'après toi, qui choisit le restaurant? Qu'est-ce que ça indique?

— Il y a vingt ans, j'aurais parié pour l'homme, répondit Alain.

— Si ce sont deux hommes qui se retrouvent?

— Tu n'en as jamais discuté avec Grégoire ou Michel?

Maud haussa les épaules avant de détacher une part de canard confit.

— Je parie que Roy savait que Janick Langlois habite tout près d'ici, qu'il a choisi le Chat de gouttière en se disant qu'il finirait la soirée chez elle. Parce qu'il ne voulait pas l'emmener chez lui. Il a rarement invité une victime à son domicile, et quand il l'a fait, ce n'était pas réellement chez lui, il louait un appartement sur Airbnb, expliquait qu'il était en transit.

— À cause de son supposé divorce?

Elle hocha la tête avant d'avancer une hypothèse; peut-être que Rémi-Paul Lauzon avait aussi un rendez-vous galant.

— Pour l'instant, on sait qu'il vivait seul, qu'il avait deux enfants. Il y avait des photos d'eux à son appartement. Tiffany McEwen a parlé à sa fille, elle semblait plus intriguée qu'attristée par la mort violente de son père.

— Elle était sous le choc.

— Elle ne voyait son père qu'à Noël. Elle est partie à Montréal mercredi. Chez sa mère. McEwen a aussi parlé à cette femme qui lui a répété plusieurs fois qu'elle ne paierait pas l'enterrement.

— Et le fils?

— McEwen attend qu'il la rappelle. Un agent s'est présenté à son adresse, il était absent. Contrairement à son père, il est connu de nos services. Pour chercher le trouble à la sortie des bars. Il s'est aussi battu à son travail.

— Un sanguin…

— Oui, capable d'assommer son père et de le trimballer dans l'escalier.

— Je me demande bien quel motif l'aurait guidé, dit Alain Gagnon.

— C'est toujours la question. On verra ce qu'il nous racontera. Peut-être que Lauzon a abandonné ses enfants et que Joey lui en voulait encore. Et peut-être qu'il s'en fout autant que sa sœur et n'a rien à voir avec la mort de son père. Tout est possible à ce stade de l'enquête. C'est une boîte à surprises. On tait l'identité de Lauzon dans les médias tant qu'on n'aura pas rencontré son fils, mais il ne faudrait pas qu'il tarde à se manifester.

— Ce que je m'explique mal, c'est l'effort pour précipiter Lauzon dans le vide. C'était déjà sûrement pénible de le porter jusque-là, il devait peser près de 60 kilos. L'assassin a dû descendre jusqu'au premier palier pour jeter le corps et qu'il déboule sur une certaine distance. S'il l'avait fait basculer plus haut, la chute de Lauzon aurait été tout de suite entravée par les arbres.

— Parce que l'assassin a cru que la blessure qui a causé sa mort serait associée à toutes les autres produites par la chute, qu'on penserait à un accident qui pourrait même confirmer qu'il se soit cassé le cou. J'ai hâte d'avoir les résultats toxicologiques. Ça ne me surprendrait pas qu'on trouve de l'alcool ou de la drogue dans son sang.

— L'assassin l'aurait rendu ainsi moins réactif.

Chapitre cinq | 127

— Et renforcerait la thèse de l'accident : Lauzon était ivre, il a trébuché dans le vide.

— Mais tu n'y crois pas.

— Personne n'y croit.

6

Québec, 27 novembre 2022

Le brouhaha de l'immense salle à manger de Lauberivière surprit Jacob, faillit le pousser à partir, mais il avait faim. C'était la faim qui l'avait réveillé dans la pièce où on l'avait emmené, où il avait dormi. Combien d'heures ? Il l'ignorait. Était-ce le repas du déjeuner ou du dîner ? Il avait perdu son cellulaire la veille, ne pouvait plus le consulter, ne pouvait pas lire l'heure. Ni ses messages. Peut-être que Nelly s'était enfin décidée à lui faire signe ? Il avait reçu un premier texto lui disant qu'elle avait un souper de famille et lui parlerait plus tard. Il s'était énervé contre elle. Pourquoi n'avait-elle pas encore diffusé de message sur Snapchat ou Instagram ? Pourquoi ne s'en servait-elle pas quand c'était le temps ? C'est sûr qu'elle ne connaissait pas Lucien depuis si longtemps, mais il avait l'impression qu'elle l'aimait bien. Qu'attendait-elle pour écrire ? Nelly ne lui avait pas répondu hier soir. Il n'avait pas pu lui demander s'il pouvait dormir chez elle. Sa mère était peut-être revenue. Quand même, ce n'était pas une raison pour ne pas lui répondre. Il avait quitté le squat pour s'acheter un sous-marin, avait marché sans s'en apercevoir jusqu'au bout de la rue Saint-Joseph, s'était soudainement senti fatigué et s'était affalé sur le parvis de l'église Saint-Roch avec des bières. Était-il resté là longtemps ? Il ne s'en souvenait plus. Il se rappelait seulement qu'il s'était égaré en voulant retourner au squat, s'était retrouvé devant un bâtiment, qu'un homme lui avait demandé s'il avait besoin d'aide. Est-ce qu'il lui avait répondu qu'il avait effectivement besoin de toute l'aide possible pour retrouver Lucien? Il avait suivi cet homme à la voix rassurante qui lui avait promis qu'il pourrait passer la nuit en sécurité. Il ne lui avait pas menti, il avait dormi sans grelotter, s'était réveillé avec un mal de tête et beaucoup d'appétit. Et voilà qu'il allait s'attabler à côté de tous ces inconnus pour manger une soupe aux pois. Une soupe chaude. Est-ce qu'il rêvait? Il respira l'odeur réconfortante du potage en songeant qu'il n'en avait pas mangé depuis des années. Pourquoi sa mère avait-elle cessé d'en cuisiner? Quand? Lorsque Arnaud l'avait quittée. Elle savait que Jacob adorait ce potage et le punissait en cessant d'en préparer. Même chose pour le gâteau au fromage, elle n'en avait plus fait durant des années. Jusqu'à ce qu'elle ait un nouveau chum. Pour Luis, cela valait la peine d'écraser des biscuits et de fouetter du fromage. Pour Luis, elle pouvait bien vider sa chambre pour qu'il y installe son bureau. Et c'était avec Luis qu'elle partirait en voyage dans le Sud à Noël. «Ce sera plus simple, avait-elle dit. Je ne veux pas de dispute.» Noël. C'était loin et c'était proche. Jacob ne savait combien d'hommes étaient assis dans cette salle, mais il était certain que la majorité d'entre eux ne célébreraient pas les fêtes en famille. *Fuck* la famille, *fuck* sa mère, c'était avec Lucien qu'il devait réveillonner! Il fallait qu'il parle à Nelly.

— Tu veux manger? demanda une grande femme aux sourcils très fins.

— Je... C'est...

— Une bonne soupe, ça fait toujours du bien, dit-elle.

Elle l'entraîna vers une table où étaient déjà installés trois hommes qui levèrent brièvement la tête quand Jacob s'assit à son tour. Il craignait qu'on lui pose des questions ou qu'on fasse des commentaires sur ses ongles vernis, mais personne ne lui adressa la parole et il mangea la soupe sans dire un mot, percevant à travers la rumeur de la grande salle le tintement de sa cuillère lorsqu'il la plongeait dans le potage. Si sa mère trouvait ce bruit agaçant, il n'était pas gênant ici. Il déchira des morceaux de pain qu'il fit tremper dans la soupe, savoura le goût à la fois sucré et salé des pois cassés. Se rappela qu'il avait dit un jour à sa mère qu'ils n'étaient pas cassés, mais plutôt coupés en deux. Elle avait levé les yeux au ciel; pourquoi était-il toujours aussi bizarre?

Lucien ne le trouvait pas bizarre, mais créatif. Pas fou, mais fantaisiste.

Lucien avait dit qu'il ne pourrait jamais aimer quelqu'un de trop *straight*.

Où était Lucien?

Il fallait qu'il parle à Nelly. Jacob se leva, saisit son assiette vide et la rapporta au comptoir en regardant autour de lui. Il étouffa un cri de stupeur en voyant des policiers sur les marches de l'entrée de Lauberivière. Que venaient-ils faire ici? Il tâta ses poches, se souvint qu'il n'avait plus de stock, mais recula lentement, très lentement. Il n'allait pas attirer leur attention en se mettant à courir, il allait continuer à reculer, puis emprunter le premier corridor qui le mènerait à une sortie. Il ne reconnaissait pas les lieux, ne se souvenait pas par où il était arrivé la veille, mais il fallait bien qu'il y ait plus d'une issue dans un bâtiment aussi grand. Il s'immobilisa en constatant que les policiers s'éloignaient sans se presser. L'un d'eux se retourna pour dire quelque chose qui fit rire les hommes qui fumaient devant l'établissement. Des policiers qui plaisantaient? Jacob attendit qu'ils soient hors de sa vue, puis se mit en quête d'un téléphone. Un vieux lui dit de s'informer auprès de Victor, à l'entrée.

— C'est le gars avec le chandail rouge.

Jacob hocha la tête, puis se dirigea vers le colosse qui jasait près de l'entrée avec une femme aux longues tresses noires. Il lui expliqua qu'il avait perdu son cellulaire, qu'il devait absolument téléphoner à sa meilleure amie.

— Pas de problème, dit l'intervenant en l'invitant à le suivre. Elle est à Québec?

— Oui, oui. Dans le Vieux. Faut juste que je retrouve son numéro. D'habitude, on se texte, je ne m'en souviens pas...

— Dans mon temps, on apprenait les numéros par cœur. Je me rappelle encore celui de ma première blonde.

Jacob fouilla dans son porte-monnaie. Il avait noté le numéro d'Iris qui devait avoir celui de Nelly sur un carton d'allumettes que lui avait donné Lucien le soir de leur première rencontre. Ils avaient fumé ensemble dans les marches de l'escalier de la Chapelle. Il gardait toujours sur lui ce carton, même s'il n'y restait plus aucune allumette. Il vit un numéro au-dessus de celui d'Iris, se souvint que Lucien lui avait aussi donné celui de l'avenue De Bourlamaque. « Au cas où ma batterie serait déchargée. »

Et si Lucien était rentré chez lui ? S'il avait essayé de l'appeler ? S'il s'inquiétait de ne pas arriver à le rejoindre ?

Il composa le numéro en retenant son souffle : il fallait que Lucien soit là, il le fallait, il le fallait, il le fallait, sans ça, il mourrait ! Il hésita, répéta « Lucien, Lucien », mais il raccrocha en reconnaissant la voix de Marc-Aurèle Jutras.

Que devait-il faire maintenant ?

Il s'assit sur un banc en regardant des flocons voltiger derrière la baie vitrée, se demanda si l'homme trouvé sous la neige dans l'escalier Lavigueur avait été identifié. Il vit un exemplaire du *Journal de Québec* sur une table, examina la photo en page trois ; on distinguait bien une civière au bas de l'escalier où se tenaient encore des policiers. Le nom de la victime demeurait inconnu. On ignorait les circonstances du décès, l'enquête allait suivre son cours, bla bla bla. La seule chose positive dans cet article, c'est que le journaliste avait dit que la victime était un homme dans la cinquantaine. Ce n'était pas Lucien. Si Jacob avait toujours mal à la tête, il respirait cependant un peu mieux. Il aurait voulu rester assis à regarder la neige tomber durant des heures, mais Tommy avait dit que les employés de la ville seraient au squat lundi à la première heure. Il devait récupérer au moins ses pinceaux, sa grande tablette. Pour en faire quoi ? Est-ce qu'il pourrait les apporter ici pour deux ou trois jours ? Les mettre au moins près du stationnement sous une bâche. Il chercha Victor des yeux en croisant les doigts, puis s'étonna de le voir parler avec un grand maigre qui portait le blouson aux bandes argentées qu'il avait rapporté à la friperie. Il se demanda si l'homme regrettait de l'avoir acheté même s'il flashait. Oui, sûrement qu'il avait eu froid ; c'était pour cette raison qu'il s'était pointé à Lauberivière.

: :

Marc-Aurèle Jutras exultait : la tapette avait appelé Lucien à la maison ! Il n'avait prononcé que ce prénom d'une voix fluette avant de raccrocher, mais Jutras était persuadé que c'était Jacob qui venait de téléphoner. De Lauberivière. Il avait bien lu ce nom sur l'afficheur avant de répondre. Qu'est-ce qu'il faisait là ? Mais voyons, c'était évident : il profitait de cette ressource, se laissait vivre aux frais des contribuables au lieu de travailler. Son plan d'être entretenu par Lucien avait échoué, il devait dormir à Lauberivière en attendant de trouver un autre gogo qu'il pervertirait pour assurer sa subsistance. Un autre gars à qui il enverrait ses petits textos ridicules qu'il avait lus sur le Samsung de Lucien. Il se rappelait très bien que Lauberivière avait migré au printemps 2021 d'un immeuble vétuste de la rue Saint-Paul à un édifice flambant neuf de la rue du Pont. Il s'en souvenait, car il avait espéré, des années auparavant, obtenir le contrat pour la construction. Il s'était réjoui d'apprendre que des habitants du quartier s'étaient plaints de cette nouvelle cohabitation. Il les comprenait parfaitement : qui avait envie de croiser des épaves sur le pas de sa porte ? Il avait appris avec plaisir l'été dernier que des voisins excédés par les comportements douteux des clients du refuge avaient présenté une pétition au maire. La direction de l'établissement avait beau avoir instauré un partenariat avec le service de police de la ville pour faire face aux problèmes de mixité sociale et imaginé un système pour inciter les itinérants à maintenir la propreté aux abords de Lauberivière, Marc-Aurèle Jutras était persuadé qu'il n'y avait rien à espérer d'une bande de drogués et de malades mentaux. Il répétait depuis des années qu'ils auraient dû rester sous bonne garde à l'hôpital psychiatrique.

Repenser à l'Institut Robert-Giffard l'amena à vérifier à nouveau sur Apple News si d'autres éléments avaient été portés à l'attention du public concernant Rémi-Paul Lauzon. Il n'y avait rien qu'il n'avait déjà lu. Pourquoi n'avait-on pas encore dévoilé l'identité de la victime de cette malencontreuse chute dans l'escalier Lavigueur ? Il avait pourtant laissé son portefeuille dans la poche intérieure de son veston, les enquêteurs connaissaient donc son nom et son adresse. Qu'attendaient-ils pour livrer l'information ? Était-ce bon ou mauvais signe ?

Il secoua la tête pour évacuer cette question stupide. Qu'on révèle aujourd'hui, demain ou la semaine prochaine le nom de Lauzon ne changeait rien : personne ne pouvait établir de lien entre eux. Ce *looser* ne s'était sûrement pas vanté d'aller souper chez lui pour lui extorquer de l'argent. Ils ne s'étaient jamais parlé au téléphone, hormis ce coup de fil de vingt secondes passé de la gare. Lauzon et lui n'avaient jamais communiqué par messages textes. Si les enquêteurs n'achetaient pas la thèse de l'accident, ils effectueraient des recherches dans l'entourage de Lauzon pour en apprendre plus sur lui, pour étayer l'hypothèse d'un suicide, mais ils ne remonteraient tout de même pas aux calendes grecques. Lauzon avait travaillé avec lui des dizaines d'années plus tôt, ça ne comptait pas. Même s'il s'était vanté de le connaître au moment où il paraissait dans les médias, cela n'avait pas d'importance. Des tas de gens avaient dû faire pareil en voyant sa tête à la télé lorsqu'il pensait se présenter aux élections. Tout était OK. Il était certain de n'avoir rien négligé, rien oublié dans l'appartement de la rue Sainte-Madeleine. Et il avait non seulement pensé à porter des gants pour utiliser les clés de Lauzon, mais également à imprimer les doigts de Lauzon sur le

Chapitre six | 135

métal avant de glisser le trousseau dans la poche de son pantalon. Un pantalon en velours côtelé, alors qu'il portait un jean quand ils s'étaient croisés devant le restaurant. Et quand il l'avait relancé dans le stationnement de son bureau. Lauzon s'était forcé pour mettre un beau pantalon gris pour venir chez lui. Pensait-il l'impressionner par sa mise proprette ? Il n'avait pas changé, toujours aussi servile. Même quand il lui avait expliqué qu'il avait besoin d'argent. Il s'excusait quasiment de tenter de le faire chanter. Lui jurait qu'il ne lui demanderait plus jamais rien quand il lui aurait donné les quarante mille dollars. Qu'il lui remettrait la preuve qu'il détenait dès qu'un virement serait fait. Et qu'il partirait illico à Matane où il voulait finir ses jours. Son vœu n'avait pas été exaucé, il était mort dans la belle ville de Québec.

Attendait-il maintenant son tour dans une salle d'autopsie ? Combien de temps fallait-il compter avant que les résultats des prises de sang révèlent qu'il avait pris de la morphine ? Et de l'alcool. Lauzon avait protesté quand il lui avait proposé un Negroni, mais s'était laissé convaincre : n'était-ce pas ce qu'ils buvaient à l'époque où ils écumaient les bars de la Grande-Allée ? Lauzon avait acquiescé, puis précisé qu'il ne boirait cependant pas de vin, ses traitements fragilisant son système digestif. Jutras avait hoché la tête, l'avait questionné sur ce sujet, l'avait écouté lui décrire les séances de radiothérapie et de chimio en se disant qu'il en serait débarrassé à jamais à la fin de la soirée. Un but, il faut toujours avoir un but et rester bien concentré sur les étapes à suivre pour y parvenir. Lauzon avait terminé son cocktail avant d'oser mentionner Magalie Therrien, lui expliquer qu'il était prêt à garder le secret jusqu'à sa mort en échange d'un petit coup de pouce financier. Il avait répété qu'il n'y avait qu'une seule cassette vidéo. Qu'il n'en avait pas divulgué le contenu.

Et ça n'arriverait jamais. Personne n'entendrait jamais les gémissements de Magalie Therrien quand il la prenait de toutes les manières possibles. Il s'en voulait d'avoir été excité par une fille aussi moche. Il avait été esclave de ses hormones, mais penser que Lauzon avait voulu révéler qu'il s'était tapé cette innocente lui donnait encore des sueurs froides. Il avait pourtant été agréablement surpris de ses performances quand il avait visionné la cassette, s'était dit qu'il aurait pu en profiter davantage, Magalie n'était pas la seule handicapée qu'il avait sous la main. Il se demandait avec un sentiment d'orgueil mêlé de gêne si Lauzon avait souvent regardé la vidéo. S'il l'avait envié de bander autant. C'est beau d'être jeune!

Il soupira, se passa les mains dans les cheveux; ils auraient dû blanchir avec tous les soucis qu'il avait eus ces dernières semaines, toutes les menaces qui avaient plané sur lui. Il se redressa dans son fauteuil, le temps n'était pas à l'apitoiement. Il devait plutôt continuer à vérifier qui s'intéressait à Lucien sur les réseaux sociaux, qui s'en inquiétait, qui semblait vraiment le chercher. Il avait été surpris de voir que son fils n'avait pas autant d'amis qu'il l'avait imaginé. Il regrettait de ne pas avoir passé plus de temps à fouiller son Samsung, mais il avait agi dans la précipitation, persuadé que Lucien reviendrait à la maison dès qu'il se rendrait compte qu'il avait oublié son téléphone. Et après sa disparition, il n'était plus question d'ouvrir l'appareil pour en apprendre plus sur Jacob. De toute façon, il avait laissé le téléphone dans le vieux Ford. Il devait donc maintenant le récupérer, il en avait pour plus d'une heure aller-retour, mais il enverrait le texto à partir du chantier en moins de vingt secondes, éteindrait aussitôt le Samsung, le remettrait dans le sac Faraday et s'en débarrasserait dans le fleuve. Il devait profiter du fait que Jacob était à Lauberivière et attirer la tapette à l'extérieur du bâtiment. Lui donner rendez-vous sur Saint-Vallier près de la rue de l'Éperon où il l'assommerait. Il laisserait comme prévu des ampoules de fentanyl près du corps. Les enquêteurs penseraient qu'un *deal* de drogue avait mal tourné ou que Jacob avait voulu défendre son bien. Peut-être qu'un zélé au poste de police noterait une soudaine activité à ce numéro, mais, le temps qu'il réagisse, le Samsung serait déjà détruit.

: :

Jacob s'était mêlé aux clients du dépanneur qui commentaient l'incendie du squat en se répétant qu'il ne s'attirerait que des problèmes en s'approchant trop près du sinistre. Il était presque certain d'avoir débranché la chaufferette en quittant son atelier, mais s'il disait qu'il habitait les lieux, c'était garanti que les policiers l'accuseraient d'être responsable de l'incident. Ça ne servait à rien de tenter de récupérer ses maigres possessions, de reconnaître que les pots de peinture, les bombes aérosol et la térébenthine étaient à lui. C'était bête de tout laisser ça là, mais pour le moment c'était trop dangereux d'attirer l'attention, même si les pompiers étaient repartis depuis quelque temps. Il n'aurait pas dû boire autant la veille, être trop soûl pour revenir au squat. Peut-être qu'il avait aussi trop pris de pilules, mais il était tellement perdu…

— C'était juste un petit feu, dit une cliente en payant ses cigarettes.

— C'est étonnant que ça ne soit pas arrivé avant. Ça rentre pis ça sort comme dans un moulin à cette place-là, commenta un voisin. Il est temps que ça soit démoli.

— Peut-être que c'est quelqu'un qui ne voulait pas qu'on détruise l'immeuble.

— Démoli ou rasé par les flammes, qu'est-ce que ça change ?

— Ça change que c'est criminel si ce n'est pas décidé par la ville.

— Ou si c'est un accident, dit Jacob avant d'acheter une tablette de chocolat.

— Comme le gars qui est tombé dans l'escalier ? reprit le voisin d'un ton suspicieux. Il se passe des affaires pas catholiques dans notre quartier. Je ne me sens plus en sécurité. Les policiers n'ont rien voulu me dire quand je les ai questionnés. Ni sur le mort ni sur le feu. Si c'étaient des accidents, ils me l'auraient dit, non ?

— Les bœufs, ils n'ont rien, ils ne savent rien. Moi, je suis sûre que je connais le mort, dit la fumeuse.

— Comment ça ? s'enquit le propriétaire du dépanneur.

— Il ressemblait à un vieux qui reste en bas de Saint-Jean. Il venait à la boulangerie quand je travaillais là.

— Ce n'était pas dans le *Journal de Québec…*

— Parce que les bœufs…

— Leur as-tu dit ce que tu viens de nous conter ?

— Ce n'est pas à moi de faire leur job, dit la femme en tirant une cigarette du paquet qu'elle alluma dès qu'elle mit un pied dehors.

Jacob fut tenté de l'interroger, hésita. Même si cette fille savait qui était la victime, qu'est-ce que ça lui donnerait de connaître son nom ? Il n'allait pas appeler Marc-Aurèle Jutras pour savoir s'il avait reçu la visite de cet homme vendredi soir et s'ils s'étaient battus ! Il s'avança pourtant vers elle, lui demanda si elle pensait que le type était dangereux.

— Celui qu'on a trouvé dans l'escalier ? Oh non ! D'après ma boss, il était malade. C'est ça qui est surprenant. Pourquoi est-il sorti en pleine nuit s'il ne filait pas ?

— As-tu vu le feu ?

— C'était surtout de la boucane, mais les pompiers n'ont pas pris de chance, ils ont tout arrosé pendant un bon bout de temps. Même si les grues vont tout arracher, il ne fallait pas que le feu se propage chez les voisins. Y'a tellement de vieilles maisons dans le coin, ça flamberait vite.

Jacob hocha la tête avant de saluer la fille et de tourner le dos à la rue Langelier ; il n'irait pas vers le squat, le squat n'existait plus pour lui, il reviendrait plutôt vers la rue Saint-Joseph pour gagner Lauberivière. Qu'est-ce qui se passait dans sa vie pour qu'il dorme deux soirs de suite dans un refuge pour itinérants ? Plus rien n'avait de sens depuis la disparition de Lucien, n'importe quoi pouvait arriver sans qu'il puisse y faire quoi que ce soit. Tout ce qui se passait jour après jour n'était pas normal et des bouffées d'anxiété le submergeaient de plus en plus fréquemment, même s'il fumait pour se calmer. Il ne pouvait en parler à personne sauf à Nelly, mais elle n'avait pas répondu à son appel quand il avait téléphoné de Lauberivière. Où était-elle? S'il fallait qu'elle ait aussi disparu. Non, non, c'était impossible. Il délirait. Il allait se rendre chez elle, rue Sainte-Anne. Non. Il tenterait à nouveau de l'appeler de Lauberivière. Nelly avait dû oublier de recharger la batterie de son téléphone, ça lui arrivait vraiment souvent. S'il pouvait aller la rejoindre, il n'aurait qu'à emprunter l'escalier, puis la côte des Glacis, rejoindre Saint-Jean et monter Sainte-Ursule.

Quand Jacob atteignit Lauberivière, le gars qui portait son blouson aux bandes argentées était en train de jaser avec un barbu. Il n'avait pas l'air d'avoir froid même si le vent s'était levé. Jacob songea qu'il aurait dû garder ce vêtement qu'il avait acheté en compagnie de Lucien. Lucien trouvait qu'il lui faisait bien. Peut-être qu'il demanderait au gars de le lui racheter. Sauf qu'il n'avait presque plus d'argent. Il n'aurait pas dû lâcher son emploi de plongeur au restaurant et il n'aurait l'allocation de sa mère que dans trois jours. Est-ce qu'il avait le choix de pousser la porte de Lauberivière? Il frémit en pensant qu'il avait failli emménager avec Lucien à cinq rues du refuge, qu'ils seraient en train de repeindre les murs de l'appartement s'il n'avait pas tout gâché. Il était tellement nul! Il n'avait plus d'amoureux, plus de logement, plus d'argent, plus rien. Qu'attendait-il pour se jeter dans le fleuve?

— Sam? fit un homme en lui ouvrant la porte. Je suis content que tu sois revenu.

Jacob dévisagea Denis Dupuis, puis se rappela qu'il avait dit la veille s'appeler Sam.

— Pourquoi?

— Il y a un voisin qui m'a remis tantôt un téléphone. Je ne sais pas si c'est celui que tu cherchais hier. Tu dois l'avoir perdu juste avant d'arriver ici. Je l'ai laissé à l'accueil.

Jacob s'empressa de suivre Denis Dupuis en espérant qu'il s'agissait de son appareil, qu'il aurait un message de Nelly lui disant qu'il pouvait la rejoindre chez elle. Peut-être même qu'elle avait eu des nouvelles de Lucien, directement ou par les réseaux sociaux. Pour la première fois depuis des jours, il avait l'impression que les choses allaient s'arranger, que le soleil qui se coucherait bientôt derrière l'église Saint-Roch brillait encore pour lui, que tout n'était pas terminé. Il poussa un cri de joie en reconnaissant son cellulaire, serra Denis contre lui dans un élan spontané.

— Je ne pensais pas te faire autant plaisir, dit celui-ci.

— Tu me sauves la vie, *man*! dit Jacob avant de s'emporter en constatant que l'écran ne s'allumait pas.

— Attends avant de t'énerver, j'ai ce qu'il faut pour le recharger. Le voisin m'a dit qu'il a trouvé ton téléphone en dessous de sa voiture. Il n'était pas dans la neige, mais les appareils boudent le froid. Ça va s'arranger.

Denis Dupuis aurait voulu ajouter que tout finissait toujours par s'arranger, mais il ne pouvait pas mentir pour encourager Jacob. Il espéra que son appareil fonctionne à nouveau tout en se félicitant de n'être pas dépendant à cette technologie. Il ne possédait pas de téléphone cellulaire, considérant que la ligne fixe de son appartement suffisait aux rares appels qu'il recevait chez lui. On le joignait le jour au garage et, quand il n'était pas au travail, il était la plupart du temps à Lauberivière, facile à joindre là aussi. Il se demanda durant quelques secondes où Jacob trouvait l'argent pour l'abonnement de son appareil, chassa cette question qu'il ne lui poserait jamais, la discrétion étant une règle d'or à Lauberivière. Quand lui-même y avait trouvé refuge, c'était ce qu'il avait le plus apprécié : personne ne l'avait poussé à parler, mais il avait trouvé une oreille attentive le jour où il en avait éprouvé le besoin. Il tendit le chargeur à Sam, lui souhaita bonne chance et se dirigea vers l'ascenseur en se disant que le jeune homme était fébrile, mais tout de même en meilleure forme que la veille. Les jours ne se ressemblaient pas toujours, pensa-t-il en se réjouissant pour Sam qui lui rappelait Fred, resté plusieurs semaines au printemps avant de disparaître du jour au lendemain. Denis pensait souvent à ce jeune, espérait qu'il avait réalisé son rêve de déménager à la campagne, mais avait pourtant du mal à y croire. Peut-être n'était-ce pas par pessimisme, mais parce qu'il lui reprochait un peu de ne pas leur avoir fait signe? Une carte postale aurait rassuré tout le personnel, tous les bénévoles. Il s'en voulait de lui en vouloir, Fred avait sûrement préféré tout oublier de sa dernière année à Québec. Lui-même avait cent fois souhaité effacer de grands pans de son existence.

: :

Longueuil, 27 novembre 2022

— D'habitude, c'est une femme avec des cheveux rouges qui vient voir le ronin, dit Alex à Maxime. Mais ce matin, la femme avait les cheveux noirs. J'ai vu les flocons briller quand elle est passée sous la lumière. C'était beau. Je ne sais pas pourquoi elle pleurait.

— Elle pleurait?

— Peut-être parce que le ronin n'était pas là. Il est parti avant qu'il neige. Dans les airs.

— Tu n'avais jamais vu cette femme?

— Oui, l'été passé. Mais là, elle riait. Ce matin, elle pleurait. Elle m'a vu, puis elle est rentrée dans son auto. Et elle est partie. Elle a failli écraser un chat. Il faisait noir, mais elle a de très gros yeux, elle aurait dû le voir.

— C'était avant le lever du soleil? Tu es sorti de bonne heure…

— Je ne dormais pas. Le soleil se lève tard en hiver. C'est plate. J'aime mieux marcher.

— Ça serait mieux si tu attendais qu'il fasse clair, Alex. Pour ne pas te faire frapper comme le chat.

Ou comme l'adolescent qui avait fugué et s'était fait heurter par un VUS deux heures plus tôt, et qui était maintenant aux soins intensifs à l'hôpital. Les phares des voitures de patrouille éclairaient la rue d'une lumière blanche qui s'était diluée dans l'aurore. Maxime avait remarqué le camion de livraison d'un boulanger artisanal, le commis avait ralenti, emprunté la voie de côté, offert des muffins aux agents. « Ça commence bien mal votre journée », avait-il dit à Maxime qui avait précisé qu'il finissait son quart de nuit en croquant dans la viennoiserie. « Paraît que c'est le pire *shift*. » Maxime avait répondu que cela dépendait de ce qui se passait durant les heures de veille, mais s'il aimait le silence de l'aube, il s'irritait de la jovialité, de l'entrain des gens qui entamaient un nouveau jour, qui semblaient si insouciants de tout ce qui pouvait arriver.

— Elle n'a pas écrasé le chat, reprit Alex.

— Mais presque. Tu as marché longtemps pour arriver jusqu'ici.

— Je ne suis même pas fatigué, assura Alex. Je peux marcher durant des heures. Je me rends à Montréal souvent. Cet été, je vais aller à Québec. La fille joue de la guitare.

— La femme qui était ici ? s'étonna Maxime. Je ne pensais pas que tu lui avais parlé.

— Je ne lui ai pas parlé. Elle avait un *case* de guitare.

— Tu en es certain ?

— Mon frère aussi a une guitare. Mais son *case* est vieux, tout usé, il ferme mal. Pas comme celui de la dame. Il y avait des collants sur le *case* de guitare.

— Tu as pu voir tout ça ?

— Quand elle a mis le *case* dans le coffre. Je lui ai dit « bye ». Elle n'a pas répondu.

— Tu es sûr que tu l'avais vue cet été ?

Alex haussa les épaules. Quelle importance ! Elle n'avait pas voulu lui parler.

— Elle n'avait pas sa guitare avec elle, cet été.

Chapitre six | 143

— Tu dois avoir faim maintenant, dit Maxime. Veux-tu un lift jusque chez vous ? Ou au Tim Hortons ? Je pense que j'ai vu Noëlla là-bas. Tu l'aimes bien, Noëlla.

— Oui, elle est toujours fine. Elle aime ça le café, Noëlla. Elle en boit toute la journée.

— On va aller voir si elle est encore là.

— Je ne veux pas que tu mettes la sirène, c'est trop fort.

— Non, non, on n'est pas si pressés. Et on ne veut pas réveiller tout le monde.

Alex semblait indécis, ne quittait pas la résidence des yeux.

— Qu'est-ce que tu regardes ?

— Je me demande si le samouraï est parti à Tokyo avec son katana.

— Peut-être qu'il est inscrit à une compétition de karaté, suggéra Maxime.

— D'aïkido, le corrigea Alex.

— Tu dis que tu parles souvent avec lui. Tu m'avais dit qu'il s'appelait Ken, c'est ça ?

— Oui, Ken. Il fait ses katas dans son jardin. Je veux aller voir Noëlla. Fais-tu du karaté ?

— Non, mais toi, oui. Ton frère m'a dit que tu étais bon.

— C'est vrai ? Guillaume t'a dit ça ?

Le visage d'Alex s'illumina. Il fit signe à Maxime de s'arrêter avant d'improviser un enchaînement de Heian Shodan. Maxime observa tout son corps tendu dans un désir d'exécuter ces mouvements sans se tromper, son regard qui fixait un point dans l'aube naissante, ses lèvres pincées dans de chancelants efforts et devina quels espoirs avait vécus Alex lorsqu'il s'entraînait pour des compétitions et l'infinie tristesse d'avoir dû renoncer à cet univers cinq ans auparavant. Maxime songea que, au moment où il étudiait à Nicolet, Alex Loubier vivait les premières manifestations de la maladie mentale. Ils avaient le même âge, patrouillaient tous les deux dans la ville, mais n'y voyaient pas les mêmes choses. Quelle était la réalité d'Alex? Quelle était la part de divagation dans ce qu'il racontait? Avait-il vraiment vu une femme pleurer à la fin de la nuit? Avant d'ouvrir la portière pour signifier à Alex de s'asseoir dans la voiture, Maxime éclaira l'entrée de la maison avec sa torche, il ne vit aucune trace d'effraction, mais remarqua les empreintes de pas menant à la porte. Il les prit en photo avec son téléphone, puis regagna sa voiture en se disant qu'il les montrerait à Simon en le rejoignant au poste, vérifierait qu'aucun incident suspect n'était survenu dans la nuit à cette adresse. Si la femme était entrée par effraction dans cette résidence cossue, est-ce qu'une alarme n'aurait pas dû s'activer? Que venait-elle faire à l'aube dans cette maison apparemment déserte? Était-elle aussi venue durant l'été? Maxime entendait déjà Simon lui dire qu'il avait tellement d'imagination qu'il pourrait écrire des romans.

: :

Québec, 27 novembre 2022

Jacob poussa un long soupir de soulagement en voyant la tête d'un chien apparaître en fond d'écran de son cellulaire, il fit défiler les messages, poussa une exclamation de surprise, écarquilla les yeux: Lucien lui avait écrit! Son cœur battait de plus en plus fort alors qu'il ouvrait le texto, il n'arrivait pas à y croire, retenait son souffle, puis se disait que Nelly avait dû convaincre Lucien de lui donner enfin de ses nouvelles. Quand lui avait-il écrit? Hier? Aujourd'hui?

Je viens de rentrer. Je t'expliquerai ce soir ce qui m'est arrivé. C'est trop bizarre. 22 h, escalier des Glacis, passage Sous-le-Coteau. J'ai une surprise pour toi. Je t'aime.

Le texto se terminait par trois cœurs rouges.

Jacob cligna des yeux, relut le texto. Des cœurs rouges. Pas de soleil au début du message. Il n'était plus son soleil? Il commençait toujours ses messages avec un soleil. Il avait répété tant de fois qu'il avait réchauffé son âme. Il avait pourtant écrit *Je t'aime.* Pas *J t'm.* Et pas de clé. Lucien ajoutait toujours cette émoticône. Jacob se rappelait combien il avait été ému quand Lucien lui avait dit qu'il était la clé du cadenas qui verrouillait son âme depuis la mort de sa mère. Il avait une surprise pour lui? Pourquoi ne l'avait-il pas appelé au lieu de lui écrire? Où était-il passé durant tout ce temps? Où était-il maintenant? Il avait écrit ce texto treize minutes plus tôt. Jacob frissonna en songeant qu'il ne l'aurait jamais reçu si un bon samaritain n'avait pas donné son téléphone au bénévole. Il tenta de pianoter une réponse, mais il tremblait tellement qu'il dut tout effacer. Il fallait qu'il se calme. Ou qu'il appelle Lucien. Non. Lucien devait avoir une raison pour ne pas l'avoir lui-même rejoint. Parce qu'il ne voulait pas qu'on l'entende lui parler? Pourquoi devait-il être si discret? À cause de son père? Oui, sûrement son père! Qu'est-ce qui se passait avenue De Bourlamaque?

Crisse! Marc-Aurèle Jutras séquestrait Lucien! Tout s'expliquait! Lucien avait trouvé une manière d'échapper à son père durant la soirée. Soit Jutras s'absentait enfin, soit il se couchait tôt et Lucien attendait ce moment pour lui fausser compagnie et le retrouver. *Escalier des Glacis.* Il avait voulu appliquer sa tête de chien rue de la Potasse, mais il n'avait pas le support adéquat et n'y était pas parvenu. Il relut le message de Lucien, prit une longue inspiration et lui répondit qu'il serait au rendez-vous, qu'il avait aussi une surprise pour lui, qu'il l'aimait. Et il ajouta un soleil. Attendit une réponse après avoir noté que le message avait été distribué, mais ne reçut qu'un pouce levé en guise de confirmation. Il fit défiler les messages reçus au cours des dernières heures, appela Nelly avant même d'avoir lu tous ses textos, lui expliqua ce qui lui était arrivé: le squat incendié, la perte de son téléphone, le message de Lucien et sa conviction que Marc-Aurèle Jutras le gardait chez lui contre son gré.

— Il doit lui avoir fait du chantage. « Tu restes ici, sinon je dénonce ton chum à la police. » Puis Lucien doit avoir refusé et son père l'a enfermé pour l'empêcher de me retrouver. Tu ne dis rien ?

— C'est... c'est *too much*.

— As-tu une autre explication ? J'ai envie d'aller tout de suite avenue De Bourlamaque. Je vais rendre sa montre à Jutras.

— Non, non, tu vas empirer les choses, si jamais c'est vrai que le père de Lucien a fait quelque chose de mal. Ton amoureux t'a enfin écrit ! Il a un plan pour te rejoindre. Attends à ce soir.

— Et s'il ne réussit pas à sortir de chez lui ?

— Il doit être sûr de son coup, s'il t'écrit après tout ce temps. Écoute-le pour une fois !

— Viens avec moi.

— Je ne peux pas, c'est l'anniversaire de ma mère. Tu es vraiment à Lauberivière ? Tu aurais dû aller à la Maison Dauphine, c'est plus près de chez nous.

Jacob allait répondre qu'il ne se serait pas soûlé tout seul sur le parvis de l'église Saint-Roch si elle avait répondu la veille à ses textos, mais il réussit à se taire. Il n'allait pas se disputer avec Nelly alors qu'ils venaient à peine de se reparler. Même si elle l'énervait. Elle le trouvait paranoïaque, mais elle n'avait aucune idée de ce qu'il vivait dans la rue. Nelly n'avait pas à se poser des questions. Sa mère était cool, tout était facile pour elle. Jacob aurait voulu que sa mère ressemble à celle de Nelly. Joanie avait aimé le portrait qu'il avait fait de son amie, l'avait même encadré. Chaque fois qu'il allait chez Nelly, Jacob éprouvait un sentiment de fierté en constatant que son fusain était toujours accroché dans le vestibule. Pourquoi avait-il dû déménager quand il était enfant ? Nelly et lui étaient tellement heureux quand ils jouaient ensemble après l'école. Il se rappelait les brioches aux raisins en forme de torsade qu'ils mangeaient après s'être balancés dans la cour, la couleur dorée des pâtisseries, leur odeur qui se mêlait à l'arôme du café de la mère de Nelly qui l'appelait mon petit chou. Sa mère lui avait-elle déjà donné un surnom affectueux?

— Mon oncle vient souper ce soir avec sa famille, reprit Nelly, sinon je serais allée te rejoindre. Tu vas rester tranquille jusqu'à ce soir? Ne fais pas d'autres conneries…

— Arrête de parler comme ma mère! De toute manière, je n'ai plus rien. Il me reste juste un joint. Je n'ai quasiment plus de *cash*. Je vais vendre mon corps, si ça continue.

— T'es niaiseux quand tu veux. Tu me textes quand tu seras avec Lucien? Je me demande vraiment pourquoi il ne nous a pas écrit pendant des jours…

— Je te dis que c'est son père qui est derrière ça!

— Tu capotes! Monsieur Jutras aurait gardé Lucien enfermé sans que personne s'en rende compte? Il n'y a pas de prison dans le sous-sol de leur belle maison.

— Peut-être que oui. Je n'ai pas visité toutes les pièces…

— Tu es parano.

— Lucien a écrit que quelque chose de bizarre lui était arrivé.

— S'il était séquestré par son père, il aurait plutôt appelé à l'aide. Il y a une autre explication. Peut-être en rapport avec la montre.

— Je n'aurais jamais dû la piquer!

— Ça s'arrangera. Tu la redonneras à Lucien tantôt! Je t'avais dit qu'il ne t'avait pas *ghosté*. J'en étais sûre, il t'aime trop.

— Il a mis trois cœurs rouges. On ne fait jamais ça, c'est trop… trop comme tout le monde.

— Lucien t'écrit qu'il t'aime, il ajoute des cœurs et tu chiales encore? Qu'est-ce que tu veux de plus, Jacob? Tu vas le retrouver, c'est ça qui compte! Jure-moi que tu n'iras pas tout gâcher en allant chez lui. Reste où tu es.

— Je n'ai pas trop le choix, marmonna Jacob. Où est-ce que j'irais? Au moins, j'ai sauvé le portrait de Mila. Je vais pouvoir le donner à Lucien. Il revient juste à temps pour son anniversaire.

— Peut-être qu'il était parti fêter ailleurs, avança Nelly.

— Il me l'aurait dit. Son parrain veut lui offrir un voyage en République dominicaine, mais pour la fin de la session.

— Tu as raison, il m'en avait parlé. Son père aussi devait lui payer un voyage…

— Je ne peux pas croire que je vais voir Lucien, s'enthousiasma Jacob. J'ai l'impression de rêver. On s'était embrassés dans l'escalier des Glacis.

— Vous vous êtes embrassés dans tous les escaliers de Québec, ironisa Nelly.

— Pis toi, où as-tu frenché avec Viviane ? rétorqua Jacob.

Nelly mit quelques secondes avant de répondre que Viviane était la plus belle personne qu'elle avait rencontrée dans toute sa vie et qu'elle se retenait de lui envoyer un autre texto.

— Elle est tellement fine, elle embrasse tellement bien, on a plein de points communs, c'est incroyable ! Tu ne peux pas imaginer ! C'est ma jumelle cosmique !

— Je suis super content pour toi, Nel, répondit Jacob en s'efforçant d'être chaleureux.

Il comprenait maintenant pourquoi son amie d'enfance avait négligé de lui répondre la veille. Elle était trop occupée avec Viviane. Lovée dans leur petite bulle d'amour parfaite. Alors que lui errait dans Saint-Roch, buvait en solitaire, dormait à Lauberivière et découvrait l'incendie du squat.

— Tu me texteras quand tu seras avec Lucien ?

— Promis.

Il répéta qu'il était heureux pour elle, se sentant coupable de son égoïsme.

— Et moi, je te souhaite une super soirée avec ton chum. Ça va être extraordinaire !

— Oui.

Ça ne pouvait pas être autrement : Lucien avait écrit qu'il l'aimait. Rien d'autre n'avait d'importance. Il entendit des chaises grincer sur le sol, vit des hommes, des femmes se diriger vers la salle à manger.

Les émotions lui avaient coupé l'appétit, mais il les suivit pourtant. Il fallait qu'il s'occupe l'esprit jusqu'à vingt-deux heures. Pour la première fois depuis son arrivée au refuge, il s'interrogea sur ce qui s'y passait. Combien de personnes s'arrêtaient ici pour une nuit et restaient finalement plusieurs semaines? Comment parvenaient-elles à vivre parmi tant de monde? Il se souvenait avec horreur du camp de vacances où sa mère, qui avait un nouvel amant, l'avait envoyé tout un été. Il avait détesté cette promiscuité imposée, la kyrielle de règles à respecter, l'agaçante jovialité des moniteurs. Seul le cours de bricolage lui avait plu. Parce que la prof l'encourageait à dessiner. Il avait bien fait de traîner son calepin quand il avait roulé le portrait de Mila pour le glisser dans son sac à dos, il pourrait croquer Tonnerre en attendant de revoir Lucien. Le chien à qui la moitié d'une oreille avait été arrachée dormait aux pieds de son maître qui jasait avec le gars qui portait son ancien blouson. Jacob s'approcha d'eux, dit qu'il aimait dessiner des chiens, s'enquit du nom de l'animal même s'il le connaissait déjà, demanda s'il pou-vait le flatter. Bruno acquiesça tandis que Mathis répondait que le doberman s'appelait Tonnerre et qu'il avait six ans.

— As-tu des cigarettes?

Jacob secoua la tête, il ne lui en restait plus depuis longtemps. Les aurait-il partagées, s'il en avait eu? Il nota la nervosité de Mathis qui mordait constamment sa lèvre inférieure et clignait des yeux toutes les dix secondes. Il semblait encore plus anxieux que lui. Ce n'était pas seulement le tabac qui lui manquait. Il grattait une des bandes argentées de son blouson, regardait autour de lui, tentant de deviner qui pourrait le dépanner d'une ou deux pilules. Il se leva brusquement, les faisant sursauter, disant qu'il avait besoin de cigarettes, qu'il reviendrait à la nuit.

— Il fait déjà noir, commenta Bruno.

— Faut que je sorte! Je manque d'air. Si jamais je ne rentre pas, tu enverras Tonnerre me chercher.

Jacob le suivit du regard durant quelques secondes, puis s'assit par terre à un mètre de Tonnerre et ouvrit son calepin, espérant qu'il réussirait à se concentrer sur son dessin, qu'il oublierait avec quelle lenteur les minutes s'écoulaient. Il faillit relire le message de Lucien pour se persuader de sa réalité, mais se força à observer Tonnerre qui ne quittait pas Bruno des yeux. Le regard des chiens envers leur maître fascinait Jacob depuis toujours. Est-ce qu'un humain était capable d'une telle adoration? Il en voulait encore à sa mère de ne lui avoir jamais permis d'en adopter un. Il n'avait eu droit qu'à un stupide poisson rouge. Il se réjouissait que Lucien ait un chien. Quand ils habiteraient ensemble, il l'emmènerait avec lui pour repérer des lieux où appliquer son portrait. On verrait la belle tête noir et blanc de Mila dans toute la ville.

7

Québec, 27 novembre 2022

Marc-Aurèle Jutras, qui sillonnait le quartier Saint-Roch pour mémoriser le sens des rues, s'étonna que la pharmacie Brunet existe toujours rue Saint-Joseph. Ça devait bien faire cent ans qu'elle était là, alors que le magasin Laliberté avait récemment fermé ses portes. Quel commerce verrait le jour à sa place? Qui avait encore le cran d'ouvrir une boutique ou un restaurant après la pandémie? Il avait eu du flair d'investir dans l'immobilier des années plus tôt. La pierre était une valeur sûre. Avec la pandémie, les prix s'étaient envolés partout au Québec. Il utiliserait l'héritage de Lucien pour acquérir le manoir Beaumont et reconvertir ses établissements hôteliers si peu rentables. Tout en roulant, il calculait le temps qu'il lui faudrait attendre pour toucher l'argent; on découvrirait sûrement le corps de Lucien dans les prochains jours, on l'autopsierait, on l'enterrerait, puis il irait enfin chez le notaire qui lui expliquerait les modalités concernant la transmission du legs d'Isabelle Bisson à son fils Lucien. Et à son époux advenant le décès prématuré de leur enfant. Après coup, Jutras se félicitait de s'être fié à son intuition, de ne pas s'être embarrassé d'un test de paternité, il n'y avait aucune trace de ses doutes à propos de sa filiation. Le notaire n'imaginerait certainement pas qu'Isabelle l'avait trompé, il n'aurait pas à prouver qu'il était bien le père de Lucien pour obtenir l'argent. Le notaire lui présenterait plutôt ses condoléances pour la perte tragique de son unique enfant. Jutras soupira en songeant à l'attitude dévastée qu'il devrait afficher chaque fois qu'on lui parlerait de Lucien. Il avait hâte que les funérailles soient derrière lui, hâte de mettre un point à cette histoire qui lui prenait toute son énergie, qui l'obligeait à rouler dans ce quartier de merde, à tourner en rond jusqu'à vingt-deux heures sous la pluie verglaçante. Il quitta la rue Saint-Joseph, vira à droite sur la rue de la Chapelle pour éviter de passer devant Lauberivière. De là, il gagnerait la rue Saint-Vallier où il se garerait en attendant Jacob.

Et c'est à ce moment que Jacob lui apparut au coin du boulevard Charest, portant le même affreux blouson, marchant tête baissée et les fesses serrées comme toutes les tapettes. Qu'est-ce qu'il faisait là ? Pourquoi était-il en avance pour leur rendez-vous ? Il devait le suivre !

Jutras appuyait sur l'accélérateur lorsqu'il le vit lever la main, interpeller un type qui tourna la tête. Ils discutèrent quelques secondes, l'inconnu tendit la main à Jacob puis s'éloigna sans le regarder, tandis que Jacob obliquait à pas pressés vers la rue Saint-Vallier. C'était évident que Jacob venait d'acheter de la drogue à ce dealer ! Jutras savoura l'ironie en pensant à l'ampoule de fentanyl qu'il avait pris la peine d'apporter pour simuler une transaction qui avait mal viré. Allait-il consommer tout de suite cette cochonnerie ou attendait-il de retrouver son cher Lucien ? Les dieux étaient avec lui : Jacob s'éloignait vers la gare, il pouvait le suivre en voiture jusqu'à la rue Vallière, se garer et l'assommer rue des Prairies ou dans le passage Sous-le-Côteau où il pensait attendre Lucien. Mais qu'est-ce que ce maudit fif faisait maintenant ? Il s'arrêtait à la rue de l'Éperon, semblait vouloir traverser le terrain vague, il devait l'arrêter avant qu'il atteigne la rue Saint-Paul ! Il y avait toujours du monde sur la rue des antiquaires !

Il accéléra sur la rue des Prairies et fonça vers Jacob, le happa, le vit rebondir sur le bloc de ciment avant de s'étaler face contre terre.

Jutras sortit précipitamment de son véhicule, scruta les alentours, s'approcha de Jacob. Il ne bougeait pas, mais comment être certain qu'il n'était pas qu'inconscient ? Il sortit la brique qu'il avait ramassée plus tôt sur un chantier, frappa Jacob derrière la tête à plusieurs reprises, le sang gicla sur le blouson, macula les bandes argentées, trempa la chevelure blonde de Jacob. Il avait son compte, il ne reviendrait plus l'emmerder dans son jardin.

Jutras sortit l'ampoule de fentanyl, la jeta près du corps, avant de revenir vers sa voiture pour démarrer à toute vitesse, puis s'arrêter net en se traitant d'imbécile, ce n'était pas le moment de se faire arrêter pour une infraction au Code de la route ! Il devait respirer calmement, tout s'était déroulé plus vite que prévu, mais il avait réussi à suivre son plan. Il roula en se répétant que tout s'était bien passé jusqu'à la rivière Saint-Charles où il projeta la brique et le téléphone de Lucien de toutes ses forces dans l'eau sombre. Il ne lui restait plus qu'à jeter son imperméable de plastique dans le sac à poubelle qu'il avait rangé dans le coffre de sa voiture et s'en débarrasser en arrivant à Sainte-Foy où la collecte des ordures s'effectuait les lundis matins. Il enclencha le système de contrôle pour s'assurer de ne pas dépasser la vitesse réglementaire. La chaussée était plus glissante à cause de la pluie, mais il ne s'en plaignit pas. Le mauvais temps l'avait vraiment servi, il n'y avait personne dans les rues de Saint-Roch, personne pour se mettre à hurler en le voyant défoncer le crâne d'un fifi. Il évita les petits centres commerciaux qui jalonnaient le chemin Sainte-Foy et choisit une rue près de la gare de train pour se défaire de l'imper qui avait protégé son manteau des éclaboussures sanguinolentes. Il poussa un soupir de satisfaction après avoir largué le sac devant un immeuble de six logements où plusieurs autres sacs s'entassaient déjà ; il avait enfin réglé ses problèmes, il pourrait dormir sur ses deux oreilles. Et quand les policiers lui annonceraient la découverte du corps de Lucien, il se débarrasserait de Mila. Il était persuadé que ses nièces voudraient l'adopter. Jean-Philippe Bisson ne pourrait leur refuser de recueillir la chienne de leur cousin Lucien et elle l'agacerait sûrement en quêtant constamment de l'affection.

: :

Jacob avait attendu Lucien durant plus d'une heure, lui avait envoyé trois textos sans recevoir de réponse, et il se résignait maintenant à rentrer au refuge quand la pluie redoubla de vigueur. Que s'était-il passé pour que Lucien lui fasse faux bond, ne lui envoie même pas un message pour le prévenir de sa défection ? Il avait envie de pleurer. Et de tout casser. Et de se geler pour tout oublier. Il aperçut Bruno qui se promenait avec Tonnerre près de Lauberivière, s'arrêta pour lui demander s'il avait quelque chose, n'importe quoi, pour lui remonter le moral. Bruno secoua la tête, il avait juste assez d'argent pour acheter une boîte de nourriture pour Tonnerre au dépanneur avant la fermeture, Mathis n'était pas revenu au refuge avec des clopes comme il l'avait promis et...

Un jappement de Tonnerre qui s'était élancé vers la rue Vallière les fit sursauter. Bruno l'appela, siffla, mais le chien ne revint pas vers eux, il aboya de plus belle. Son maître courut pour le rejoindre, craignant la présence d'un autre chien, voulant éviter une bagarre. Jacob l'imita et oublia sa peine et sa colère dès qu'il vit le corps de Mathis et le sang qui tachait son blouson, qui ne s'était pas complètement effacé malgré la pluie, qui s'infiltrait entre chaque bande argentée. Il se précipita vers lui, mais Bruno le retint.

— Faut pas que tu le touches, ça va te mettre dans le trouble ! Appelle le 911.

— Le 911 ?

— On *call* l'urgence puis on se pousse. Je ne veux pas de problème, je...

— S'il respire encore ?

— Non, on y touche pas ! Appelle !

Chapitre sept | 155

Jacob sortit son téléphone que Bruno saisit aussitôt. Il composa le numéro d'urgence, dit qu'il y avait un mort près de la rue des Prairies et coupa la communication.

— On décrisse!

— On va le laisser tout seul?

— On ne peut rien faire de plus, dit Bruno en donnant une tape dans le dos de Jacob pour l'inciter à bouger.

Il agrippa le collier de Tonnerre qui tournait autour du cadavre en couinant, puis l'entraîna vers le terrain vague. Jacob courut pour les rejoindre, répéta qu'ils n'auraient pas dû abandonner Mathis.

— Pour se faire battre à mort comme lui? As-tu pensé à ça? Si le gars qui l'a tué nous voit près du corps, on sera les prochains sur sa liste!

— Pourquoi il a fait ça?

— Je ne le sais pas et je ne veux pas le savoir.

— Mais tu connais Mathis. Tu dois avoir une idée de...

— Je le connais autant que je te connais, depuis deux jours. Il doit s'être mêlé d'une affaire qui ne le regardait pas. Ou il devait de l'argent à quelqu'un. C'est pas de nos *fucking* problèmes!

— Peut-être qu'il n'est pas parti pour acheter des cigarettes comme il nous l'avait dit, avança Jacob.

— S'il en a acheté, il n'a pas eu le temps d'en fumer beaucoup, commenta Bruno. Ou peut-être qu'on lui en a quêté une, qu'il n'a pas voulu en donner, que le gars s'est fâché et s'est défoulé sur lui.

— Pour une cigarette?

— Il y en a qui tuent pour rien.

Le cri des sirènes emplit la nuit, Jacob s'immobilisa. Des patrouilleurs répondaient à l'appel d'urgence; Bruno avait raison, c'était inutile de traîner dans les parages. Mathis était mort bien avant qu'ils le découvrent, sinon il serait rentré au refuge, avec ce temps pourri. Oui, c'était évident, il avait été massacré plus tôt, sinon il l'aurait entendu crier tandis qu'il attendait Lucien. Et il aurait vu l'assassin. Et l'assassin l'aurait vu. Un long frisson le parcourut, il aurait pu être tué, lui aussi ! Il accéléra le pas, devança Bruno, pressé de se réfugier à Lauberivière. Il avait subitement envie d'être entouré par tous ces hommes, ces femmes dont il ne savait rien. Tout ce qu'il savait, c'est que son existence avait de moins en moins de sens, que tous ces événements violents étaient en train de le rendre fou. Quel être humain normalement constitué peut dans une même semaine perdre un amoureux, passer au feu et découvrir un corps sans devenir dingue ? Et qu'arriverait-il maintenant ?

Est-ce qu'il pouvait retourner chez sa mère pour quelques jours ? Il faudrait alors justifier cette demande en lui racontant ce qui était arrivé et elle lui dirait qu'il s'attirait toujours des ennuis, qu'il ne changerait jamais. Ou qu'il avait tout inventé à cause des cochonneries qu'il ingurgitait. Qu'il délirait et qu'elle l'avait prévenu que... Non. Il n'irait pas chez Jocelyne. De toute manière, l'idée de voir son chum chaque matin lui donnait la nausée.

Il arriva à Lauberivière en sueur, mais se mit à grelotter dès qu'il s'assit dans la salle d'accueil.

— Tu devrais enlever ton manteau, lui suggéra Denis Dupuis qui lui proposa aussi une boisson chaude. On peut commencer par un bon café. Veux-tu un café, Sam ? Ou un thé ?

— J'ai froid, répondit Jacob.

— Je vais t'apporter des vêtements secs. Tu dois être resté un bon bout de temps sous la pluie...

— J'attendais mon chum. Il n'est pas venu. Je l'ai attendu plus d'une heure.

— Il doit avoir eu un empêchement, dit Denis.

— Son père l'a emprisonné.

— Qu'est-ce que tu racontes ?

— Je suis sûr que j'ai raison.

— Je vais aller te chercher un café, tu pourras me raconter tout ce que tu veux ensuite. Enlève ton manteau, en attendant. Tu te sentiras déjà mieux.

Jacob leva la tête vers Denis qui lui souriait et commença à déboutonner le vêtement.

— Je choisis mal mes manteaux, ils ne sont jamais assez chauds…

Il se tut, revoyant le sang coulant entre les bandes luisantes du blouson, le blouson qu'il avait enfilé lui-même quelques jours plus tôt. Ce vêtement portait malheur! Il l'avait sur le dos quand il s'était disputé avec Lucien, il l'avait aussi lorsqu'il avait vu Jutras étrangler le chauve et maintenant Mathis s'était fait tuer avec cette veste.

— C'est un manteau dangereux, dit-il à Denis Dupuis.

Celui-ci lui répéta de ne pas bouger, qu'il revenait avec un café, qu'ils pourraient parler ensemble. Ou pas, on ne l'obligeait à rien. L'important était qu'il soit au sec et en sécurité. Se sentait-il en sécurité?

Jacob jeta un coup d'œil vers l'entrée, hésita avant de hocher la tête, puis enleva son manteau. Denis Dupuis nota l'attitude craintive du jeune homme alors qu'il regardait la grande porte; qu'y avait-il à l'extérieur pour l'effrayer? Redoutait-il qu'on l'ait suivi jusqu'à Lauberivière? Il revint rapidement vers Sam et lui tendit une tasse de café avec des sachets de sucre et des godets de lait. Il sourit en le voyant vider le contenu de chaque sachet, de chaque godet dans le breuvage.

— Je te fais rire? dit Jacob.

— Tu me rappelles que le temps passe. Quand j'avais ton âge, j'aimais boire mon café très sucré, avec beaucoup de crème. Maintenant, je le prends noir. Je t'ai apporté une barre tendre. Tu as peut-être faim après être resté dehors à attendre ton chum. C'est fatigant d'avoir froid, ça brûle nos énergies.

— Le gars avec sa tente dans la cour, il ne veut pas rentrer?

— Non. Il sait cependant qu'il sera le bienvenu s'il change d'idée.

Jacob serrait la tasse entre ses mains pour en absorber la chaleur, sourit à Denis.

— Je suppose que tu n'as pas de Baileys que je pourrais ajouter…

— Je n'en mets plus dans mon café depuis dix-sept ans.

— C'est plate pour toi.

— Non. L'alcool ne me manque pas. Et pour répondre à ta question, non, je ne peux pas corser ton café.

Jacob haussa les épaules, il avait tenté le coup.

— Je rate tout ce que j'essaie.

— Tu penses que tu as raté ton rendez-vous avec ton amoureux? Tu m'as dit tantôt que tu l'as attendu longtemps. C'est lui qui n'était pas là. Pas toi.

— Je suis certain que son père l'a empêché de venir me retrouver.

— Il a quel âge, ton amoureux?

— Dix-huit ans.

— Il est majeur. Je ne sais pas quelle est sa relation avec son père, mais celui-ci n'a pas tous les droits sur lui.

— Il l'a enfermé. Je suis sûr de ça. Il faut le délivrer.

Denis Dupuis dévisagea Jacob. Il ne semblait ni ivre ni drogué, mais ces propos étranges dénotaient-ils de la paranoïa?

— Et où crois-tu qu'il le garde prisonnier?

— Chez eux. Dans leur cave. Une grosse cabane dans le quartier Montcalm.

— Pourquoi l'empêcherait-il de sortir?

Jacob secoua la tête, il l'ignorait.

— Le père de Lucien déteste les gais. Il ne veut pas qu'on s'aime.

— Au point d'enfermer son fils dans leur sous-sol? s'étonna Denis. J'ai plutôt entendu l'inverse, des parents qui mettaient leur enfant à la porte... Ce que tu me racontes est *weird*.

— Je sais que ça paraît bizarre, admit Jacob. Je me demande par moments si je ne suis pas fou. Mais Lucien a disparu depuis jeudi. Il m'a texté aujourd'hui, avant le souper, pour la première fois. Je suis parti l'attendre à l'escalier des Glacis et il n'est pas venu. Pas de message. Rien. Peut-être que son père le drogue, qu'il ne peut pas réagir...

— On ne peut pas garder éternellement un captif. Cet homme doit aller travailler. Qui surveillerait Lucien en son absence? Les voisins finiraient bien par remarquer quelque chose. Des gens vont s'inquiéter, poser des questions. Il doit y avoir une explication logique…

— Il n'est dans aucun hôpital. Et il n'est plus actif sur les réseaux sociaux depuis mercredi soir. Ce n'est pas normal.

— Voudrais-tu en parler à des policiers ?

— Je… je ne les aime pas trop.

— Tu ne connais pas l'équipe Multi. On a une bonne collaboration avec eux, on s'entend bien. Si tu es vraiment inquiet pour Lucien, ça ne coûte rien de rencontrer Jessica ou Juliette. Je pourrais les appeler demain matin, si tu veux. Et peut-être que, d'ici là, Lucien t'aura rappelé.

— Elles sont dans le quartier ?

— Oui, je te jure qu'elles sont cool.

— S'il se passe quelque chose de grave par ici, c'est elles qui s'en occupent ?

— Souvent.

— Elles vous tiennent au courant aussitôt ?

Dupuis s'étonnait de toutes ces questions que le jeune homme formulait sans le regarder puisqu'il continuait à fixer la porte principale.

— Attends-tu quelqu'un ? As-tu texté à Lucien de te rejoindre ici ?

Jacob fit signe que non, serrant toujours la tasse de café contre lui comme il l'aurait fait avec une bouillotte.

— Tu devrais te changer, répéta Denis Dupuis en désignant le tee-shirt et la veste qu'il avait déposés sur la table.

Jacob détourna enfin son regard de l'entrée, puis releva le pull qui lui collait à la peau, s'empara du tee-shirt noir, entendit Denis pousser une exclamation alors qu'il l'enfilait.

— Qu'est-ce qu'il y a ?

Denis Dupuis resta incapable de répondre. Avait-il vraiment vu une cicatrice en forme de croissant sur l'épaule droite du jeune gai ? Il le dévisagea durant quelques secondes, cherchant une réponse dans ses traits, notant la fossette à la joue gauche, le vert moucheté d'éclats dorés de ses yeux, l'abondante chevelure blonde.

— Qu'est-ce que tu as? répéta Jacob.

— Je reviens, fit Denis en se levant si brusquement qu'il fit trembler la table sur laquelle il s'appuya, pris de vertige.

— T'es correct?

Denis fixa à nouveau Sam puis courut vers l'entrée, ouvrit la porte et sortit en se répétant que c'était impossible qu'il ait retrouvé son fils. Il n'arrivait plus à respirer, se laissa tomber sur les marches du perron, l'eau glacée le surprit, mais il ne fit aucun mouvement pour se relever. Avait-il vraiment vu une cicatrice sur l'épaule de Sam? Sam. Le jeune avait dit qu'il s'appelait Sam. Pas Jacob. Il n'avait pas regardé attentivement la cicatrice. Il s'était imaginé trop vite qu'il la reconnaissait. Comment pouvait-il croire qu'il s'agissait de son fils seulement parce qu'il avait une marque à l'épaule gauche? Mille raisons étaient envisageables pour expliquer cette cicatrice. Ce n'est pas parce que Sam avait les yeux de la couleur de ceux de Jacob et que son âge correspondait à celui de son fils qu'il fallait en conclure que c'était bien à son enfant qu'il avait apporté un café et des vêtements secs. Et pourquoi Sam aurait-il vécu cet état de précarité qui l'avait amené à trouver refuge à Lauberivière? Aux dernières nouvelles, son ex-femme enseignait à Hull. Mais plus de seize ans s'étaient écoulés depuis leur divorce et Sam avait pu quitter sa mère, quitter Hull pour Québec. Pour y faire quoi? Il ne s'était apparemment pas débrouillé comme il l'espérait. Il avait évoqué un squat qui avait été incendié, tout ce qu'il possédait tenait maintenant dans son sac à dos élimé. Que savait-il de Sam? Qu'il était amoureux d'un certain Lucien. Qu'il croyait séquestré par son père. Même s'il avait entendu des histoires incroyables lorsqu'il vivait lui-même dans la rue et depuis qu'il était bénévole, Denis Dupuis avait peine à croire à un enlèvement en plein cœur d'un quartier chic de Québec. Mais pour quelle raison Sam en était-il persuadé? Est-ce qu'il était mythomane? Ou schizophrène?

Était-il son fils?

Que devait-il faire? Lui demander comment se prénommait sa mère? Et ensuite?

La pluie s'était changée en neige, une neige lourde qui tissait un halo blanchâtre autour des lampadaires de la rue du Pont et accentuait le caractère irréel de cette soirée. Denis s'interrogeait encore sur les probabilités que Sam soit son Jacob — mais pourquoi disait-il s'appeler Sam? — quand surgit une voiture de police au coin de la rue. En voyant les visages empreints de gravité d'Audrey et de Jean-Thomas, il sentit son pouls s'accélérer.

— Quelqu'un s'est mis dans le trouble? s'enquit-il en reconnaissant Audrey Trudel.

— On vient d'emmener un jeune à l'Hôtel-Dieu. Il gisait au coin de Vallière et des Prairies. Il s'est fait battre. Il est aux soins intensifs, les médecins ne savent pas s'ils vont le sauver. Comme c'est tout près d'ici, on s'est dit que c'était peut-être un de vos pensionnaires.

— Environ vingt ans, cheveux blonds, précisa Jean-Thomas Racicot, avec un blouson en cuir et des bandes brillantes sur les manches.

— C'est Mathis! s'écria Denis Dupuis. Je ne peux pas le croire! C'est un bon gars, il…

— Il habite ici? le coupa Audrey. Depuis longtemps?

— Non, il va, il vient. Nous sommes parfois des semaines sans le voir, puis il réapparaît. Est-ce que vous avez des témoins?

— Non, répondit Jean-Thomas Racicot. Pas pour le moment. Avec ce temps pourri, il n'y a personne dans les rues.

— Sauf celui qui a appelé au poste pour signaler qu'il avait trouvé un corps. Personne n'a pu lui poser de questions, il a coupé la communication après avoir livré l'information. Notre victime s'appelle donc probablement Mathis? Son nom de famille?

— Godin. Je peux vous dire qu'il était parmi nous ce soir au souper. Je l'ai vu jaser ensuite avec… du monde…

— Du monde?

— On a des gens qui viennent pour manger, qui repartent ensuite. Il y a un gros va-et-vient. On sert plusieurs centaines de repas par jour, ça roule vite.

Était-il convaincant alors qu'il pensait à Sam qui avait passé une partie de la soirée dehors ? Il répéta qu'il y avait beaucoup de monde tout en se remémorant l'air effaré de Sam, son anxiété, la porte principale qu'il fixait constamment, sa tiédeur lorsqu'il lui avait proposé de parler de ses inquiétudes concernant Lucien à des policières. Se pouvait-il qu'il se soit disputé avec Mathis et qu'ils se soient battus ? Ils semblaient pourtant en bons termes après le repas. Et Sam ne paraissait pas agressif, mais il s'était néanmoins interrogé sur sa santé mentale… Avait-il paniqué en attendant son amoureux, s'était-il emporté ? Ou avait-il décompensé, fait une sorte de psychose ? Il n'y avait aucune trace suspecte sur son manteau ni sur son tee-shirt mouillés, pas d'éraflures aux mains.

— Est-ce que Mathis avait des amis ici ? demanda le patrouilleur.

— Je l'ignore. Tout ce que je sais, c'est qu'il s'arrêtait chez nous à l'occasion.

— S'est-il passé quelque chose de particulier dans la soirée ?

Dupuis secoua la tête. La soirée avait été calme, comme si chaque résident en voyant la pluie se changer en neige mouillante se rappelait les nuits humides et glacées à chercher un abri et était heureux d'être au chaud.

— Non, rien d'étrange ce soir, répondit-il.

À part qu'il pensait avoir reconnu son fils. Alors qu'il essayait déjà de le protéger en taisant le fait qu'il connaissait Mathis et qu'il était sorti quasiment en même temps que lui. Se comportait-il à nouveau en père ? Avoir aperçu durant une fraction de seconde cette cicatrice sur son épaule allait-il le pousser à mentir à ces patrouilleurs qui devaient s'interroger sur son attitude hésitante ?

— Donc rien de bizarre, insista Audrey Trudel.

Dupuis haussa les épaules, puis rappela qu'il n'était qu'un bénévole qui venait aider au repas du soir.

— On aurait besoin de plus d'informations sur Mathis Godin.

— Ce n'est pas moi qui pourrai vous en fournir davantage, dit Dupuis. On connaît son nom, mais rien de plus. Ce n'est pas comme s'il résidait ici pour plus d'une nuit. Le mieux, c'est que vous jasiez avec un intervenant. Suivez-moi.

Denis Dupuis se rendit à l'accueil, soulagé que les deux patrouilleurs ne portent pas l'uniforme, connaissant la crainte qu'ils pourraient inspirer à ceux qui avaient trouvé refuge à Lauberivière. Audrey sourit à Victor, le jeune intervenant qui leur désigna son bureau, elle l'avait déjà rencontré lors d'une collecte de fonds.

— On sera plus tranquilles pour jaser, dit celui-ci après avoir écouté le résumé de Denis Dupuis. Pauvre Mathis, j'espère qu'il va s'en sortir.

— Les médecins n'étaient pas optimistes, d'après ce que m'a dit Tiffany McEwen. C'est elle qui s'est présentée après l'appel des patrouilleurs. Nous, on faisait juste une ronde dans le quartier. On trouvait ça tranquille jusqu'à ce…

— J'ai peur de ne pas pouvoir beaucoup vous aider, dit Victor. Mathis est discret comme bien des gens qui viennent ici. Et ce n'est pas dans notre mentalité de poser des questions. On se contente de ce qu'ils nous disent. Ça prend du temps pour les apprivoiser.

Les patrouilleurs s'installèrent dans le bureau de Victor qui referma la porte. Aussitôt, Denis Dupuis se tourna vers la droite. Il s'était efforcé de ne pas regarder dans cette direction pour éviter d'attirer l'attention sur Sam. Il fut soulagé de le voir toujours assis à la même place. Il sentait son cœur battre plus fort tandis qu'il s'approchait de lui.

— Qu'est-ce qui se passe? dit Jacob en plissant les yeux. C'est la police?

— Je ne le sais pas trop, répondit Denis Dupuis en tentant sans succès de revoir la cicatrice de Jacob.

— Est-ce que j'ai fait quelque chose qui t'a mis en maudit? Tu es parti d'un coup comme si…

— Non, non, c'est correct.

Jacob ne quittait pas des yeux la porte du bureau de l'intervenant.

— Qu'est-ce que tu leur as raconté ?

— Rien.

— Leur as-tu dit que Lucien était emprisonné chez lui ?

Dupuis leva les mains en signe de protestation. Il n'avait pas à rapporter ses propos à des tiers, c'était à lui d'en parler avec les policiers s'il le souhaitait. Il avait appris à garder des secrets depuis longtemps.

— C'est une nuit de merde, murmura Jacob.

— À ce point-là ?

— La pire de ma vie. Je pensais rejoindre Lucien, puis je trouve…

Jacob s'interrompit. Allait-il dire Mathis ?

— C'est ma pire nuit, soupira-t-il, et je ne peux même pas me geler la bine. Je n'ai même pas un joint. Je n'ai rien fait et tout me tombe dessus.

— Tout quoi ?

— J'aimerais m'endormir et ne pas me réveiller.

Denis posa aussitôt une main compatissante sur son avant-bras, ce n'était pas une solution. Il pouvait être aidé.

— Je ne pensais pas que ça serait si *tough* de m'arranger tout seul, avoua Jacob. Au début, j'étais content d'être libre, sauf que ce n'est pas…

— Comme tu l'imaginais ? Tu ne peux pas retourner chez tes parents ?

— Ma mère a un nouveau chum, pas de place pour moi. De toute façon, on ne s'entend pas.

— Et ton père ?

— Je ne le connais pas. Je ne sais plus quoi faire, *man*, vraiment plus. J'étais tellement *high* quand j'ai eu le texto de Lucien, puis là j'aimerais mieux ne l'avoir jamais reçu…

Denis resserra sa main sur le bras de Jacob, ignorant s'il souhaitait qu'il nomme sa mère ou non, scrutant son visage, cherchant les traits du bébé qu'il avait quitté, croyant reconnaître la forme de ses propres yeux, l'implantation de ses cheveux, se disant qu'il se trompait, qu'il fallait qu'il tire sur le tee-shirt, qu'il revoie la cicatrice pour en avoir le cœur net, s'y refusant, redoutant autant d'avoir fait fausse route que d'avoir raison.

— Qu'est-ce qui t'aiderait?

— Je n'ai rien fait, murmura Jacob. Mathis était par terre quand je l'ai trouvé, la face dans la neige. Il ne bougeait pas. Je ne l'ai pas touché, je te le jure! J'étais paralysé! Bruno a pris mon téléphone, il a appelé le 911.

Il se tut, puis pointa du doigt le bureau de l'intervenant.

— Je suppose que je ferais mieux de leur parler. Ils vont finir par retracer mon appel. Je ne veux pas qu'ils m'arrêtent…

— Si tu t'étais battu avec Mathis, il y aurait du sang sur ton manteau. Puis Bruno était avec toi quand vous l'avez découvert.

— C'est Tonnerre qui l'a senti en premier. Bruno ne voudra pas parler à la police, il les déteste.

Dupuis s'empara du vêtement trempé, l'étala, puis regarda Jacob.

— Il n'y a pas de taches sur ton manteau, tu le vois aussi bien que moi?

— C'est sûr, j'ai seulement regardé Mathis. Et je n'aurais pas dû. Je n'oublierai jamais ça.

— Je te conseille de parler avec les patrouilleurs pour les aider. On verra plus tard avec Bruno.

— Mais je n'ai rien à leur dire, je n'ai rien vu, rien entendu! Ils ne me croiront pas!

— Je peux témoigner que tu portais ce manteau quand tu es sorti et quand tu es revenu. Et que tu étais sous le choc, que tu viens tout juste de me raconter ce que vous avez découvert. Si tu étais responsable de l'agression de Mathis, tu ne serais pas revenu ici, tu te serais enfui, non?

Jacob se mordait les lèvres sans cesser de fixer la porte du bureau de l'intervenant. Avait-il vraiment le choix de parler aux policiers?

Un court instant, il imagina se rendre chez Nelly. Sa mère n'aurait pas le cœur de le renvoyer dans la tempête, mais qu'est-ce qui l'attendait dehors? S'il se répétait que l'assassin ne devait pas être resté dans les parages, il n'en était pas certain à cent pour cent. Et il neigeait de plus en plus fort. Il était épuisé, las de traîner son *packsack* sans savoir où il pourrait le poser sans craindre qu'on lui vole le peu qu'il possédait encore. Le carton dans lequel il avait roulé le portrait de Mila était détrempé. Il se désagrégeait comme sa propre existence.

— Tu es certain que la police ne va pas m'enfermer? Je ne sais pas pourquoi, mais je te fais confiance...

— Ça me touche beaucoup, Sam.

— C'est facile de parler avec toi. Je suppose que tu as l'habitude des gars perdus comme moi. Mais arrête de m'appeler Sam. Mon vrai prénom, c'est Jacob.

Jacob.

Jacob qui expliquait qu'il avait donné un pseudo en arrivant la veille à Lauberivière parce qu'il était gêné de s'y réfugier, Jacob qui répétait qu'il n'était pas un vrai itinérant, qu'il voulait seulement faire ce qu'il voulait dans la vie, pourquoi était-ce si compliqué? Jacob qui se mordait les lèvres à nouveau, qui clignait des yeux, reniflait, tentait de retenir ses larmes, tirait sur son tee-shirt pour essuyer ses joues, découvrait la cicatrice en forme de croissant. Denis Dupuis ferma les yeux, tout tournait autour de lui, il revoyait la plaie qui béait, le sang qui s'en écoulait, Jacob qui hurlait, Jacob qu'il soulevait dans ses bras, emportait hors du garage en se demandant pourquoi il n'avait pas ramassé tout de suite la bouteille de bière quand elle s'était cassée, pourquoi il avait décapsulé une autre bière, pourquoi il ne s'était pas aperçu que Jacob s'était réveillé et l'avait rejoint dans le garage, pourquoi il ne s'était pas occupé de son fils au lieu de boire.

— Je devrais être avec Lucien, gémit Jacob. En train de *chiller* avec lui. Je m'en ennuie tellement...

— On va le retrouver, promit Denis Dupuis.

Il aurait tout donné pour apaiser son fils. Il rappellerait son ancien partenaire pour tenter d'obtenir des informations qui le mèneraient à Lucien. S'il avait quitté la Sûreté du Québec dix-sept ans plus tôt, il n'avait pas coupé les ponts avec Antoine Rousseau. Ils avaient fréquenté pendant quelques années le même groupe de soutien aux Alcooliques anonymes dans Charlevoix. Puis Denis était revenu vivre à Québec, mais les deux hommes soupaient ensemble entre Noël et le Nouvel An, se méfiant de ce temps qui accentuait leur solitude.

— On va le retrouver, répéta-t-il. Il faut bien qu'il soit quelque part.

Jacob hocha la tête, puis prit une longue inspiration, repoussa sa chaise et se dirigea d'un pas mécanique vers le bureau de Victor, pivotant d'un demi-tour avant de frapper à la porte pour vérifier si Denis l'accompagnait.

— Je ne veux pas être seul pour leur parler.

— Je suis là. Je vais toujours être là.

: :

Kim Germain avait pris un Madison Park en apéro et sirotait maintenant le verre de Folonari en savourant la délicieuse pizza aux champignons parfumée à l'huile de truffe. Elle était contente d'avoir pu s'asseoir à la table où elle avait rencontré pour la première fois André Roy, il fallait respecter un certain rituel. Elle aimait beaucoup l'ambiance du Birra & Basta, la gentillesse des employés, la judicieuse liste de gins et s'y arrêtait à chacun de ses voyages à Québec. C'était le plein été quand elle avait répondu à l'annonce d'André Roy sur le site de rencontre. Peut-être n'aurait-elle jamais écrit à cet homme s'il n'avait pas autant fait soleil, si elle n'avait pas été aussi satisfaite de sa rencontre avec Jordan Salter, si elle ne s'était pas acheté ces espadrilles pailletées sur un coup de tête. Elle aurait dû rentrer à Montréal après son rendez-vous, mais avait décidé de rester à Québec ; n'était-ce pas férié le lendemain ? Qui travaillait le jour de la Confédération ? Elle avait envoyé un message à André Roy qui s'était empressé de lui répondre, de lui dire de choisir le resto où ils pourraient se retrouver. Elle s'était présentée à l'hôtel PUR et avait pris une chambre, puis était partie se balader dans le quartier, surprise et ravie d'avoir osé relancer un inconnu. Une fois n'était pas coutume. Elle s'était félicitée d'avoir enfilé ses nouvelles chaussures en boudant l'ascenseur du Faubourg pour emprunter l'escalier, s'était rappelé, parvenue au sommet, que sa grand-mère Eva travaillait pour cinquante cents de l'heure à la Dominion Corset, qu'elle lui répétait régulièrement que l'instruction lui permettrait d'avoir une meilleure vie que la sienne, qu'elle devait avoir un métier qui ferait d'elle une femme indépendante, une femme qui ne devrait rien à un homme, une femme qui n'aurait pas à s'humilier, à quêter le moindre dollar pour s'offrir un rouge à lèvres. Kim avait admiré la vue sur la basse-ville de Québec puis avait monté la côte Sainte-Claire jusqu'à la rue Saint-Jean en espérant trouver une bouteille d'eau à la pâtisserie Simon, où elle voulait acheter un palmier en souvenir d'Eva qui les adorait. Après avoir dévoré le feuilleté bien caramélisé, elle avait hésité : avait-elle envie d'un souper sophistiqué ou d'un repas plus simple qui mettrait peut-être son interlocuteur plus à l'aise ? Elle s'en était voulu subitement d'avoir été si spontanée, cette rencontre serait sûrement bizarre. Elle était revenue vers l'hôtel, avait opté pour le Birra et envoyé l'adresse à André Roy. Elle était retournée à quatre reprises à la pizzéria depuis ce jour de juillet où elle avait sympathisé avec Roy. Comment aurait-elle pu deviner qui était réellement cet homme qui la félicitait du choix du restaurant, qui prétendait adorer l'Italie ? Qui avait dit qu'il voulait la revoir ? Qui l'avait écoutée parler de sa passion pour le droit des affaires avec tellement d'attention ?

Oui, Kim était contente d'être à nouveau assise à cette table symbolique et sirotait son verre de pinot gris pour se détendre.

Chapitre sept | 169

Elle devait cesser de se sentir coupable en pensant au choc qu'aurait la femme de chambre lorsqu'elle découvrirait le corps d'André Roy dans la chambre 918 d'un chic hôtel montréalais. On ne fait pas d'omelette sans casser des œufs et on ne décapite pas un homme sans verser beaucoup de sang. Le katana avait bien rempli sa fonction. Kim Germain n'en avait pas été surprise, elle savait que son frère entretenait ses armes blanches avec méticulosité. Tout comme elle, Ken savait l'importance d'apporter du soin à ce qu'il faisait. Et parce qu'elle était aussi organisée que son aîné, elle avait renoncé au plaisir d'entendre André Roy la supplier de l'épargner, elle ne pouvait pas courir le risque qu'il se mette à crier même si elle le menaçait avec le katana. Elle s'était résignée à le droguer, à ne le voir paniquer que quelques secondes avant de s'effondrer. Elle avait attendu dix-sept heures trente pour quitter l'hôtel après avoir vérifié que l'affichette « Do not disturb » était toujours suspendue à la poignée de porte de la chambre et n'avait enlevé sa perruque blonde qu'en s'assoyant dans la voiture qu'elle avait garée à trois rues de l'établissement. Elle avait roulé vers la station Communauto où elle avait rendu le véhicule, avait récupéré sa propre automobile, mis moins de vingt minutes pour rejoindre le pont Jacques-Cartier et prendre l'autoroute vers Québec. Elle s'était arrêtée pour jeter la tête et les mains d'André Roy dans les poubelles d'un bar de danseuses qu'elle avait repéré près de Drummondville lors de son dernier voyage dans la capitale. Elle avait imaginé avec satisfaction le moment où les éboueurs lanceraient le sac contenant ces restes ensanglantés d'un mouvement preste vers la gueule du camion qui les avalerait, les broierait, les anéantirait parmi les ordures. Il ne resterait rien de l'identité d'André Roy. Le torse serait emporté au laboratoire de médecine légale et peut-être que les recherches d'ADN livreraient quelques informations si André Roy était déjà fiché dans le système, mais même si cela se produisait, les enquêteurs ne pourraient établir un lien entre elle et ce menteur. Ils apprendraient sûrement qu'il était inscrit à des sites de rencontres, chercheraient à communiquer avec toutes les femmes avec qui il avait échangé, la retraceraient, l'appelleraient peut-être, voudraient la voir. Et alors? Elle dirait la vérité; André et elle s'étaient effectivement rencontrés, mais la chimie n'avait pas fonctionné entre eux. Personne ne pourrait établir de lien entre elle et la femme blonde qui avait loué la chambre 918 à l'aide d'une carte de crédit obtenue sur le *dark web*, qui portait des lunettes teintées, qui avait pris soin de dissimuler le bas de son visage avec un masque, qui avait poussé sa valise marine sans jamais se précipiter. Elle n'avait même pas retiré ses gants en tendant sa carte à la réceptionniste qui avait dû se dire qu'elle prenait beaucoup de précautions pour éviter toute contamination. Vive la COVID qui favorisait l'anonymat et qui rendrait vaine l'analyse des caméras de l'hôtel !

En terminant son verre de Folonari, Kim Germain se demandait qui signalerait la disparition d'André Roy aux autorités. Et quand. Il était peut-être marié. Son épouse s'inquiéterait de son absence. Ou son employeur. Comme Roy lui avait toujours menti, elle ignorait quel était son vrai métier. Son vrai nom. Peut-être vivait-il uniquement de ses arnaques? Combien de femmes avait-il flouées? Certaines avaient dû porter plainte, elles seraient probablement interrogées, elles parleraient peut-être des trois grains de beauté qu'il avait au-dessus du nombril. Mais il n'y aurait plus jamais de victimes pour les remarquer, la carrière de profiteur d'André Roy était terminée.

Kim Germain fit signe au serveur qu'elle avait envie d'un deuxième verre de pinot gris. Elle n'avait pris aucun rendez-vous le lendemain, elle pouvait se coucher plus tard qu'à l'habitude. Elle n'avait qu'une obligation; rapporter le katana chez son frère avant son retour de voyage. On annonçait de la neige, elle roulerait gentiment jusqu'à Longueuil, déposerait le sabre et rentrerait chez elle. Elle avait renoncé à le transporter dans l'étui à guitare qui aurait davantage attiré l'attention et avait acheté un grand sac de voyage en se disant qu'elle le réutiliserait quand elle partirait en vacances dans le Maine.

8

Québec, 27 novembre 2022

— Tu en as besoin, dit Maud Graham en tendant une tasse de thé à Tiffany McEwen qui la remercia d'un signe de la tête.

— Les médecins ne se prononcent pas pour l'instant, mais ils ne sont pas optimistes. Mathis Godin a été heurté par une voiture avant de se faire frapper la tête contre une surface dure, puis il a été battu avec un objet contondant. Il y avait de la terre dans ses blessures.

— C'est tout ce qu'on a pu nous apprendre, râla Pascal Bouthillette qui avait accompagné McEwen sur la scène de crime. En tout cas, il y a quelqu'un qui déteste vraiment Godin pour l'avoir agressé après lui être passé dessus en voiture.

— Ou pas, dit Graham. Il l'a peut-être heurté par accident et a choisi de l'achever au lieu d'appeler la police ou de fuir. Un homme qui ne devait absolument pas être mêlé à un incident.

— Une personne connue, avança McEwen. Une vedette du sport ou de la télé en état d'ébriété ?

— Ou un politicien, suggéra Boudrias. Un *hit and run* n'est pas l'idéal pour s'attirer des votes. Ou alors un dealer ?

— Pour quelle raison aurait-il tué son client ? demanda Maud Graham.

— Peut-être que Mathis Godin a été témoin de quelque chose qu'il n'aurait pas dû voir, fit McEwen. L'assassin aura voulu le faire taire.

— Il faudrait que ce soit gros, dit Graham. Que l'assassin soit persuadé que Mathis peut l'identifier, le dénoncer. Si Mathis l'a soumis à un chantage, il a dépensé tout ce qu'il avait gagné, sinon il ne se serait pas rendu au refuge pour manger.

— Il a pu tenter d'en avoir plus, dit Bouthillette, et son agresseur a décidé de mettre fin à son chantage.

— Mathis aurait donné rendez-vous à cet homme ? Peut-être… Qu'avez-vous recueilli sur place ?

— Pas grand-chose, déplora Bouthillette. Avec la neige qui a tout salopé…

— On concentre nos recherches sur la victime, expliqua McEwen. On a eu au moins la chance qu'un intervenant le reconnaisse à Lauberivière. Audrey Trudel et Jean-Thomas Racicot ont pris l'initiative d'aller vérifier au refuge, puisque c'est tout près de la scène. J'ai pu parler à Victor Vallerand, il est… prudent…

— Prudent ?

— Il tient à protéger l'anonymat des gens qui viennent au refuge. Leur clientèle s'est habituée à voir Audrey, Jean-Thomas ou Jessica dans le quartier, mais Vallerand nous a fait comprendre qu'il fallait être discrets. Nous n'avons pas actionné le gyrophare. Les gens sont déjà assez ébranlés par l'agression de Mathis Godin. Il y en a qui sont fragiles, les déstabiliser ne nous aiderait pas.

— Ça sera contre-productif si la panique s'installe, renchérit Bouthillette. On perdrait d'éventuels témoins. Pour le moment, on en a deux. Jacob et Bruno. C'est le chien Tonnerre qui a découvert le corps. Bruno a un dossier chez nous pour vols à l'étalage et trouble à l'ordre public. Il n'avait pas trop envie de coopérer et semble en vouloir à Jacob de s'être ouvert la trappe. Mais c'est tout de même lui qui a composé le 911 avec le cellulaire de Jacob.

— Qui regrette vraiment d'être sorti ce soir-là. Je suppose qu'il cherchait de la dope. Il est rentré en courant à Lauberivière, a tout

Chapitre huit | 173

déballé à un bénévole qui nous a remis le manteau que Jacob portait quand il est revenu au refuge. Denis Dupuis tenait vraiment à ce qu'on sache que Jacob n'était pour rien dans cet incident, juste un témoin comme Bruno Carrier.

— De toute manière, dit Graham, ces deux témoins n'ont pas dix dollars sur eux. Ils mangent et dorment à Lauberivière. Ils ne possèdent certainement pas une voiture. Ou alors ils l'ont volée… Avez-vous pu relever des traces de pneus?

— Pas bien nettes, maugréa Bouthillette. S'il avait fait plus froid, si la neige n'avait pas été mouillante, on aurait eu des chances, mais là…

— Jacob est très secoué par l'agression de Mathis?

— Oui, il tremblait en nous en parlant. Ses propos n'étaient pas tous cohérents. Il disait que le blouson de Mathis lui avait porté malheur.

— Le blouson? s'étonna Graham.

— Jacob l'avait acheté avant Mathis. Il n'était pas assez chaud, Jacob est retourné à la friperie rue Saint-Vallier pour en trouver un plus épais. Il a cédé le blouson en échange d'un rabais sur son manteau noir. Le blouson a été remis à la disposition des clients. Mathis l'a acheté à son tour.

— Je ne vois pas le lien…

— Depuis que Jacob a porté ce blouson, le squat où il traînait a passé au feu, il a tout perdu et il a abouti à Lauberivière. Puis, Mathis a porté ce blouson et…

— L'incendie dans Saint-Sauveur? L'édifice qui doit être démoli?

— L'équipe qui travaille là-dessus va nous revenir, mais ça ne semble pas être criminel. Les jeunes squeegees doivent avoir traficoté des fils pour l'électricité, même si Jacob le nie.

— Je suis certain que Jacob nous cache quelque chose, dit Bouthillette. Il doit avoir bricolé un genre de chauffage d'appoint et craint qu'on l'accuse.

— Blouson maudit ou pas, reprit Tiffany, Mathis Godin n'a pas eu de chance. Il a fait cinq familles d'accueil, a quitté un centre jeunesse en avril et va d'un refuge à l'autre. Il me semble qu'il avait déjà assez de difficultés à vivre sans rajouter une agression aussi sauvage. Il n'a même pas vingt ans.

— À quelle affaire est-il mêlé pour qu'on veuille le tuer ? dit Bouthillette. Ce petit gars ne possède rien...

Maud Graham faillit dire qu'il fallait envisager l'hypothèse d'un crime gratuit, que Mathis Godin ne serait pas le premier itinérant victime d'une violence aveugle. Elle se rappelait ces trois agresseurs qu'elle avait arrêtés deux ans auparavant : ils s'étaient mis au défi d'assassiner le premier clochard qu'ils croiseraient en s'inspirant du film *Orange mécanique*. Ils avaient même adopté l'inquiétant maquillage de l'acteur Malcom McDowell, s'étaient munis d'une matraque semblable à celle qu'utilisait le personnage pour ses carnages et avaient battu à mort un homme qui ramassait des bouteilles vides. Durant un interrogatoire, un des prévenus avait expliqué qu'il avait commis ce geste pour le *thrill*, parce qu'il s'ennuyait. Maud Graham avait souvent repensé à son arrogance quand il lui avait demandé si elle-même ressentait de l'excitation quand elle tirait sur un suspect. Il était si blasé qu'il se foutait de ce qui lui arrivait, de la peine qu'il encourrait pour meurtre. Elle avait vu de plus en plus souvent ce regard vide chez plusieurs accusés au cours des dernières années, se demandait quelle société engendrait ces zombies, n'arrivait pas à isoler les racines de cet inquiétant désabusement. Est-ce que sa génération avait été trop tolérante avec ces jeunes pour qu'ils ne voient aucune limite à leurs fantasmes ? Et pourquoi ces fantasmes s'articulaient-ils autour de la destruction tous azimuts ? Elle ignorait pourquoi Mathis avait été agressé. Quel qu'il soit, ce motif était condamnable, mais l'absurde éventualité d'un crime gratuit l'épouvantait davantage. Elle avait l'impression de comprendre de moins en moins le monde qui l'entourait, était tentée de rendre la pandémie responsable de ce surcroît de violence, mais il fallait bien que de mauvaises graines aient été semées pour éclore si facilement, si spontanément dès que la vie quotidienne

Chapitre huit | 175

basculait. Était-elle dépassée par les événements? *Has-been*? Elle eut subitement envie d'un thé, se rappela qu'elle devait se limiter à trois tasses par jour pour éviter d'attiser ses brûlements d'estomac.

— Tu as dit que Jacob est bouleversé par l'agression de Mathis, reprit-elle, se secouant pour s'adresser à McEwen. Ils se connaissaient bien? Peut-être qu'il pourrait nous parler de lui?

— Non, j'ai tâté le terrain sans succès. À part le fait que Mathis est arrivé en même temps que lui à Lauberivière et qu'il avait acheté son ancien blouson, il n'avait rien à nous raconter à son sujet. Je crois que Jacob va faire des cauchemars durant des nuits. Heureusement que le bénévole était avec lui pour le calmer. J'ai rarement vu quelqu'un trembler comme ça. Il était peut-être en manque, mais ça n'explique pas tout. Bruno Carrier a vu la même scène de crime que lui et il est beaucoup moins choqué.

— Ça fait bien plus longtemps que Jacob qu'il vit dans la rue, dit Bouthillette. Il faut que Mathis se réveille, qu'il nous dise ce qui s'est passé!

— Il me semble qu'on a assez d'un décès cette semaine, maugréa Graham.

— Vous avez au moins pu parler avec le fils de Rémi-Paul Lauzon, non? s'enquit McEwen.

— Il était à Toronto quand son père a été tué, son alibi est confirmé. J'aime mieux ça. On sait que leurs relations étaient tendues, mais Lauzon aimait ses enfants, il y a des tas de photos d'eux à son appartement. Boudrias et Beauchamp sont en train d'éplucher les courriels de Lauzon, l'historique des dernières semaines pour trouver un élément qui serait incongru dans sa routine, qui nous mettrait sur une piste.

— Même s'il le haïssait, dit Bouthillette, je me demande pourquoi le tueur n'a pas pu attendre que Lauzon meure de son cancer au lieu de se compliquer la vie en le zigouillant.

Maud Graham dévisagea son collègue qui s'interrogea: qu'avait-il dit pour attirer son attention?

— L'assassin n'a pas pu attendre : pas parce qu'il détestait Lauzon au point de ne pas supporter qu'il vive une journée de plus, mais parce qu'il était obligé de le tuer. Et quand se sent-on forcé de tuer ?

— Quand on est acculé au pied du mur, dit McEwen.

— On vient d'évoquer la possibilité d'un chantage à propos de Mathis, mais si ça s'appliquait à Lauzon ? On devait avoir une bonne raison pour le précipiter dans l'escalier Lavigueur.

— Jacob connaît cet endroit, il nous a dit qu'il s'intéressait à tous les escaliers.

— Pourquoi ? s'étonna Graham.

Tiffany McEwen sourit pour la première fois de la matinée en expliquant que Jacob souhaitait taguer une tête de chien près de chacun des escaliers de la ville.

— Taguer ?

— Oui, comme dans *street art*.

— C'est le seul moment où Jacob s'est détendu pendant qu'on était avec lui, ajouta Bouthillette. Quand il nous a parlé de cette image de chien.

— Il nous l'a même montrée sur son téléphone, dit Tiffany. Je trouve qu'il a du talent.

— Il avait l'air content que tu le lui dises…

— Je serais réellement curieuse de voir ce qu'il fait.

— Il va rester un bout de temps sans s'éloigner du refuge, paria Bouthillette. Il a eu la peur de sa vie. Il répétait qu'il aurait pu être agressé comme Mathis, qu'il était dehors en même temps que lui. Il a raison d'être inquiet si l'agresseur s'en prend à n'importe quel itinérant…

— Ou si c'est un accident.

— Autrement dit, si Mathis a un lien ou non avec son agresseur, résuma Graham. Il faut continuer à investiguer sur lui.

— On devra être patients, marmonna Bouthillette. Victor Vallerand n'avait quasiment rien à nous apprendre sur Mathis, il n'a jamais éprouvé le besoin de se confier à qui que ce soit. Il nous

Chapitre huit | 177

a seulement dit qu'il ne tient pas en place. Avec ou sans *speed*, avec ou sans café, avec ou sans cigarette. Vallerand nous a décrit un jeune homme relativement en forme malgré son mode de vie. Ce qui l'intrigue un peu. Et pourquoi il débarque à Lauberivière de façon sporadique. Vallerand tentera d'en apprendre plus auprès des bénévoles, mais je ne compte pas trop là-dessus.

— Un hyperactif doit taper sur les nerfs de bien du monde, souleva McEwen.

— On ne l'a tout de même pas écrasé pour le calmer, dit Bouthillette. Non, c'est quelqu'un de connu qui roulait trop vite et qui a paniqué après avoir renversé Mathis.

— Rafraîchissez-moi la mémoire, dit Graham. Les blessures sont du côté droit ou gauche du corps ? Ça serait plus plausible que ce soit un accident si le véhicule arrivait vers le centre-ville par l'autoroute Jean-Lesage. Mais s'il venait de Saint-Vallier et a tourné sur Vallière, il faut qu'il ait sciemment accéléré et de manière subite pour heurter Mathis Godin. Il faut qu'il l'ait reconnu.

— Ou le conducteur allait trop vite même sur ce petit bout de rue parce qu'il n'était pas dans son état normal, qu'il avait consommé.

— Vous devez trouver d'où vient Mathis Godin, où il a étudié, travaillé, vécu, si on l'a vu dans d'autres refuges.

— C'est quasiment dommage qu'on ne l'ait jamais arrêté, dit Bouthillette. On aurait déjà des informations, mais il s'est tenu tranquille.

— Ou il n'a jamais fait de trafic.

— S'il n'est pas relié à un trafic de dope, son agression peut relever d'une histoire personnelle. À qui a-t-il nui ? Comment ? Quand ?

— Les prises de sang nous ont révélé qu'il avait fumé, rappela Bouthillette. Il a pu le voler…

— Ce qui est étrange, l'interrompit McEwen, c'est que Godin ait consommé du cannabis, mais pas de fentanyl, alors qu'on a trouvé une ampoule à ses côtés.

— Maudite neige mouillante, dit Graham en regardant le ciel d'un gris douteux.

Novembre était un mois si déprimant, il aurait fallu une neige éclatante, en flocons poudrés, brillants, joyeux. Pas ce mélange raté de pluie et de grésil qui compliquait le travail des enquêteurs. Maud Graham détestait le mois des morts même si elle faisait tout pour lutter contre l'ennui qui l'engluait avant décembre ; elle avait ainsi acheté des pots de chrysanthèmes d'un jaune vif pour éclairer la cour et n'avait pas encore enlevé les guirlandes de petites citrouilles lumineuses suspendues dans son salon, mais les jours de plus en plus courts la portaient à la morosité et ces deux crimes sur son territoire en moins d'une semaine teintaient sa mélancolie d'inquiétude. Elle se sentait vieille et exécrait ce sentiment, se demandait si ce n'était que le spleen de l'automne ou si cette impression de lourdeur et d'inefficacité ferait dorénavant partie de son quotidien. Mais comment aurait-elle pu être de bonne humeur alors que le fils Jutras était toujours porté disparu, que la récolte d'indices chez Lauzon n'avait encore rien donné et qu'un jeune de vingt ans était plongé dans le coma après avoir été battu tout près de l'endroit où il avait cherché asile ?

::

Montréal, 28 novembre 2022

Maxime avait soigneusement coupé en deux la pièce d'agneau panée aux pistaches tandis que Constance dégustait les délicats ris de veau du vol-au-vent en fermant les yeux : son amoureux avait raison, la cuisine du Rose Ross[1] était d'une grande finesse et elle avait hâte qu'il savoure à son tour le plat qu'elle avait choisi. Aussi

---

1. Le Rose Ross est fermé le lundi. Mais, pour les besoins du roman, on y a quand même reçu Constance et Maxime ce lundi 28 novembre 2022.

Chapitre huit | 179

gourmands l'un que l'autre, ils avaient décidé dès leur deuxième sortie de toujours partager leurs assiettes afin de faire le maximum de découvertes. Elle avait adoré les escargots au pastis et le velouté de carottes à la crème de noisettes et imaginait déjà le plaisir que Maxime et elle auraient à partager leur dessert.

— C'est presque indécent d'être aussi heureux, dit-elle avant de rompre le pain.

— J'avais besoin d'oublier la journée, avoua Maxime.

— Ce meurtre est déjà sur les réseaux sociaux.

— L'hôtel a tout fait pour éviter que cette nouvelle s'ébruite, mais c'est impossible de cacher ce... ce genre d'horreur.

— J'imagine la pauvre employée qui a découvert le corps sans tête.

— Elle est restée calme, d'après ce que m'a rapporté Simon, qui a discuté avec Yolanda.

— Ils sortent vraiment ensemble ?

— Oui. Yolanda lui a dit que l'employée lui a expliqué qu'elle avait déjà vu des atrocités semblables dans son pays natal. Elle craignait davantage des ennuis avec les autorités.

— Mais ce n'est pas elle qui a décapité cet homme. Elle l'a seulement trouvé.

— Cette femme vient d'un pays où les policiers sont aussi dangereux que ceux qu'ils doivent traquer. Mais Yolanda a le tour pour faire parler les gens. Et de la chance avec cette employée qui n'a touché à rien : elle est restée sans bouger dans la chambre pour attendre le gérant de l'hôtel après l'avoir prévenu. Lui a failli s'évanouir. Je suppose que c'est l'idée du scandale qui lui a permis de se ressaisir.

— Qui peut décapiter un homme en plein jour dans un hôtel ? Il faut avoir un sang-froid à toute épreuve.

— Ou être un professionnel. Mais c'est rare qu'un tueur à gages exécute un contrat de cette manière. Tirer une balle est franchement plus simple...

— Pas de tête, pas de mains, comment feront-ils pour l'identifier ?

— Les résultats des analyses vont peut-être livrer des informations, mais pas dans l'immédiat. J'espère pour les enquêteurs du SPVM que la victime a des signes distinctifs sur le corps. Et qu'elle est déjà fichée.

— Comme des tatouages ?

— Ou des cicatrices. Sans empreintes, sans dossier dentaire, ce sera vraiment compliqué. Et ils vont avoir tous les journalistes après eux. Je ne voudrais pas être à la place de Yolanda, c'est souvent elle qui s'entretient avec les médias. Elle doit vouloir en dire le moins possible, tout en sachant qu'il est préférable que ce soit le SPVM qui donne des informations. Elles seront plus justes que celles qui enflamment les réseaux sociaux. Tout ce qu'on sait, c'est qu'aucune disparition n'a été signalée pour le moment. Enfin, oui, la disparition de deux ados, mais pas d'un caucasien d'âge moyen.

— Qui devait avoir confiance en son agresseur, sinon il ne l'aurait pas rejoint dans sa chambre.

— La réservation a été faite par une femme.

— Par une femme ? s'étonna Constance.

— C'est une femme qui apparaît sur les vidéos de surveillance des caméras.

— Ou un homme déguisé en femme ? Ou une femme trans ?

— Tout est possible. Ça peut autant être une personne connue de la victime qu'une escorte. Les enquêteurs ont des nuits blanches en perspectives.

— Je me demande si j'aurai un jour à assister au procès de l'assassin...

— On n'est pas rendus là, dit Maxime, mais la salle d'audience sera pleine à craquer quand ça arrivera. Ce doit être plus difficile de te concentrer pour dessiner quand il y a autant de monde, non ?

Constance secoua la tête ; elle était habituée à travailler dans les lieux publics. La pression venait davantage du temps dont elle disposait pour réaliser le portrait d'un accusé et les scènes qui traduisaient l'ambiance de la cour plutôt que du lieu où se déroulait le procès.

— Et de mes propres doutes à rendre l'attitude de l'accusé, ajouta-t-elle. Est-il arrogant ou honteux, inquiet, résigné ou confiant en son avocat ? Ce sont ceux qui sont détendus qui m'effraient le plus.

— Ceux qui connaissent les failles du système. J'ai des frissons quand je repense à la jubilation des criminels libérés par l'arrêt Jordan.

Constance tendit son assiette à demi vide à Maxime qui l'imita aussitôt. Ils goûtèrent chacun aux plats, sourirent.

— On a fait de bons choix, dirent-ils en chœur.

Ils prirent derechef une bouchée.

— Les mauvais choix sont impossibles ici, déclara Maxime. Les ris de veau sont tellement tendres que je pourrais me passer de mon couteau.

Il s'en servit néanmoins pour couper le vol-au-vent et allait porter le feuilleté à sa bouche lorsqu'il reposa son couteau.

— Qu'est-ce qu'il y a ?

— J'ai peut-être commis une erreur… murmura Maxime. En même temps, je ne pouvais pas me taire.

— Commence par le début, dit calmement Constance.

— C'est le feuilleté qui me la rappelle.

— Tu peux préciser ?

— Ce feuilleté, aussi fin qu'une feuille de papier. Alex m'a parlé d'un gars qui peut couper une feuille de papier à cigarettes avec son katana. Et une noix de coco. C'est un sabre redoutable.

Constance plissa les yeux, devinant le raisonnement de Maxime.

— Un katana aurait servi à décapiter l'homme de l'hôtel ? Qui est Alex ? Quelqu'un que tu as arrêté ?

— Non, c'est un gars de mon âge que je croise dans les rues de Longueuil. Il a des problèmes de santé mentale. Je jase avec lui quand je le vois. Son discours est incohérent par moments et je…

— Il est déséquilibré et il a un sabre ? s'écria Constance.

Maxime l'arrêta d'un geste. Alex lui avait simplement raconté qu'il connaissait un certain Ken qui possédait cette arme japonaise.

— J'ai parlé d'Alex à mes supérieurs. J'aurais voulu l'interroger moi-même, mais ce n'est pas ce qui est arrivé. Je m'inquiète un peu pour Alex, même si c'est Ghyslain qui l'a questionné et qu'il connaît Alex depuis longtemps. Mais, d'un autre côté, si Alex a réellement eu un contact avec le tueur, c'est préférable qu'on puisse le protéger.

— Ce Ken serait le tueur que recherche tout le SPVM ?

Un certain scepticisme s'était glissé dans la voix de Constance qui poursuivait : Maxime n'avait-il pas déclaré que c'était une femme qui avait réservé la chambre ? Est-ce que Ken était d'un petit gabarit ? Et il se serait habillé en femme pour s'enregistrer à l'hôtel sous un faux nom et il aurait gentiment attendu sa victime dans la chambre ?

— Je… c'est tiré par les cheveux, soupira Maxime. J'aurais dû réfléchir plus longtemps avant de parler d'Alex et de ce Ken à mes patrons. Ils vont trouver que j'ai trop d'imagination, pas assez de faits concrets. De toute façon, les enquêteurs ont sûrement pensé à établir la liste des détenteurs de cette arme dans la province.

— Et des détentrices. Des détentrices en forme, capables de manier une épée.

— Disons donc toutes les personnes qui pratiquent des sports de combat, admit Maxime.

— Ou qui collectionnent les armes blanches sophistiquées. Est-ce que c'est Alain qui fera l'autopsie ?

— Oui. Je suppose qu'il pourra déterminer si c'est vraiment une exécution avec un katana.

— Ça ne doit pas courir les rues, ça coûte cher…

— On en a tout de même trouvé deux dans la grosse saisie de la mi-novembre. C'est pour cette raison que j'ai retenu ce que m'avait raconté Alex. Mais je n'aimerais pas qu'on pense qu'il a quelque chose à voir avec tout ça. Les gens qui ont des problèmes de santé mentale souffrent déjà de jugements négatifs. J'ai appris qu'il est né le même jour que moi. On a des destins tellement différents...

Constance posa ses mains sur celles de Maxime. Si elle était heureuse qu'il fasse preuve d'autant d'empathie, elle s'inquiétait parfois de cette grande sensibilité : pouvait-elle lui nuire au poste ? Quels étaient les dommages sur son âme, son esprit, de toute la misère qu'il côtoyait quotidiennement ? En même temps, elle savait que son métier le passionnait, qu'il n'en aurait choisi aucun autre. Elle pensait néanmoins qu'elle avait eu plus de chance que lui, que son enfance si douce aux îles de la Madeleine, entre des parents aimants, lui avait donné cette confiance dans la vie qui lui permettait de foncer. Maxime était beaucoup plus souvent qu'elle envahi par des doutes. Mais peut-être était-ce aussi son travail qui les lui imposait ; à combien de décisions par jour, par heure était confronté un policier ?

: :

Québec, 28 novembre 2022

Les rafales glacées avaient forcé Denis Dupuis à remonter le col de son manteau et il avait enfoncé ses mains dans les poches en espérant les protéger du froid, mais il devrait bientôt se résigner à rentrer chez lui malgré la nervosité qui l'habitait encore. Il avait espéré que la marche calmerait son âme affolée, il n'en était rien. Il avait sillonné les rues en se remémorant les souvenirs des moments qu'il avait vécus avec Jacob avant son divorce, s'était arrêté longuement devant la caserne de la rue des Oblats, entendant à nouveau les gloussements de joie de son fils alors qu'un rutilant camion émergeait par la porte centrale. Il avait pointé le véhicule de ses minuscules doigts en répétant « rouge, rouge, rouge ». Il avait toujours aimé cette couleur. Denis avait prédit que son fils soutiendrait les Canadiens quand il serait en âge de suivre un match de hockey, mais il n'avait pu l'emmener à aucun match. Est-ce que Jacob s'intéressait à ce sport aujourd'hui? Est-ce qu'il lui poserait la question? Et toutes les autres qui se télescopaient dans son esprit depuis qu'il avait vu sa cicatrice? Devait-il lui apprendre la vérité au risque d'être rejeté ou s'efforcer de créer un lien, de mieux le connaître avant de s'immiscer dans son existence? Avait-il le droit de le bouleverser en lui racontant tout? Mais comment Jacob percevrait-il l'aide qu'il voulait lui offrir s'il ignorait qu'il était son père? S'il se fourvoyait, pensait qu'il avait des vues sur lui? Denis Dupuis frémit à cette idée, étant même gêné de l'avoir eue, mais il n'avait plus toute sa tête. Et il avait froid. Et probablement besoin d'un *meeting* aux AA. Être aussi bouleversé le fragilisait, il en était conscient même s'il n'avait pas vraiment envie de boire. Il allait rentrer chez lui, téléphoner à Antoine Rousseau et lui relater les dernières vingt-quatre heures. Et lui parler de Lucien. Il fallait qu'il l'aide à retrouver l'amoureux de Jacob, lui rendre ce bonheur.

∷

Montréal, 28 novembre 2022

Kim Germain regardait les flocons qui valsaient derrière les fenêtres panoramiques de son nouvel appartement, les passants qui hâtaient le pas douze étages plus bas. Elle se rappelait le ton enjoué de l'agent immobilier, ses gestes larges tandis qu'il vantait Griffintown. «C'est le nouveau quartier à la mode, des commerces ouvrent chaque jour, une belle effervescence, plein de restos.» Il y avait eu une légère hésitation dans sa voix quand il avait dit que deux appartements étaient libres au treizième étage, mais il avait enchaîné en soulignant sa chance de pouvoir choisir l'orientation qu'elle préférait. Soleil levant ou soleil couchant? Elle avait deviné qu'il craignait qu'elle refuse de vivre à cet étage par superstition, parce que le chiffre 13 avait une connotation négative. Mais ce n'est pas le 13 qu'elle devait maudire. Elle avait rencontré André Roy à la fin de juillet et elle n'avait pas imaginé une seule seconde que cette rencontre serait funeste, qu'elle la ferait replonger dans ces abîmes d'humiliation qui avaient pourri son enfance, son adolescence. Sans l'amour de son frère, aurait-elle survécu à toute cette cruauté? Non, elle serait morte. Pourtant, ce n'était pas à elle de mourir, c'était à ceux qui l'avaient piétinée, ostracisée, stigmatisée. André Roy n'avait eu que ce qu'il méritait, mais elle n'était pas aussi satisfaite qu'elle l'avait escompté. Malgré la réussite de l'opération, malgré le tapage sur les réseaux concernant la découverte d'un corps mutilé dans une chambre d'un chic hôtel du centre-ville, malgré la facilité avec laquelle elle s'était débarrassée des membres amputés, elle était dubitative: est-ce que sa vengeance serait réussie si sa victime n'était jamais identifiée? Elle réfléchissait à diverses manières d'informer les enquêteurs en arrosant les plantes chez Ken, où elle avait rapporté le katana, et n'avait pas encore trouvé de solution. Elle se disait maintenant qu'il fallait attendre encore un peu, qu'il y aurait bien quelqu'un pour signaler la disparition de Roy. Elle était en revanche flattée d'avoir lu que l'auteur du meurtre devait être très en forme pour avoir manié cette arme aussi lourde qu'encombrante. Elle avait eu raison de fréquenter le gymnase avec tant de constance, même si son but était de sculpter son corps; à défaut d'avoir un visage attrayant, elle aurait au moins les fesses fermes, la taille fine. Elle avait constaté le fruit de ses efforts alors qu'elle soulevait le katana sans trembler pour l'abattre sur le cou d'André Roy. Pas une seconde d'hésitation, un mouvement fluide, presque aérien. Elle s'était dit qu'elle aurait dû imiter son frère, participer à des compétitions puisqu'elle avait un tel talent naturel.

Elle s'approcha d'une des fenêtres du salon, scruta le ciel, sourit. La chute de neige n'était pas assez importante pour entraîner des retards pour les vols qui atterriraient à Dorval. Elle avait hâte que Ken lui raconte son voyage et elle avait déjà réservé deux places au Makro. Il protesterait un peu, dirait qu'il était crevé, mais il fallait bien qu'il soupe, non ? Elle était persuadée qu'il apprécierait ce resto qu'elle avait adopté depuis son emménagement, où elle allait chaque semaine. Elle aimait ce rituel et, si elle n'était pas totalement comblée par la mort d'André Roy, elle se félicitait néanmoins de réagir si bien au stress. Elle était la même femme avant et après l'exécution du traître. Cet événement ne modifiait en rien ses habitudes. Elle serait ravie de s'attabler au Makro pour déguster leur suave ceviche de pétoncles, d'entendre son frère lui raconter son périple, puis de le ramener à Longueuil.

: :

Québec, 29 novembre 2022

— C'est officiellement un meurtre, dit Tiffany McEwen. Mathis Godin est décédé sans avoir repris connaissance. Beauchamp a retrouvé un de ses oncles qui n'a pas semblé surpris d'apprendre sa mort violente.

— Ni ému, compléta Bouthillette. Bill Godin nous a raconté que Mathis avait emprunté la même voie que sa mère, que la drogue ne pouvait pas le mener ailleurs qu'à la morgue. Et qu'il était soulagé que ça s'arrête avec lui.

— Bel hommage funèbre, commenta Maud Graham. Je suppose qu'il n'est pas disposé à se charger des funérailles ?

— On n'en a pas encore parlé. On verra quand il viendra formellement identifier le corps de son neveu.

— C'est parce que la mère était une junkie que Mathis a été placé dans des foyers, continua McEwen. Elle n'était déjà plus en lien avec son fils quand elle est morte.

— Overdose ?

— Cirrhose, la corrigea Bouthillette.

Il se tut quelques secondes avant de dire qu'un appel à témoins serait nécessaire pour obtenir des informations sur Mathis Godin.

Chapitre huit | 187

— Ça serait surprenant qu'on ait un témoin de l'agression vu le temps qu'il faisait ce soir-là, mais quiconque pourra nous parler de Mathis sera le bienvenu.

— Pour ça, commenta Boudrias, il faudrait qu'il ait des amis qui se soucient de lui. Et qui ne sont pas mêlés à ses trafics.

— Si trafic il y a…

— On n'est pas plus avancés qu'au moment où on l'a emmené à l'hôpital, maugréa McEwen. Tout ce qu'on a, c'est un relevé de traces de pneu près du lieu du crime. C'est parti au labo.

— Et à Lauberivière? demanda Bouthillette. Personne n'avait quoi que ce soit à raconter sur Mathis?

— Personne. Il ne restait jamais longtemps quand il passait au refuge.

— Mais où vivait-il le reste du temps? s'énerva Graham.

— Vallerand m'a dit qu'on le voyait souvent à la gare du Palais. Qu'il devait squatter à droite, à gauche. Il y a des immeubles abandonnés dans Québec. On les oublie jusqu'à ce qu'ils posent problème ou qu'ils soient démolis.

— Rappelez-vous les casernes, fit Maud Graham, celles qui ont servi de stationnement durant des années aux employés de l'Hôtel-Dieu avant d'être rénovées. Je suis encore surprise qu'elles ne se soient pas écroulées. Il y a sûrement eu des accidents sans qu'on nous en informe. C'était un lieu maudit.

— Maudit? releva Boudrias.

— Les bourreaux et leur famille habitaient les casernes du temps du régime français. Il y a toujours des histoires de malédiction avec ces serviteurs de l'état.

— Je ne pensais pas que tu étais superstitieuse, dit Pascal Bouthillette. Moi, c'était la Corriveau qui me faisait peur quand j'étais petit. Ma grand-mère me parlait de la cage dans laquelle sa dépouille avait été suspendue pendant des semaines. J'en ai fait des cauchemars durant des mois. J'imaginais les corbeaux s'attaquant à ses yeux…

— C'est surprenant que tu sois devenu policier, le taquina Beauchamp. Tu devais tout de même t'attendre à voir des cadavres.

— J'avais peur, mais en même temps j'aimais ces histoires de sorcières, de fantômes. Ma grand-mère connaissait toutes sortes de légendes sur les revenants, les jeteurs de mauvais sorts. À la campagne, on avait des feux-follets, des loups-garous et un épouvantail qui n'avait rien à envier aux pires films d'horreur !

— Jacob croit que le blouson de Mathis lui a porté malheur, rappela Tiffany McEwen. Que c'était le contraire d'un talisman. Lorsque j'ai tenté d'avoir des précisions, il s'est refermé comme une huître. Il est bizarre... Je ne parle pas de son look très coloré. J'ai l'impression qu'il veut nous dire quelque chose, mais qu'il n'arrive pas à se décider à nous parler. On ne peut pas le forcer à se confier à nous.

— Il faut que vous gagniez sa confiance, dit Graham.

Elle rappela que Jacob était la dernière personne à qui Mathis avait parlé avant de quitter Lauberivière pour aller acheter des cigarettes. Et la première à découvrir son corps.

— Je ne crois pas tellement aux coïncidences, comme je vous le répète souvent. Il faisait froid, il y avait de la pluie, de la grêle, puis de la neige, et ces deux gars-là ont tout de même choisi de quitter la chaleur de Lauberivière pour... pour quoi au juste ? J'ai déjà fumé, mais je ne serais pas sortie en pleine tempête, tard le soir, pour un paquet de Player's Light.

— Ma grand-mère fumait la même marque, dit Pascal Bouthillette sans saisir que cette association avec une aînée déplaisait à Maud Graham.

Celle-ci se mordit les lèvres en songeant que les petites rides autour de sa bouche étaient probablement le résultat de toute cette fumée qu'elle avait aspirée. Qu'elle n'était pas aussi vieille que l'aïeule de Bouthillette, mais qu'il les avait pourtant réunies dans son esprit. Elle s'en voulut d'être aussi susceptible et éprouva de la gratitude pour Tiffany qui avait perçu son agacement et demandait si l'un d'entre eux avait reparlé avec leur contact au SPVM, si de nouveaux éléments étaient apparus concernant le corps mutilé découvert dans un hôtel de Montréal.

— J'avoue que j'ai craint qu'il s'agisse de Lucien Jutras, dit-elle, mais les informations à l'interne spécifient que la victime a au moins quarante ans.

— C'est sûr que c'est un professionnel qui l'a tué, affirma Boudrias. Et que le commanditaire du contrat ne voulait pas qu'on identifie la victime, parce que...

— J'ai parlé tantôt à Maxime, l'interrompit Graham. C'est apparemment une femme qui a réservé la chambre.

— Si c'est vrai et que la victime l'a rejointe, comme tout porte à le croire, dit McEwen, c'est qu'ils se connaissaient. Et qu'elle le détestait.

— Mais qu'elle avait réussi à le cacher à sa victime jusqu'au moment de le tuer.

— Il fallait qu'elle soit déterminée, fit Graham. Et organisée, on ne trimballe pas ce genre d'arme aisément. Les propriétaires sont obligés de respecter des mesures strictes pour circuler avec ces sabres. Enfin, ceux qui suivent les règles...

Elle frémit en pensant aux victimes décédées tragiquement ce soir d'Halloween à Québec, à celles qui avaient été blessées et vivaient dorénavant avec les séquelles de ces monstrueuses attaques. Elle se souvint de sa stupeur en apprenant le drame, de l'onde de choc qui avait traversé toute la ville, toute la province, de la peine qu'elle avait lue dans le regard de ses collègues. Il y avait pour toujours ce froissement au cœur lorsqu'elle empruntait les mêmes rues que les victimes et elle savait qu'elle prendrait sa retraite sans avoir réussi à comprendre ce qui avait poussé un homme à faire trois heures de route pour venir massacrer des innocents à quelques pas du Château Frontenac. Elle avait cru que les mystères de la nature humaine seraient plus aisés à décoder avec des années d'expérience, mais les ténèbres étaient toujours aussi opaques, aussi désespérantes, aussi vides de sens. La violence avait toutes les nuances de noir, du goudron qui engluait les victimes collatérales des crimes à l'abîme des nuits qui engloutissaient de jeunes proies. Maxime avait dit qu'aucune disparition récente concernant un quadragénaire n'avait été signalée au SPVM, mais Yolanda avait appris à Simon qu'il y avait néanmoins quatre adolescentes en fugue depuis dix jours, pour lesquelles elle craignait le pire. Est-ce que Mathis avait aussi fui les foyers successifs où il avait échoué? Les photos de la scène de crime étaient empreintes d'un désespoir troublant. Elle revoyait les bandes argentées qui luisaient sous la lumière des flashs, imaginant Mathis Godin essayant le blouson à la friperie, content d'avoir déniché un vêtement original pour quelques dollars, ignorant que son propre sang s'infiltrerait plus tard entre les bandes brillantes. Elle songea à nouveau aux admirateurs d'*Orange mécanique*, aux meurtres gratuits.

— Peut-être que Jacob a raison, reprit-elle, et que le blouson est maudit, que ce sont les bandes argentées qui ont attiré le regard du conducteur qui l'a renversé, car...

— J'achète de moins en moins la thèse de l'accident, dit McEwen. Avec ce blouson qui brillait, c'est tout le contraire. Mathis a été remarqué par un psychopathe.

— Ou par quelqu'un qui savait comment il était habillé. Qui l'a vu sortir de Lauberivière et qui l'a suivi parce qu'il avait un compte à régler avec lui.

— Une disparition, un faux suicide dans un escalier et une exécution sauvage, soupira Maud Graham. Je sais bien que les gens sont plus agressifs depuis la pandémie, mais Québec n'est pas le Bronx!

— En ce qui concerne Lauzon, dit Longpré, j'ai parlé à ses voisins et à ses collègues. Ils m'ont tous décrit un homme tranquille, sans histoire, qui profitait de chacune de ses pauses pour aller fumer dehors. Il jouait au bridge et il animait même des tournois à l'hôpital.

— Seulement au bridge? s'informa Beauchamp. Parce que si c'était un joueur compulsif, tu aurais là une piste intéressante.

Chapitre huit | 191

— Les tournois qu'il organisait avec ses collègues étaient amicaux. Lauzon n'a jamais gagné un sou avec ça. Du moins à l'hôpital.

— Donc pas de vice, hormis la cigarette ? dit Bouthillette.

— Je continue à chercher, répondit Longpré. Ça ne m'entre pas dans la tête qu'on l'ait tué et traîné dans l'escalier alors qu'il allait bientôt mourir. Cette impatience m'obsède. Je veux savoir pourquoi il est parti plus tôt que prévu…

La détermination de Longpré modifia l'humeur de Graham qui sentit la morosité la quitter, l'énergie la gagner. La fougue de ce jeune collègue était contagieuse et c'est sur un ton plus énergique qu'elle le félicita pour les éléments qu'il avait déjà réunis.

— Tu as ratissé large, tu trouveras sûrement ce qui est arrivé à Lauzon.

— Un coup de pouce du hasard ne me déplairait pas, sourit Longpré. Si un petit couple d'amoureux avait choisi l'escalier Lavigueur pour faire un beau *selfie* avec la ville à leurs pieds…

— C'est vrai que c'est un beau *spot*, convint Bouthillette. Mais il faut être en forme pour grimper jusqu'en haut de cet escalier. Ou pour y déposer un corps. Même si Lauzon ne pesait pas lourd.

— On a des victimes plutôt fragiles, remarqua McEwen. Lauzon était malade, Lucien, dépressif et Mathis, itinérant.

— Lucien Jutras n'est pas mort, protesta Beauchamp.

— Ça fait presque une semaine qu'il a disparu, rappela Graham. Il faut qu'il lui soit arrivé quelque chose de grave pour qu'il n'ait pas communiqué avec qui que ce soit sur Facebook.

— Plutôt sur Instagram, la corrigea Bouthillette. Ce sont les vieux qui vont sur Facebook ou Messenger.

— Peu importe, le coupa Graham qui utilisait Facebook. Les jeunes ne peuvent pas se passer des réseaux sociaux. S'il lui était arrivé quelque chose de fantastique, Lucien n'aurait pu s'empêcher de partager la nouvelle. Et si c'est un truc moche, il aurait dû demander de l'aide. Son silence est vraiment inquiétant.

— Et son père, vraiment pénible, marmonna Beauchamp. Il passe son temps à nous appeler. Je ne sais plus quoi lui répondre! On a parfaitement respecté la procédure, on a compati à ses inquiétudes, on l'a écouté nous répéter que son fils est formidable, mais un peu instable «comme tous les jeunes». On continue à chercher Lucien activement, mais je sens que Jutras nous méprise, même s'il a besoin de nous.

— Ce n'est tout de même pas notre faute si son fils a déserté le foyer familial, maugréa Boudrias. Quand nous sommes allés avenue De Bourlamaque pour voir la chambre de Lucien, Jutras nous surveillait tandis qu'on la fouillait comme s'il craignait qu'on vole ses Riopelle, alors que c'est lui qui en avait parlé en premier. Il disait qu'on comprendrait mieux qui était Lucien en voyant son cadre de vie et qu'il voulait tout faire pour nous aider.

— Il a vraiment des Riopelle?

— Deux. Magnifiques. Dans le salon.

— Je me suis renseigné sur Jutras, dit Beauchamp. Beaucoup de gens ne le portent pas dans leur cœur.

— Tout le monde sait qu'il est dur en affaires, dit Graham. Il n'est pas le seul dans ce milieu. S'il a commis des gestes délictueux, il n'en a pas été accusé. Nous n'avons pas à juger l'homme public, mais tenter de comprendre le père qui craint pour son fils.

— Plus je connais Jutras, s'entêta Beauchamp, plus je pense que Lucien avait de bonnes raisons de s'en aller.

— Et de revenir, dit Boudrias. Il est devenu majeur depuis qu'il a disparu. Il a droit à l'héritage de sa mère.

— Qui t'a dit ça? s'enquit Graham.

— Marc-Aurèle Jutras. Il nous a précisé que Lucien l'a appris quand sa mère est décédée. Il avait dit à l'époque qu'il ne toucherait jamais à cet héritage maudit, mais il a eu le temps de changer d'idée. Isabelle Bisson est décédée de la COVID depuis deux ans déjà.

— Lucien devrait donc se manifester pour réclamer son dû, dit Graham.

Chapitre huit | 193

— Deux voisines nous ont parlé de Mila, la chienne de Lucien. Elles sont étonnées qu'il soit parti sans elle. Il adore son chien. Madame Castonguay se souvenait du drame qu'il avait fait quand il avait dû partir sans Mila au camp d'été à Vancouver. D'après elle, c'est Jutras qui avait forcé son fils à aller si loin et la mère n'était pas d'accord. Elle les avait entendus se disputer à ce sujet.

— Ces scènes étaient fréquentes?

Beauchamp secoua la tête, mais dit que ce n'est pas parce que les voisines n'avaient pas d'autres exemples à donner que le couple Jutras-Bisson était harmonieux.

— Son oncle revient bientôt, ajouta-t-elle. Le frère d'Isabelle Bisson. J'ai hâte de lui parler. Il nous dira si Lucien avait ou non de bons motifs de fuir la demeure paternelle.

— Et pour aller où… Peut-être un petit voyage dans le Sud?

Le ton ironique de Bouthillette laissait peu de place à l'espoir, mais, avant que l'un de ses collègues émette un commentaire sur son défaitisme, il posa une question: était-on certain que Lucien touchait son héritage à dix-huit ans? Peut-être que sa mère avait souhaité qu'il le reçoive dès son décès?

— Admettons qu'elle et Jutras ne s'entendaient plus avant qu'elle tombe malade, qu'elle pensait à le quitter…

— Elle avait un cancer avant d'attraper la COVID. C'est peut-être pour cette raison qu'elle est restée auprès de son mari. Elle n'avait pas la force de déménager… C'est un élément sur lequel son frère pourrait nous éclairer. Il devait savoir si sa sœur était heureuse ou non en ménage.

— Pas nécessairement, dit Maud Graham en songeant aux féminicides.

Combien de femmes avaient subi des violences conjugales sans en parler à quiconque par gêne, par peur, par désespoir de n'y pouvoir rien changer ou parce qu'elles croyaient ainsi protéger leurs enfants?

— Peut-être qu'Isabelle Bisson attendait la majorité de son fils pour se séparer et que la COVID en a décidé autrement.

9

Québec, 29 novembre 2022

Marc-Aurèle Jutras faillit emboutir la Jaguar qui le devançait en entendant un journaliste rapporter les derniers éléments fournis par les policiers concernant l'incident qui s'était produit près de la gare. Un membre de la famille ayant identifié formellement la victime du meurtre, décédée une dizaine d'heures après son arrivée à l'hôpital. On pouvait donc révéler qu'il s'agissait de Mathis Godin, vingt ans, natif de Jonquière, sans domicile fixe.

Mathis Godin ? C'était impossible ! Il avait suivi Jacob, avait reconnu son blouson, vu ses cheveux blonds si pâles. Il l'avait repéré à quelques mètres de Lauberivière ! À côté du lieu du rendez-vous ! Jutras martela le volant, se répétant qu'il devait y avoir une erreur tout en sachant qu'il n'y en avait pas, que le blouson aux bandes argentées devait exister à plusieurs exemplaires et qu'il avait été malchanceux en s'en prenant à la mauvaise personne.

Peut-être que Jacob avait prêté ce vêtement à Mathis Godin. Où était-il maintenant ? Toujours au refuge ? Comment le savoir ? Il ne pouvait tout de même pas téléphoner pour demander si un certain Jacob… Jacob qui ? Avait-il déjà su son nom de famille ? L'avait-il noté quand il avait fouillé le cellulaire de Lucien ? De plus, Lauberivière n'était pas un hôtel où on appelait pour parler à un client. Une chose était certaine : si Jacob était encore au refuge, c'est qu'il était bien ce *looser* qu'il avait deviné et il avait eu raison de croire que Lucien s'était amouraché d'un trou du cul. L'autre chose qui était aussi évidente, c'est qu'il ne pouvait plus faire appel à un détective privé pour rechercher Jacob ; il aurait fini par se poser trop de questions. Alors quoi ? Qu'est-ce qui l'attendait ? Comment retrouver Jacob et l'attirer dans un piège ?

Et si on découvrait le corps de Lucien ? Il pourrait ensuite faire rechercher Jacob en expliquant que c'était un ami de Lucien qui tiendrait à être présent à ses funérailles. Il fut tenté de faire un appel anonyme au poste, se raisonna ; il n'avait qu'à attendre jusqu'au lendemain. Jean-Philippe Bisson serait rentré de voyage et parlerait sûrement du chalet aux enquêteurs. Et de Jacob ? Que les enquêteurs voudraient aussitôt interroger ? Oh non ! Non ! Il fallait que ce fif disparaisse avant que les policiers entendent parler de lui. Jutras martela le volant en hurlant : rien ne se passait comme prévu parce qu'un crétin s'était habillé de la même manière que Jacob. Il méritait juste d'être écrasé. Il ralentit devant les porches du Château Frontenac, puis emprunta la rue des Remparts pour gagner la basse-ville, incapable de se retenir de retourner près de Lauberivière. Tandis qu'il se dirigeait vers la côte de la Potasse, il se souvint du nom de Jacob : Dubuc. Jacob Dubuc. Jutras bifurqua vers la rue des Vaisseaux-du-Roi. Il irait à la gare du Palais, utiliserait un téléphone public pour appeler au refuge, raconterait qu'il devait aviser Jacob Dubuc du décès d'un de ses proches. Soit on lui répondrait qu'il n'était pas à Lauberivière, soit on irait le prévenir. Ou on lui poserait des questions… Ça valait la peine de tenter le coup. Il devait le retrouver !

: :

Denis Dupuis s'arrêta au Crac pour acheter des fruits, des légumes, des biscuits au beurre d'arachide et au chocolat, des salades-repas et des boissons au kombucha. Il n'en avait jamais bu, mais Jacob en avait parlé la veille. Il adorait cette boisson fermentée acidulée qui était malheureusement trop coûteuse pour ses maigres ressources.

— Je vais retourner travailler dans un resto, avait-il déclaré. Il y a des annonces partout. Je pourrais aller au Birra ou au Charbon. Ou au Yuzu.

— Tu seras au moins au chaud. C'est mieux qu'être squeegee, non?

— C'est mieux de faire ce qu'on aime, avait soupiré Jacob. Mais au resto, je profiterai peut-être du prix du staff après le dîner. Et c'est près d'ici. Si je reste encore un peu.

— Tu ne veux vraiment pas retourner chez Jocelyne?

— Tu connais le nom de ma mère?

— Tu me l'as dit l'autre soir, avait affirmé Dupuis en se fustigeant: comment pouvait-il être aussi distrait?

— Ah oui? Je ne m'en souviens pas. Mais j'en perds des bouts. Je pense juste à Lucien. Je pense à lui tout le temps. Je ne comprends pas ce qui s'est passé. Il devait venir me retrouver. Mais en même temps, c'est mieux qu'il ne soit pas venu, peut-être qu'il se serait fait tuer comme Mathis. On aurait pu y passer aussi, Bruno et moi. Je pense que c'est Tonnerre qui nous a sauvés. Le tueur a eu peur qu'il lui saute dessus.

— Et c'est plus difficile de s'en prendre à deux personnes qu'à une seule.

— On a été chanceux.

— Pourquoi es-tu sûr que l'assassin aurait aussi bien pu s'en prendre à toi ou à Bruno? Que n'importe qui aurait fait l'affaire? Pas Mathis en particulier?

— Il était nerveux parce qu'il n'avait plus de stock ni de cigarettes, pas parce que quelqu'un le menaçait, sinon il aurait guetté la porte chaque fois qu'un gars arrivait ici. Il se tenait tout le temps en avant, s'assoyait dans les marches même si c'est glacé.

— Tu es observateur, avait dit Denis Dupuis.

Il se sentait un peu bête de s'enorgueillir d'avoir légué cette qualité à son fils. Son fils. Il s'était répété mille fois ce mot depuis qu'il avait reconnu la cicatrice. Il n'arrivait pas à croire qu'il avait engendré ce blond aux yeux doux, bien trop doux pour survivre dans la rue très longtemps.

— C'est sûr, avait répondu Jacob. Je passe mon temps à regarder les gens pour les dessiner.

— C'est beau ce que tu as montré à l'enquêtrice, les portraits et la tête du chien. J'ai toujours aimé les chiens.

— Moi aussi, mais ma mère ne voulait pas que j'en aie un, parce qu'il aurait tout sali dans la maison. Lucien a eu Mila quand il avait onze ans. Ils sont inséparables.

— Mila serait donc avec Lucien? Enfermée avec lui? C'est bien ce que tu crois?

— C'est compliqué, avait soupiré Jacob.

— Veux-tu reprendre depuis le début?

Jacob avait haussé les épaules, tout s'entremêlait dans son esprit.

— On dirait que je suis tombé dans un trou noir depuis une semaine. Je suis peut-être fou...

— Si tu me racontais tout?

— Ça ne donnera rien, avait murmuré Jacob. Il faudrait que je dessine, ça m'aide... Mais à part mon calepin, je n'ai plus de matériel. Lucien, le squat, Mathis, tout a disparu. Je devrais suivre le mouvement.

— Ne dis pas ça, avait protesté Denis en levant les mains pour freiner cette idée. Il y a toujours des solutions. Dans l'immédiat, il faut que je travaille, mais tu me reparleras de Mila.

— C'est la chienne la plus douce, la plus belle, la plus gentille au monde.

— C'est elle sur le plus grand de tes dessins?

— Je voulais donner son portrait à Lucien pour son anniversaire. Il avait dit qu'on partirait à New York tous les trois pour fêter ça.

— À New York? s'était étonné Denis.

Il se demandait comment Jacob pourrait se rendre jusqu'à Times Square sans un sou. Ce manque de lucidité révélait-il la candeur de la jeunesse ou une inquiétante propension à fuir la réalité? Il savait peu de choses sur son fils, mais le fait qu'il n'ait eu d'autre solution pour survivre que de se réfugier à Lauberivière n'était pas rassurant. Tout comme sa consommation d'alcool et de drogue. Durant toutes ces années sans Jacob, il avait imaginé les formes que prendrait son destin. Il avait espéré avoir eu raison de s'être éloigné de lui pour le protéger, raison de croire qu'il grandirait mieux avec sa mère que dans un foyer où régnerait la discorde. Il n'avait jamais pensé que son fils, à peine majeur, se retrouverait à la rue.

— Oui, New York, avait répondu Jacob. Lucien y est déjà allé. Il va acheter une auto et...

Il n'avait pas terminé sa phrase, baissé la tête pour cacher ses larmes. Denis Dupuis lui avait tapoté l'épaule en répétant que Lucien devait avoir une bonne raison pour avoir manqué leur rendez-vous, pour demeurer silencieux.

— Personne n'a de nouvelles de lui depuis une semaine! s'était écrié Jacob. Personne!

— Je vais t'aider à découvrir ce qui s'est passé, avait promis Denis. Il faut que j'aille travaille à l'atelier, mais on reprendra tout de A à Z après le repas.

Jacob s'était levé brusquement, avait dit qu'il devait ramasser de l'argent, qu'il reviendrait plus tard.

— Il faut que je voie Tommy. On squattait ensemble. Il est squee-gee dans le bout de la rue Cartier. Je pourrais peut-être travailler avec lui. En attendant ma pension...

— Ta pension? Tu n'es pas un peu jeune?

Dupuis avait souri en passant cette remarque.

— Ma mère me donne un genre d'allocation le premier du mois. Mais c'est jamais assez pour me payer une chambre, puis de la bouffe.

« Et de la drogue? » avait pensé Denis en espérant que Jacob se contentait de cannabis.

— Tu pourrais aussi aller voir au Charbon si jamais ils ont besoin d'un plongeur, avait-il suggéré. Ils en cherchaient quand je suis passé à la gare avant-hier. Ils en cherchent aussi à la taverne près de chez moi. Chez Joe Dion, elle existe depuis toujours.

— C'est plate, laver de la vaisselle, avait marmonné Jacob. J'aimerais mieux être serveur.

Denis Dupuis avait failli répondre que tout le monde commençait au bas de l'échelle, s'était tu. Il n'avait pas à débiter ces clichés qui n'aideraient pas Jacob. Il ne devait sentir aucun jugement de sa part sinon le lien qu'il s'efforçait d'établir se romprait. Des années de bénévolat à Lauberivière lui avaient appris à accueillir et à réconforter au lieu de donner des conseils qu'on ne lui demandait pas. Des conseils qu'il aurait voulu prodiguer en tant que père. Mais comment pouvait-il se considérer comme un père alors qu'il ignorait tout de la vie de Jacob trois jours plus tôt? L'irrépressible besoin de le protéger ne venait-il pas de son immense sentiment de culpabilité? Il fallait maîtriser son impatience, se retenir de parler trop vite des programmes de réinsertion qu'offrait Lauberivière, se rappeler qu'il devait être déjà heureux d'avoir revu son fils. Sans l'incendie du squat, serait-il là aujourd'hui? Les jeunes itinérants allaient plus souvent à la Maison Dauphine. Il fallait absolument qu'il revienne au refuge.

— Je viens de me souvenir que j'ai une boîte de crayons et une tablette chez nous.

— Chez vous?

— Je pensais me mettre à dessiner, mais je n'ai pas ton talent. C'est neuf, aussi bien que ça serve à quelqu'un.

— Tu es sûr?

— *It's a deal.*

Jacob avait levé la main pour un *high five*, avant de lui dire qu'il était *chill*.

Aurait-il encore cette opinion quand il saurait toute la vérité, quand il apprendrait qu'il était cet ex-policier alcoolique à qui il devait sa cicatrice? Il fallait se racheter à ses yeux, mais s'il l'aidait en retrouvant Lucien et que Jacob apprenait ensuite qu'il était son père, ne lui reprocherait-il pas d'avoir voulu se montrer sous un meilleur jour afin de renouer avec lui? Ne lui en voudrait-il pas de s'être tu alors qu'il avait compris qu'il était son fils? Que lui avait raconté Jocelyne pour expliquer son absence? Qu'il était un lâche qui les avait abandonnés, un irresponsable qui les mettait en danger avec ses excès? Peut-être lui avait-elle dit qu'il était mort...

Il devait pourtant aider Jacob. Pas question de le laisser geler aux coins des rues en nettoyant les pare-brise des voitures.

— À tantôt, avait fait Jacob.

À tantôt. Son fils avait lâché ces deux mots dans un sourire, se remémorait Denis Dupuis en arrivant au coin de la côte Sainte-Geneviève, chargé de provisions et du matériel d'artiste qu'il venait d'acheter. Jacob rentrerait au refuge, il lui raconterait son histoire avec Lucien et il l'écouterait avec attention en cherchant à découvrir ce que signifiaient ces propos délirants sur l'enfermement de son amoureux. Il aurait dû l'interroger dimanche au moment où il était en veine de confidences. Sauf qu'il n'était plus enquêteur. Et que ce n'était pas ce genre d'attitude qu'on prônait à Lauberivière; on privilégiait l'écoute. Jacob avait besoin de mettre à plat les événements des derniers jours pour y voir plus clair. Et lui aussi. Il se ferait remplacer demain et après-demain au garage pour pouvoir se consacrer entièrement à Jacob, ne conserverait que les heures de bénévolat auxquelles il s'était engagé.

Bon, Jacob rêvait de découvrir New York avec Lucien. Qui devait acheter une voiture. Qui avait donc de l'argent. Ou qui avait menti à Jacob? Mais pourquoi lui aurait-il fait croire qu'il était fortuné? Pour le séduire? Jacob avait dit que Lucien était plus jeune que lui. Un gars de dix-huit ans aurait-il eu envie de l'épater en s'inventant une vie plus *glamour*? Et il aurait coupé les ponts par honte ou parce que le jeu ne l'amusait plus? Peut-être, mais Jacob avait dit que Lucien n'avait pas donné de nouvelles à quiconque. Avait-il menti à tous ? Qui était ce Lucien ?

Avant de quitter la rue Saint-Jean, Denis Dupuis aperçut son reflet dans la vitrine d'un commerce, fixa cet homme aux tempes grises, au menton trop long, scrutant ses yeux pâles en les comparant à ceux de Jacob. En examinant ce visage qu'il ne regardait jamais plus de quelques secondes en se rasant, Denis avait l'impression qu'il avait quelque chose de changé.

Au bas de la côte d'Abraham, il comprit qu'il s'était vu sourire. Le vent qui soufflait de plus en plus fort lui fit remonter son foulard sur ses oreilles. Il frissonna et songea à Jacob qui était aussi sorti tête nue. Il était content de lui avoir donné les gants qu'avait oubliés un visiteur, des semaines auparavant. Quand il faisait encore beau. Heureusement que Jacob avait changé de manteau. Le blouson que portait Mathis ne l'aurait jamais gardé au chaud. Jacob avait-il porté longtemps ce vêtement aux bandes argentées si voyantes ? Aimait-il attirer l'attention ? Se vernissait-il les ongles par provocation ? Les policiers n'avaient pas donné tous les détails de l'agression qu'avait subie Mathis Godin au directeur de Lauberivière, mais Denis Dupuis savait qu'il avait été heurté par un véhicule avant d'être battu à mort. Quand le rubalise avait été retiré près des lieux de l'accident, Dupuis avait refait à pied le trajet de cette voiture dans tous les sens et en était venu à la conclusion que le chauffard n'avait pas renversé Mathis par accident. Il avait vu les bandes brillantes qui avaient capté la lumière des lampadaires. Mathis avait sûrement des secrets. Qu'il ne semblait pas avoir partagés avec Jacob. Pourquoi l'aurait-il fait ? Ils se connaissaient à peine, d'après ce qu'avait rapporté Jacob. Mais si celui-ci en savait plus qu'il ne l'admettait ? Si c'était Jacob qui dissimulait des éléments susceptibles de le mettre en danger ? Le squat où il habitait n'avait-il pas été incendié ? Et s'il trempait dans une combine avec son amoureux ? Lucien semblait disposer d'une bonne somme pour acheter une voiture et payer un appartement ; d'où tenait-il cet argent ? Il avait maintenant disparu, mais avait-il mêlé Jacob à ce trafic qui lui avait été fatal? Qui était réellement Lucien?

En passant devant la Méduse, Dupuis pensa au portrait de Mila; il avait l'impression que son fils avait du talent. Pourrait-il trouver des informations dans cette coopérative de producteurs artistiques qui l'aideraient à guider Jacob? Il ralentit devant la porte de la Méduse, puis poursuivit sa route. C'était vraiment prématuré de penser aux réalisations futures de Jacob. Il était ridicule à espérer effacer le passé en projetant son fils vers un avenir radieux. Ridicule et pathétique. Mais comment aurait-il su s'y prendre, alors qu'il avait vécu si peu de temps auprès de son enfant? Un vertige le fit chanceler au moment où il abordait l'escalier Lachapelle, il dut saisir la rampe et attendre quelques minutes avant d'amorcer la descente. Il pensa à l'homme qui avait chuté dans l'escalier Lavigueur; avait-il été victime d'une émotion trop forte? Il aurait pu demander à Audrey ou Jean-Thomas ce qu'ils savaient de cet accident, mais sa rencontre avec Jacob lui avait fait oublier cette mort insolite. Il en parlerait ce soir à Antoine Rousseau. Après lui avoir tout raconté sur le tsunami qui l'avait renversé en reconnaissant son fils. Il se hâta lorsqu'il arriva rue du Pont, pressé d'arriver au refuge et de retrouver Jacob. Ils pourraient discuter après le souper quand le brouhaha de la salle à manger ne serait plus qu'un souvenir. Il fallait vraiment qu'il en apprenne davantage sur le mystérieux Lucien.

: :

Longueuil, 29 novembre 2022

— Ça prend un maudit cave pour faire peur à Alex! dit Noëlla. Un ciboire d'innocent! Tout le monde sait qu'il est fragile. Son frère dit qu'il n'a pas dormi de la nuit, qu'il faisait les cent pas en parlant des ninjas qui viendraient les exterminer.

— Tu le connais, le gars qui lui a parlé du corps trouvé à l'hôtel? s'enquit Maxime.

— Ce n'est pas un habitué. Il vient ici au café de temps en temps. Mais il avait déjà parlé avec Alex, il sait qu'il a pratiqué les arts martiaux quand il était jeune. Et qu'il a des épisodes où il n'est pas… où il est…

— Un peu délirant.

— C'est ça, il invente des affaires. Ça ne dérange personne, mais ça ne sert à rien de l'encourager dans ses histoires. Il est déjà assez mêlé comme ça. L'imbécile est allé lui raconter que la victime avait sûrement été décapitée avec un sabre. Il lui a demandé s'il en avait un. S'il connaissait quelqu'un qui en avait un. Alex s'est mis à crier qu'il connaissait un samouraï, mais qu'il n'avait tué personne parce qu'il s'était envolé.

— Envolé?

Noëlla hocha la tête avant d'enfoncer sa cuillère dans la tarte à la citrouille.

— Je plains son frère Guillaume. Ça va prendre du temps avant qu'Alex se calme. Le gars était parti depuis une demi-heure et il continuait de répéter qu'il n'avait tué personne, qu'il ne voulait pas que la police l'arrête. Qu'il avait jasé avec Ghyslain, que Ghyslain était super gentil…

— Ghyslain lui a posé quelques questions, mais il ne lui aurait jamais parlé du meurtre!

— En tout cas, Alex s'est caché dans les toilettes quand Fanny s'est arrêtée pour acheter un café. Il la connaît, il la voit souvent patrouiller, mais il a paniqué à cause de son uniforme. On a mis du temps à le faire sortir de sa cachette. Fanny a été très patiente. J'espère que Guillaume aura une meilleure nuit, ce soir. Il avait vraiment l'air fatigué quand il est venu chercher son latte. Alex a de la chance qu'il s'occupe de lui.

— Mais qui s'occupe des proches aidants? souleva Maxime. Ils sont tellement pris qu'ils n'ont même pas le temps d'exiger de l'aide, des compensations valables… Et où iraient tous les gens qui sont dépendants d'eux s'ils disparaissaient? Les organismes manquent de places, de services, d'argent pour les accueillir. Je ne sais pas comment ils font. Ils ont toute mon admiration!

— Vous faites aussi votre part, dit Noëlla. Et depuis que RÉSO existe, les gens se désorganisent moins. Ou ils sont plus faciles à calmer quand ça arrive. Ça va mieux avec mes chambreurs. Heureusement, parce qu'il me semble qu'il y a de plus en plus de monde qui sont perdus. Et seuls. Quand il n'y a personne pour te rappeler de prendre tes pilules…

— C'est une grosse partie de notre clientèle, convint Maxime. C'est vrai que les policiers RÉSO font un bon boulot. Mais tous ceux qui sont entrés dans la police pour des poursuites en voiture doivent être déçus.

— Pas toi?

Maxime sourit à Noëlla, secoua la tête.

— Le seul problème que j'ai avec mon travail, ce sont les horaires. Je ne vois pas ma blonde autant que je le souhaiterais.

— Elle t'en veut?

— Non, je suis seul à m'en plaindre. Constance est plus indépendante que moi. Elle ne s'ennuie jamais. Elle tient ça de sa mère qui est mariée à un marin. Il paraît que ça ne sert à rien de s'ennuyer.

— D'une certaine façon, tu fais la même chose que lui. Tu pars à la pêche.

— Moi?

— À la pêche aux renseignements, expliqua Noëlla. Tu écoutes, tu observes, tu attends. Je te regarde aller depuis des mois, tu es discret, on oublie que tu es dans la police. Tu me fais penser à un chat. Tu restes tranquille dans ton coin quand tu bois ton café, mais tu es toujours en alerte, tu captes toutes les informations.

— C'est plutôt mon frère qu'on a l'habitude de comparer à un chat, dit Maxime. Un chat de gouttière. Il a un restaurant maintenant, mais il a eu une enfance rock and roll.

— Pas toi ? C'était comment quand tu étais petit ?

— Mon père manquait de jugement, il a multiplié les conneries. Des petits trafics, ça nous a coûté cher. C'est tout de même un bon gars. On s'aime, mais on ne se voit pas souvent.

— Ta mère vivait avec un dealer ? Je pensais qu'elle enquêtait à Québec.

— Elle y travaille toujours. Elle m'a adopté. Sauvé.

— Et donné le goût d'être policier ? Elle doit être fière de toi.

Maxime pencha la tête d'un côté, puis de l'autre.

— Oui, mais elle s'inquiète pour moi. Et elle est contente que je travaille ici plutôt qu'à Montréal.

— C'est sûr qu'avec les histoires de gangs, puis la découverte d'un corps sans tête dans un hôtel, on peut se poser des questions sur l'escalade de la violence. Je comprends que l'image ait bouleversé Alex, c'est effrayant. Je crains qu'elle altère ses perceptions. Le souvenir du temps où il pratiquait les arts martiaux est précieux pour Alex, mais imaginer qu'un sabre a été réellement utilisé pour un meurtre l'a viré à l'envers. Comme si ça le concernait, comme s'il était responsable. Dans son esprit, il fait encore partie de l'école d'Iaïdo où il performait quand il était jeune.

— Je l'ai vu faire des enchaînements avec un sabre imaginaire, dit Maxime.

— Alex en a un en plastique. C'est troublant de le voir faire ces mouvements. La mémoire du corps l'emporte sur son esprit. On peut alors l'imaginer quand il était en pleine possession de ses moyens. C'est beau et c'est triste.

— Et ce type qu'il prend pour un samouraï dans le Vieux-Longueuil, il le connaît vraiment ? Ce n'est pas un Japonais qui habite à l'adresse devant laquelle j'ai rencontré Alex. Il s'appelle Ken Germain. Tu le connais ?

Noëlla sourit après avoir terminé la tarte.

— Je ne connais pas tous les habitants de Longueuil, même si la maison de chambres est ouverte depuis longtemps.

— Pourquoi Alex pense-t-il que c'est un samouraï?

Noëlle avoua son ignorance.

— Peut-être qu'il l'a vu en kimono près de sa piscine.

— Il a dit qu'il s'était envolé?

— Oui, envolé.

— Où? s'interrogea Maxime. C'est Superman qui vole, pas un samouraï.

— Alex mêle tout, dit Noëlla. Et c'est pire quand il se désorganise. J'aurais tué l'imbécile qui l'a terrorisé!

— Ce n'est pas un aveu à faire à un agent, commenta Maxime.

— Si tu avais vu Alex partir en vrille, tu aurais eu envie de taper, toi aussi, sur cet homme.

Maxime prit congé de Noëlla en songeant qu'il faudrait un bon moment avant d'interroger à nouveau Alex Loubier à propos de Ken Germain. Mais si seulement il pouvait faire l'inverse... Quelques vérifications lui avaient permis d'apprendre que Germain possédait un katana et un bō, car il pratiquait aussi le bō-jutsu depuis des années. Avait-il permis à Alex de les voir? D'y toucher? Est-ce que Ghyslain en savait davantage? Il se rappela ce qu'avait dit Yolanda: toutes les personnes possédant des sabres devraient faire l'objet d'un contrôle. Ken Germain ferait partie du lot. Ghyslain avait sûrement déjà communiqué les informations dont il disposait au SPVM.

::

Québec, 29 novembre 2022

Tiffany McEwen attendait Baptiste Boudrias devant l'église Saint-Roch en regardant les nouvelles boutiques de la rue Saint-Joseph et se rappela avec nostalgie la bijouterie Mademoiselle B fermée avant la pandémie. Elle portait toujours le sautoir serti de turquoises que son amoureux lui avait offert pour leur premier anniversaire. Elle avait hâte de lui montrer les photos qu'elle venait de prendre des trois silhouettes de chien que Jacob avait reproduites derrière l'église. Elle était agréablement surprise par les lignes franches, les jeux d'ombre, les attitudes différentes que Jacob avait su rendre et se demandait ce qu'Émile allait en penser. Si elle avait aimé la fantaisie du jeune homme, elle s'inquiétait de sa candeur manifeste et espérait qu'il avait été suffisamment terrifié par le meurtre de Mathis Godin pour se décider à quitter la rue où il avait eu de la chance jusqu'à ces derniers jours. Personne ne l'avait encore agressé, violé, assassiné.

— Mes grands-parents se sont mariés ici, dit Boudrias en la rejoignant. Ils ont vécu dans ce quartier toute leur vie.

— C'est pour ça que tu es revenu t'installer dans le quartier ? Boudrias acquiesça.

— Contrairement à mon père, j'ai de bons souvenirs du temps que je passais chez mes grands-parents. Je trouvais ça excitant d'être en ville, de quitter l'air trop pur de la banlieue, de circuler en autobus... Tu ne devineras jamais qui je viens d'apercevoir : Marc-Aurèle Jutras.

— Où ?

— Devant l'édifice du *Soleil*. Je me demande ce qu'il faisait là.

— Je parie qu'il est allé rencontrer un journaliste pour se plaindre de notre manque de proactivité dans l'enquête sur la disparition de son fils.

Boudrias haussa les épaules. Qu'y pouvaient-ils ?

— On saura ça demain en ouvrant notre tablette.

— On n'a rien négligé, dit McEwen.

— J'ai pourtant eu l'impression que Jutras attendait quelqu'un. Il regardait de droite à gauche constamment, se retournait, consultait son cellulaire. Puis, tout à coup, il s'est rué vers le jardin Jean-Paul-L'Allier, a couru sur quelques mètres, puis s'est arrêté aussi subitement qu'il s'était élancé. Il est ensuite revenu vers sa voiture garée sur Charest.

— Il peut avoir reçu un message qui l'a incité à bouger ?

— Vers le jardin ? Jutras n'a rien à faire dans le coin. Son bureau n'est pas dans ce quartier et il habite dans Montcalm…

— Je te l'ai dit, l'interrompit McEwen. Jutras est venu rencontrer un journaliste.

— Peut-être pas pour se plaindre de nous. Jutras a des vues sur le manoir Beaumont dont on a reparlé hier dans le journal. Il peut y avoir un rapport.

— Moi, je suis allée voir les portraits de chien de Jacob.

McEwen tendit son téléphone à son collègue qui parut étonné par les images.

— C'est mieux que je pensais, avoua-t-il.

— Je me suis dit que ce serait une bonne entrée en matière pour discuter avec Jacob. Parce qu'il ne nous a pas tout raconté…

— Oui, je continue à trouver étrange qu'il soit sorti en même temps que Mathis Godin, alors qu'il y avait eu du grésil, puis de la neige mouillante.

— De la neige mouillante, répéta McEwen. C'est étonnant qu'on n'ait pas des mots plus précis pour désigner la neige. Sans égaler la nomenclature des Inuits, ce serait bien de pouvoir la décrire avec des termes choisis. On vit tout de même avec elle six mois par année. On en parle toujours avec des qualificatifs qui tiennent davantage des évidences que de la précision. « Neige floconneuse, neige mouillante. » C'est sûr que la neige est faite de flocons et qu'elle est mouillée.

— Jacob devait chercher de la dope, la coupa Boudrias qui se foutait de la neige, n'ayant plus à se soucier de pelleter pour dégager sa voiture depuis qu'il habitait dans un immeuble avec un stationnement souterrain.

— C'est ce qu'il faut lui faire comprendre, dit McEwen. On ne veut pas causer de problèmes à Jacob avec sa consommation. On veut seulement savoir dans quelle mesure Mathis était mêlé à un trafic, ce qu'il sait à ce sujet.

— Le meurtre de Mathis l'a effrayé. On va en rajouter une couche, lui démontrer qu'il est aussi en danger. C'est peut-être vrai d'ailleurs…

— C'est garanti, affirma McEwen. Jacob vit dans la rue. C'est un miracle qu'il ne se soit pas fait tuer avec Mathis. Le meurtrier l'aurait aussi battu, s'il avait été témoin de l'agression. Si Jacob s'était pointé quelques minutes plus tôt…

— Non, la corrigea Boudrias, le chien de Bruno aurait changé la donne. Et ils auraient été à trois contre un. Le chauffard serait remonté à toute vitesse dans sa voiture, aurait fui. Je ne l'imagine pas accélérer pour les heurter en duo. C'est trop risqué. Le type a renversé Mathis, a paniqué, l'a achevé pour éviter qu'il le reconnaisse. De là à se transformer en tueur en série, il y a une marge…

— Tu crois toujours, comme Bouthillette, que c'est quelqu'un de connu qui est responsable.

— C'est cinquante, cinquante. Soit c'est le hasard qui a mal fait les choses, soit Mathis a été puni pour avoir cru qu'il pouvait arnaquer plus gros que lui.

— J'espère que Jacob sera plus loquace ce soir.

— Il faudra le rassurer. Ma grand-mère invoquerait Saint-Roch, mais ça prendra plus que des prières pour l'aider. Je suis allé à la friperie interroger les employés, ils ne se rappellent que très vaguement Mathis. Et j'ai fait le tour des commerces où Bouthillette était passé, au cas où des détails seraient revenus à la mémoire des employés. Il n'y a qu'au Café-rencontre qu'une fille se souvenait de lui. Parce qu'il avait l'accent du Lac. Elle vient de La Baie. Sinon, personne n'a rien à nous raconter sur Mathis Godin. Comme s'il n'avait pas existé.

— Comme si son existence s'était effacée dans la rue, anonyme parmi les anonymes. Est-ce qu'on regarde vraiment les itinérants?

— Non, mais on ne regarde pas grand-chose en général. Nous sommes vissés à nos téléphones. Si les gens ne prenaient pas tout et n'importe quoi en photo aujourd'hui, nous n'aurions jamais de témoins valables. Ceux qui nous parlent ont toujours vu un événement via l'œil de leur mobile.

— Mathis n'avait pas de cellulaire. Définitivement anonyme.

— Ça pourrait être son épitaphe...

— Tu es cynique aujourd'hui, avança McEwen.

— Même pas, répondit Boudrias. C'est ça qui est le pire.

Ils gravirent les marches du perron de Lauberivière après avoir vaguement salué un couple qui se partageait une cigarette. McEwen se dit que c'était peut-être leur seul plaisir, leur seul luxe. Et qu'il était de plus en plus onéreux, même pour des mieux nantis. Victor Vallerand les attendait à la porte, l'air embarrassé.

— Jacob n'est pas venu souper, leur annonça-t-il. Denis Dupuis m'a dit qu'il devait revenir, il lui avait promis du matériel de dessin. C'est possible qu'il arrive plus tard, mais je suppose que vous ne passerez pas la soirée ici...

McEwen fixa son attention sur les lèvres de l'intervenant pour éviter de croiser les regards des hommes assis autour d'une table, des regards las, sans concupiscence, loin de ceux qu'elle était habituée de subir dans les transports en commun, les lieux publics. Elle ne s'en plaignait pas, accoutumée à attirer l'attention avec sa crinière blonde, ayant entendu son lot d'âneries sur la belle peau laiteuse et le caractère sensuel des femmes aux cheveux de miel. Mais depuis la naissance de Frida, ces grossièretés l'agaçaient davantage. Elle espérait que sa fille n'aurait pas à les écouter à son tour. Ici, rien de tout ça. Que de la résignation, même si quelques rires fusaient au fond de la salle.

— On peut revenir demain matin ? dit Boudrias.

Il avait formulé cette phrase d'un ton interrogatif pour montrer du respect à Vallerand qui acquiesça aussitôt.

— Je vous appellerai dès que Jacob reviendra. Il a laissé son rouleau en carton ici, Dupuis dit que ces portraits sont importants pour lui, il va rentrer. D'après lui, il était parti postuler pour un job de plongeur.

— C'est positif s'il veut travailler, dit McEwen.

— Oui, mais Jacob a vécu beaucoup d'émotions cette semaine, c'est possible qu'il ait plutôt cherché un moyen de décompresser. Il a parlé de retrouver un ami squeegee. S'il a ramassé un peu de fric, il a peut-être acheté des *pills* ou… Et peut-être pas. Je ne devrais pas dire ça, je ne le connais pas. Je sais seulement qu'il est en peine d'amour. C'est toujours *rough*. Surtout la première fois.

Boudrias et McEwen opinèrent, se projetant dans le passé, se rappelant leurs ruptures. Personne n'oublie son premier chagrin d'amour.

: :

Marc-Aurèle Jutras avait cru voir Jacob quitter le jardin Jean-Paul-L'Allier et s'était précipité pour le suivre, mais il avait compris sa méprise en voyant une jeune femme courir vers l'homme, se jeter dans ses bras, l'embrasser à pleine bouche. Si le type avait les cheveux blonds comme Jacob et la même taille, il n'était certainement pas une tapette. Bon sang! Combien de fois devrait-il refaire le tour du quartier pour le repérer? Il n'avait pu s'empêcher de revenir dans Saint-Roch, certain que Jacob y traînait toujours. En pure perte. Il n'y avait personne à l'adresse de la rue Saint-Anselme et le squat près d'Arago avait été incendié. Il s'en voulait de n'avoir pas pris plus de notes quand il avait déverrouillé le téléphone de Lucien. Peut-être avait-il négligé une information qui lui aurait permis de retrouver le fif qui se baladait maintenant dans la nature, qui finirait bien par s'ouvrir la trappe et parler de Rémi-Paul Lauzon. Les enquêteurs se jetteraient sur cet os et ne le lâcheraient plus, car c'était évident qu'ils n'avaient pas avancé dans leurs démarches. Il n'y avait pas une ligne dans le *Journal de Québec* au sujet de cette mort suspecte, rien sur les réseaux.

Allait-il passer la nuit dans sa voiture à surveiller les allées et venues autour de Lauberivière? Au risque de se tromper encore une fois de blondinet? Qu'avaient-ils tous à arborer cette chevelure délavée? Et à porter des couleurs aussi voyantes? Quand ce n'était pas un blouson aux rayures d'argent, c'était un foulard criard par-dessus une veste de cuir, ces types avaient l'air de clowns. Entre les pédales et les épaves, le bas de la ville était peuplé d'une faune rebutante. S'il avait été à la tête de la ville, il aurait pris des mesures pour nettoyer ces rues où il avait l'impression d'avoir passé la semaine. Il ne s'était jamais senti aussi las ni aussi indécis. Il avait l'impression que tout lui échappait, alors qu'il devait plus que jamais avoir le contrôle de la situation. Il fallait que Jacob Dubuc revienne au refuge avant que Jean-Philippe Bisson parle du chalet aux enquêteurs et qu'on découvre le corps de Lucien.

Dans quel état était-il maintenant? Faisait-il assez froid pour qu'il soit préservé?

: :

Le noroît força Maud Graham à sortir le bonnet qu'elle traînait dans son sac même si elle allait rejoindre Michel Joubert dans quelques minutes au Château Frontenac; le vent s'insinuait par les manches de son manteau, la faisait frissonner. Elle avait oublié ses gants et s'en inquiétait, cette étourderie n'étant pas la première de la semaine; elle était ainsi rentrée la veille sans les vêtements qu'elle devait récupérer à la teinturerie. Est-ce que son cerveau ramollissait? Quand sait-on qu'on n'a plus toute sa tête? Léa lui avait dit qu'il lui arrivait aussi de se plaindre de sa mémoire, c'était normal en vieillissant et quand on a à penser à tant de choses. Elle avait ajouté qu'elle était toujours plus distraite quand elle enquêtait sur un meurtre, qu'elle ne devait pas perdre de temps à s'angois-ser pour des questions inutiles. Les paroles de sa meilleure amie avaient momentanément rassuré Maud Graham, mais le spectre de l'alzheimer ne s'éloignerait jamais totalement, elle en guettait les signes chez ses parents, puis maintenant chez elle, car sa tante Alice avait terminé ses jours sans savoir qui elle était.

Malgré le froid, elle ralentit avant la rue du Parloir, ressentit une certaine nostalgie en songeant à l'orme au boulet qui l'avait tant fascinée quand elle était enfant, se rappela le contraste entre la texture lisse du boulet et la rugosité de l'arbre qui avait poussé autour du métal. Elle avait été surprise d'apprendre au moment où il avait fallu abattre l'orme qu'il n'avait pas abrité un boulet, mais une bombe incendiaire. Vestige de quelle bataille, de quel conflit, elle l'ignorait. Elle avait aussi oublié ce détail. Elle espéra que Léa avait raison, que son esprit refusait d'emmagasiner trop d'informations inutiles qui l'auraient distraite de ses enquêtes. Des claquements de sabots derrière elle la tirèrent de ses réflexions, elle admira la robe pommelée du cheval, la livrée du cocher tout en espérant qu'il soit un bon maître. Visiter ainsi la ville était encore possible, alors que les calèches avaient disparu depuis trois ans des rues de Montréal; était-ce une bonne chose? Les bêtes étaient-elles bien ou mal traitées? Avec tous les travaux qui compliquaient la circulation, comment auraient-elles pu continuer à travailler? En slalomant entre les cônes orange, en restant en attente durant des heures dans le trafic? Elle comprenait Maxime d'utiliser son vélo pour se déplacer, même si elle se demandait où il trouvait le courage d'emprunter le pont Jacques-Cartier par des jours de grand vent. Il lui répétait qu'il s'habillait chaudement et qu'il venait du Saguenay, il ne pouvait pas être frileux. Elle pensa alors à Mathis, né à Jonquière, se dit qu'il aurait dû y rester au lieu de venir à Québec pour y trouver la mort. Elle ressentait toujours une certaine honte quand un étranger périssait dans sa ville et elle était déterminée à découvrir qui avait assassiné le jeune homme. Elle avait hâte d'en discuter avec Joubert; affecté à d'autres dossiers, il n'avait pas eu l'occasion de se pencher sur le meurtre de Mathis Godin et celui de Rémi-Paul Lauzon. Elle avait besoin d'un regard neuf sur ces enquêtes, besoin qu'il pose des questions auxquelles personne n'avait encore songé.

Le vent griffa son front, ses joues alors qu'elle s'arrêtait devant la boutique d'art inuit; la sculpture d'un phoque en serpentine était si expressive qu'elle imaginait l'animal se prélassant sur une banquise. Elle songea à l'artiste qui avait rendu la vivacité du mammifère, se demandant où il avait réalisé cette œuvre, se disant qu'elle ne connaissait rien à la géographie du Grand Nord ni à son histoire, ses villes, ses villages, ses habitants. Elle savait seulement qu'on y érigeait des inukshuks pour repérer les endroits où les caribous se regroupaient, mais ignorait si c'était encore le cas aujourd'hui. Elle pensa à ces gigantesques repères et à ceux qui les avaient perdus, qui s'étaient éloignés de ces sculptures pour s'égarer au Sud, pour s'échouer à Montréal, au parc Milton.

Au bistro Le Sam, Michel Joubert s'était assis dos au fleuve pour lui laisser la chance de le contempler tandis qu'ils siroteraient leurs cocktails. Cette attention la toucha et elle se débarrassa de son manteau en lui souriant, puis s'informa; son souper de famille s'était-il bien déroulé?

— Oui, j'aurais juste aimé que Grégoire soit avec moi, mais il ne pouvait pas s'absenter du resto. Il manque toujours de personnel.

— Cela ne se réglera pas dans les prochains mois, dit Graham tandis que le traversier qui s'éloignait vers Lévis lui rappelait ses premiers trajets avec Grégoire, alors qu'ils bravaient les bourrasques pour rester sur le pont à fumer des Player's Light. Elle pouvait encore sentir la fumée qui se mêlait à l'ozone du Saint-Laurent et à l'odeur métallique du navire.

Joubert agita la branche de romarin du cocktail, but une gorgée.

— J'ai parcouru les dossiers, dit-il. Le meurtre de Lauzon est vraiment curieux. Pourquoi tuer un homme qui n'en a plus pour longtemps à vivre?

— Parce qu'il gênait l'assassin.

— C'est prémédité. C'est la première fois qu'on trouve un corps dans un escalier. Ce n'est pas un endroit auquel un criminel pensera spontanément pour se débarrasser d'un cadavre. À moins qu'il ait songé, avant de passer à l'action, à nous faire croire à un accident ou à un suicide et que la blessure à la tête se confonde avec celles causées par la chute. Pas le genre de chose qu'on improvise... Donc le meurtrier connaissait Lauzon. Je crains de ne rien t'apporter de nouveau et qu'il faille continuer à scruter son passé. Vous avez vu ses collègues, parlé à ses enfants, mais combien de crimes remontent à des blessures d'enfance? Admettons que le meurtrier ait souffert par la faute de Lauzon et qu'il ne peut supporter qu'il meure bêtement d'un cancer. Il croit qu'il doit être exécuté pour être vengé de ce qu'il a subi.

— Lauzon aurait été un agresseur?

— Il faut remonter à l'école primaire, secondaire, ses premiers emplois, trouver des gens qui l'ont connu quand il était jeune, qui peuvent nous parler de lui. Vous voyez Lauzon comme une victime et comme un homme diminué, vulnérable par la maladie, mais il n'a pas toujours été ainsi. Qui était-il avant d'avoir le cancer? J'ai lu dans les rapports que ses enfants se sont détournés de lui. Pour quelles raisons?

— On a vu la blessure mortelle, murmura Graham, le corps fracturé, des boîtes de médicaments antinausée chez lui. Et sa solitude. Qui m'a pesé. Mais tu poses la bonne question: pourquoi était-il seul? Et s'il était odieux, monstrueux? L'homme qui l'a jeté dans l'escalier a fourni beaucoup d'efforts.

— Porté par l'adrénaline et la colère?

Maud Graham retira la tranche d'orange qui décorait le cocktail, mangea la chair, soupira.

— C'est long, déterrer le passé. On n'aura pas de réponses rapidement. Et on n'a rien non plus sur notre autre cas, André Roy.

— On devrait demander à la blonde de Maxime de faire son portrait d'après les vidéos où il apparaît. Nous avons établi un

Chapitre neuf | 217

portrait-robot selon les témoignages des victimes et en isolant les rares moments où il apparaît sur les vidéos des restos où il a emmené ses proies, mais un portrait-robot est plat. Si Constance animait l'image, rendait Roy plus vivant? Et qu'on lançait un appel à témoins? Peut-être que d'autres femmes se manifesteront. Peut-être qu'elles le connaissent sous un autre nom. Aussi commun qu'André Roy. Finis ton *drink*, on retourne au poste, on appelle Constance et on lui envoie des images.

— On ne perd rien à essayer, approuva Maud Graham.

— Ensuite, je vais retrouver Grégoire chez BŌ pour souper. Il paraît qu'il faut absolument que je goûte au crabe frit à carapace molle.

— Et aux dumplings farcis aux crevettes. Alain les adore. Et c'est l'endroit idéal pour s'initier au saké. Et les serveurs sont vraiment chouettes.

Elle envoya un message à Constance et termina son verre à regret. Elle aurait aimé continuer à observer les lumières de Lévis qui scintillaient au loin. Les passagers étaient maintenant descendus du traversier, avaient retrouvé leurs voitures et rentraient chez eux en rêvant à une soupe chaude qui les réconforterait.

— J'ai hâte que novembre se termine, dit Graham.

— Tu espères que tout ira mieux après-demain? Finalement, tu es une optimiste.

— Non, je suis une pessimiste active.

Les jours de plus en plus courts avaient plongé Québec dans une pénombre d'un bleu de Prusse qui donnait l'impression que la soirée était avancée, mais le tintement des cloches de la basilique indiquait plutôt l'heure du souper. En arrivant au parc Victoria, Graham se promit de s'offrir une pizza quand elle rentrerait à la maison. Elle pensa à Maxime dont c'était le plat préféré, lui apprit par texto qu'elle venait d'envoyer un mot à son amoureuse. Il lui répondit par un souriant *smiley*. Il était probablement au travail pour être aussi laconique. Elle le plaignit de devoir patrouiller dans l'humidité. Elle se demanda si Maxime avait de bonnes bottes d'hiver, s'installa devant les écrans. Joubert s'assit à sa gauche et il commença à faire défiler les bandes où apparaissait André Roy. La brièveté des segments où on l'apercevait le fit soupirer.

— L'idée de demander à Constance de le considérer sous un angle plus vivant est bonne, mais...

— Mais elle devra faire des miracles, je sais. On a pourtant besoin de nouveaux témoignages.

— Je ne crois pas que j'aurais porté plainte si j'avais été une de ses victimes. Je n'aurais pas voulu qu'on apprenne que je suis crédule. C'est déjà assez humiliant.

— C'est bien là notre problème et je...

Graham poussa un cri de surprise, tapota l'écran de son index.

— Arrête! Arrête la vidéo! Regarde!

— Quoi? dit Michel en se penchant vers l'écran fixant la silhouette d'un homme qui quittait la terrasse du Il Teatro.

Il s'exclama à son tour en reconnaissant Marc-Aurèle Jutras.

— C'est bien lui?

— Et là, juste à côté? As-tu vu ce que j'ai vu? Ça ressemble à Lauzon!

Joubert repassa la séquence, scruta le crâne chauve de Rémi-Paul Lauzon et hocha la tête.

— Ils se connaissaient?

— Et Jutras ne nous en a pas parlé. Alors que l'accident si bizarre de Lauzon était sur tous les réseaux. Et lundi nous avons passé un appel à témoins dans les journaux.

— Jutras ne pouvait l'ignorer. Il se tient sûrement au courant de l'actualité, de ce qui se passe à Québec.

— Il est venu ici deux fois. Il a appelé régulièrement Marie-Pier Beauchamp. Pourquoi n'a-t-il pas mentionné qu'il connaissait Lauzon?

— Je suppose qu'il est troublé par la disparition de son fils.

Chapitre neuf | 219

— Beauchamp m'a dit qu'il s'était octroyé quelques jours de congé pour être totalement disponible pour Lucien, être là pour lui quand il réapparaîtrait…

— On saute peut-être trop vite aux conclusions, dit Michel Joubert. Il faut avoir d'autres avis. Jutras est un homme connu, c'est possible que Lauzon l'ait abordé parce qu'il est une personnalité de Québec. Ça ne signifie pas qu'ils étaient intimes.

— Jutras aurait dû nous dire qu'ils s'étaient parlé, s'entêta Maud Graham. Il aurait dû vouloir nous aider. Ne serait-ce que pour nous motiver à continuer à rechercher Lucien avec autant de vigilance.

— Tu m'as dit que Beauchamp et Boudrias le trouvent snob. Peut-être que Jutras connaissait vaguement Lauzon, mais ne souhaitait pas qu'on les associe, parce qu'il méprisait ce simple infirmier.

— Il aurait dû nous parler de Lauzon, martela Graham. Je comprendrais qu'il ait omis de le faire si Lauzon avait été victime d'un bête accident de la route, mais on a retrouvé son cadavre en plein milieu de la falaise de l'escalier Lavigueur! Tu as peut-être raison cependant de penser qu'il ne voulait pas qu'on les associe. Mais pour quel motif?

— Remarque son attitude. Il recule légèrement quand Lauzon l'aborde. Comme si ça l'ennuyait.

— Dans ce cas, je veux savoir pourquoi. On se rendra chez Jutras demain matin.

— Et tant qu'à y être, on lui demandera s'il a déjà rencontré André Roy.

— Pourquoi pas? Tu regroupes les images de Roy et je les enverrai à Constance quand je lui aurai expliqué ce qu'on attend d'elle. File, si tu ne veux pas faire attendre Grégoire.

Michel secoua la tête, il serait le premier arrivé au resto; son amoureux était toujours en retard.

— Tu lui as pourtant offert une très belle montre.

— Il ne la porte que rarement, dit Joubert l'air dépité, il craint de l'abîmer en cuisine. À quoi ça sert d'avoir une montre si on ne la met pas?

— Tu ne le changeras pas, le prévint Graham.

— Je sais, Grégoire est indomptable, comme les chats. C'est ce qui fait son charme, j'imagine…

— Vous êtes chanceux de vous être trouvés.

— Grâce à toi. Si tu n'avais pas paniqué parce qu'il ne répondait pas à tes appels, je ne t'aurais jamais accompagnée chez lui.

— Je n'ai jamais été aussi bien inspirée. Je vais regarder à nouveau toutes les vidéos, vérifier si Jutras apparaît sur une autre image. C'est dommage que les inconnues que j'ai vues avec Roy ne puissent pas être identifiées… Peut-être qu'elles ont croisé Lauzon ou Jutras…

— Tu en as pour un bon moment, dit Joubert.

— Je veux tout revoir. Si jamais Jutras apparaît quelque part…

— Bonne chance.

— Embrasse Grégoire pour moi.

— Avec plaisir.

10

Québec, 29 novembre 2022

Marc-Aurèle Jutras tremblait de rage. Jacob filait devant lui! Il venait de le retrouver et voilà qu'il lui échappait à nouveau! Il avait perdu une heure à sillonner le quartier en se trouvant stupide d'agir ainsi, tout en n'ayant aucune autre option. Mais, de toute manière, il n'arrivait pas à se concentrer sur son travail, pensant constamment à Jacob, se répétant en vain que les policiers ne croiraient jamais les élucubrations d'un drogué. Il avait prévu de s'approcher Jacob, de lui raconter que Lucien avait fait une tentative de suicide et qu'il était soigné dans une clinique privée. Que Jacob le croie ou non n'avait pas d'importance, tout ce qui comptait, c'était de le retenir assez longtemps près de lui pour lui injecter du fentanyl. Il ignorait comment il y parviendrait, mais il avait déjà fait des injections à son épouse et devait tenter sa chance. Il viserait le cou. Et s'il avait un foulard, ce serait la joue. Il fallait qu'on découvre du fentanyl dans le sang de Jacob. Les enquêteurs avaient sûrement récupéré l'ampoule près du corps de Mathis. Et ceux qui finiraient par se charger de Lucien en trouveraient aussi près de son cadavre. Jean-Philippe revenait demain en fin de journée, il rencontrerait Beauchamp et son acolyte, parlerait de son immense amour pour son filleul. Et du chalet familial. Et tout se mettrait en branle. Ce serait à la Sûreté du Québec de se charger de ce dossier, mais les enquêteurs communiqueraient sans doute avec ceux qui avaient été chargés d'enquêter sur la disparition de Lucien. Ils s'interrogeraient tous sur le fentanyl, c'était garanti. D'autant qu'il y avait eu la semaine précédente un reportage dans *La Presse* sur la recrudescence des surdoses liées à cette drogue à Montréal.

Jutras soupira, l'impuissance qu'il ressentait depuis qu'il avait appris qu'il n'avait pas tué le bon fif lui brûlait l'estomac. Il avait perdu le contrôle de la situation depuis des jours, avant même la mort de Lucien. Il ne voyait pas comment inverser la vapeur et il ratait maintenant sa chance d'intercepter Jacob après avoir roulé dans le quartier durant une heure! Jacob qui venait de dévaler l'escalier de la Chapelle, qui empruntait Saint-Vallier à quelques mètres devant lui. L'avait-il aperçu au volant de sa voiture? Que devait-il faire? Alors qu'il appuyait sur l'accélérateur, Jacob se retourna subitement en entendant japper. Que faisaient tous ces damnés chiens dans le quartier? Voyait-il vraiment un doberman harnaché à une bicyclette, à des roues qui remplaçaient ses pattes arrière? Un petit homme marchait à ses côtés et s'arrêta pour parler avec Jacob qui avança lentement sa main vers le chien mutilé, attendit qu'il l'ait flairé pour lui caresser la tête. Jutras les entendit rire, puis ils s'éloignèrent ensemble vers Lauberivière. L'inconnu bifurqua à droite devant le refuge, tandis que Jacob montait les marches du perron pour disparaître à l'intérieur.

Quelles étaient les probabilités qu'il ressorte dans la soirée? Il ne pouvait l'attendre dans sa voiture près de l'établissement durant des heures sans attirer l'attention. Il avait échoué sur toute la ligne. Tout ça parce que ce connard de Lucien s'était amouraché d'une tapette qui faisait des mamours à tous les cabots qu'elle rencontrait! La neige commença à tomber et Jutras paria que Jacob resterait au chaud. S'il s'était baladé pour chercher sa dose, il avait sûrement trouvé un dealer, sinon il ne serait pas revenu à Lauberivière. C'était clair qu'il n'avait pas d'appartement ni de boulot s'il ne lui restait que le refuge. Clair aussi que Lucien avait été naïf. Jacob lui aurait fait dépenser tout son argent et l'aurait jeté ensuite comme une vieille chaussette. Tandis que lui emploierait l'héritage pour métamorphoser le manoir Beaumont, pour en faire un lieu qui serait au service des athlètes, des sportifs qui feraient honneur au pays. De vrais hommes.

En passant devant le Laurie Raphaël, Jutras se revit à cette table près de la fenêtre avec Isabelle alors qu'ils célébraient la fin de ses traitements. Il avait fait bonne figure, car il avait encore besoin d'elle, mais sa complicité avec Lucien, leur insupportable bavardage sur les romans qu'ils avaient aimés, leurs commentaires si laxistes sur l'actualité avaient ancré ce sentiment d'être étranger à sa propre famille. À ce moment, il avait pris la mesure des efforts qu'il devrait fournir pour donner l'image d'un clan uni s'il se présentait en politique. Cela lui paraissait si loin maintenant. Il imaginait alors le genre de complications auxquelles il ferait face, mais il n'avait pas la moindre idée de la signification de ce mot qui avait pris tout son sens dans cette semaine maudite !

Comme il n'avait pas la moindre idée non plus de ce qu'il devait faire pour neutraliser Jacob. Il avait beau réfléchir, il ne pouvait tout de même pas l'enlever ! Revenir rôder demain matin dans le quartier serait vain, il y aurait trop de monde durant la journée pour qu'il puisse tenter quoi que ce soit. Il devait élaborer un scénario où le mauvais rôle échouerait à Jacob.

Même s'il admettait qu'il avait bu plus que de coutume ces derniers jours, il méritait un double Macallan. Il frémit en voyant sa voisine qui sortait de chez elle, qui lui faisait un signe de la main. Seigneur ! Il n'aurait jamais la paix ? Il saisit son iPhone et fit semblant de répondre à un appel en se dirigeant vers la maison après avoir esquissé un petit geste pour saluer cette femme qu'aimait beaucoup Isabelle. S'il avait écouté Isabelle, ils auraient régulièrement invité leur voisine à souper. Comme si le barbecue annuel ne suffisait pas !

: :

Denis Dupuis poussa un soupir de soulagement en voyant Jacob apparaître au bout de la rue Fleurie. Combien de fois était-il sorti sur le perron du refuge pour scruter les environs en espérant qu'il revienne comme il l'avait promis, se demandant s'il avait été maladroit avec son fils, si celui-ci l'avait trouvé intrusif, même s'il ne lui avait posé aucune des mille questions qui se bousculaient dans son esprit. Jacob était là maintenant et c'était tout ce qui comptait. Il lui cacherait son inquiétude, se contenterait de ce qu'il voudrait bien lui dire. Ou pas. Dans quelles dispositions était-il? D'où venait-il? Sa démarche était normale, mais peut-être avait-il tout de même consommé? Se limitait-il au cannabis? Non, il avait pris quelque chose de plus fort quand il avait été admis dimanche au dégrisement. Il songea au courriel d'Antoine Rousseau confirmant qu'un certain Lucien Jutras avait été porté disparu dans la région de Québec samedi. D'après son père, il était parti à Montréal avec des amis, mais personne n'avait pu valider cette information ni offrir de pistes, et Lucien ne s'était pas manifesté sur les réseaux depuis plusieurs jours. L'hypothèse d'un suicide était présente à l'esprit des enquêteurs chargés de cette affaire. Ils avaient rencontré à plus d'une reprise les étudiants qui partageaient des cours avec Lucien Jutras. Sans résultat. Les recherches se poursuivaient. Denis Dupuis avait frémi en lisant le mot suicide, imaginant la détresse de Jacob s'il apprenait une telle nouvelle. Il n'avait pourtant rien mentionné concernant le moral de Lucien. Il avait plutôt accusé son père de l'avoir enfermé. C'était invraisemblable, mais Dupuis savait qu'il y avait souvent une part de vérité dans les histoires les plus incroyables et que l'homophobie était loin d'être éradiquée au Québec. Jutras avait-il retenu Lucien pour l'empêcher de voir Jacob? Comment? Il fallait qu'il l'ait drogué pour le retenir à la maison. Durant des jours? Et dans ce cas, pourquoi avait-il déclaré sa disparition? Il fallait tout reprendre à zéro. Jacob ne devrait omettre aucun détail s'il voulait son aide pour retrouver Lucien.

Chapitre dix | 225

Dupuis se rappela soudainement le matériel de dessin qu'il avait acheté. Est-ce que Jacob serait content? Aimait-il autant dessiner qu'il le disait? Si oui, pourquoi n'étudiait-il pas dans ce domaine? Est-ce que Jacob serait inscrit en arts à l'université s'il ne les avait pas quittés, sa mère et lui? Il le vit pousser la porte principale et se força à rester assis à la table du coin, à ne pas se précipiter vers lui, à ne pas l'interroger sur son enfance, son adolescence, sur le fait d'avoir vécu sans père. Éprouvait-il une certaine curiosité envers son géniteur ou ne ressentait-il que de la colère et de l'amertume? Sa longue conversation avec Antoine Rousseau l'avait persuadé de révéler la vérité à Jacob. Mais quand? Comment savoir ce qu'il était prêt à entendre? Denis fit semblant de lire le *Journal de Québec*, alors qu'aucune nouvelle ne pouvait être aussi importante que celle du retour de son fils dans sa vie, demeurant immobile jusqu'à ce qu'il entende Jacob l'interpeller.

— Nelly m'a trouvé un job de plongeur au resto près de chez elle. Sa mère va souvent au Chat de gouttière. Ils cherchaient du personnel. J'y serai quatre soirs par semaine.

— C'est cool, bravo!

— Il y a un chat gris qui s'étire sur l'enseigne. Avec des yeux émeraude.

— J'aime bien les chats, dit Denis Dupuis. Ils ne sont pas aussi indépendants qu'on le prétend.

— Nelly m'a dit que des policiers sont retournés au cégep pour poser des questions à propos de Lucien.

— Les enquêteurs sont venus tantôt pour te revoir. Boudrias et McEwen.

— Mais je n'ai rien de plus à leur dire sur Mathis, s'énerva Jacob.

— Ils reviendront demain. Ça serait l'occasion de leur parler de tes inquiétudes à propos de ton amoureux.

— Je ne vois pas le lien avec la mort de Mathis. Ils ne se connaissent pas.

— Tu m'as dit que Nelly et toi avez appelé tous les hôpitaux, que Lucien n'y est pas. Il n'a rien laissé entendre sur un éventuel déplacement la dernière fois que vous vous êtes vus ?

— Il ne serait pas parti sans moi.

— Vous êtes ensemble depuis longtemps ?

— Pourquoi ?

— Peut-être que tu ne sais pas tout sur ton amoureux, il a pu te cacher certaines choses. Ça arrive dans tous les couples.

— Comme quoi ? répondit Jacob sur un ton de défi.

— S'il était déprimé et avait voulu s'isoler en attendant de se sentir mieux ?

— Il ne serait certainement pas resté chez lui avec son père qui le déteste.

— Tu en es certain ? Peut-être qu'ils ont des conflits, mais qu'ils s'aiment quand même et que M. Jutras se préoccupe aussi pour Lucien.

— Il est homophobe. Il s'inquiète plus de l'opinion des gens que de Lucien.

— Tu ne parles jamais de sa mère ?

— Elle est morte de la COVID il y a deux ans.

— C'est tout un choc, commenta Dupuis.

— Oui. Heureusement que Mila était près de Lucien. Tu ne pourrais pas aller chez lui ? Je suis certain qu'il se passe des affaires croches dans cette maison-là !

— Pourquoi en es-tu persuadé ?

— Tu n'auras qu'à sonner, insista Jacob sans répondre à la question. Si tu entends japper, c'est que Lucien est là, car il ne serait jamais parti sans sa chienne. Tu appelleras ensuite la police pour qu'on vienne le délivrer.

Dupuis secoua la tête en songeant que Jacob manquait de maturité pour inventer un tel scénario.

— Si tu veux que les choses se déroulent correctement, il faut que tu parles demain avec Boudrias et McEwen. Elle a dit qu'elle est allée voir tes têtes de chien derrière l'église, que c'est très réussi.

— C'est vrai ?

— C'est à mon tour d'y aller, dit Dupuis. J'aimerais ça les voir avec toi, que tu m'expliques comment tu travailles. On pourrait faire ça demain matin après avoir parlé avec McEwen. Je ne sais pas si tu es au courant, mais le père de Lucien est quelqu'un de connu. S'il a vraiment commis un délit envers son fils, il faut respecter la procédure pour qu'il ne s'en tire pas en disant qu'on l'a piégé, que ses droits ne sont pas respectés.

— Tu as l'air de connaître ce monde-là.

— Un jour, je te raconterai…

— Tu fais quoi dans la vie à part du bénévolat ?

— Je bosse dans un garage, le garage Kirouac. Il n'est plus sur la rue Kirouac, mais il a gardé le même nom en déménageant. J'ai toujours aimé la mécanique.

— Tu ne dois pas manquer d'ouvrage. D'après ma mère, une auto, ça se brise tout le temps.

— Ton chum voulait quand même en acheter une.

— Ça pollue moins que de prendre l'avion pour se rendre à New York. Travailles-tu demain matin ? J'aimerais mieux que tu sois là quand je vais parler à… l'enquêtrice.

— Je t'accompagnerai, promit Dupuis en souriant, soulagé par la décision de Jacob.

Même s'il ne croyait pas que Lucien était détenu par son père, sa disparition était vraiment troublante. Peut-être que McEwen et Boudrias avaient des informations qu'ils ne pouvaient divulguer, mais qui leur permettraient de poser les bonnes questions à Jacob dès qu'ils apprendraient qu'il était l'amoureux de Lucien Jutras. Était ?

Non. Il ne devait pas imaginer le pire. Même s'il savait que les premières quarante-huit heures, où plus d'espoirs sont permis, étaient échues depuis longtemps.

: :

Montréal, 29 novembre 2022

Constance jouait avec la boucle en argent qui pendait au lobe de son oreille droite, lissant la perle machinalement en scrutant le visage trop flou de cet étranger que Maud souhaitait qu'elle anime.

— Peux-tu le rendre plus vivant? Qu'on ait l'impression qu'il s'apprête à nous parler. Ou mieux à nous sourire. Je ne peux pas t'en dire beaucoup sur lui…

— Je sais, je suis habituée avec Maxime, votre sacré secret professionnel.

— Oui. Mais c'est surtout parce qu'on ne connaît à peu près rien de cet homme. J'espère qu'une image moins figée que celle d'un portrait-robot pourra nous apporter d'autres témoignages. Garde en tête que c'est un séducteur. Que tout est faux chez lui, mais qu'il doit avoir l'air sincère. Je ne suis pas certaine que mes directives sont bien utiles. Ne passe pas des heures là-dessus, j'ignore si c'est une bonne idée. Je voudrais seulement… qu'il soit plus attrayant.

Constance regardait pour la dixième fois les vidéos, n'arrivait pas à savoir si cet homme avait du charme. Sûrement s'il avait floué plusieurs personnes. La mâchoire volontaire, le large front, les yeux clairs pouvaient composer un portrait viril attrayant, mais le sourire l'agaçait, les dents étaient si blanches qu'elles étaient ce qu'on distinguait le mieux sur les bandes vidéo. Elle sourit en pensant à la canine ébréchée de Maxime qu'elle avait remarquée dès leur première rencontre, au récit qu'il avait fait de l'incident qui lui avait laissé cette imperfection et qui avait tant alarmé Maud. Sa belle-mère lui avait raconté qu'à l'adolescence Maxime se blessait régulièrement. Trop téméraire. Pour épater les copains parce qu'il voulait faire partie d'un groupe même s'il était le plus petit. Heureusement, il avait poussé tout à coup, était devenu ce beau grand gars dont elle était si fière.

Avait-elle accepté de faire ce dessin pour plaire à Maud? Oui. Non, cette commande lui plaisait parce qu'elle était inusitée.

Constance se demanda si Maud lui dirait un jour de quoi s'était rendu coupable cet homme, si son dessin avait contribué à le faire arrêter, s'il avait payé pour ses péchés. Elle allait s'appliquer à donner du mouvement à ses épaules et à éclairer son regard. Elle se prépara un sandwich au poulet en tartinant le pain de mayonnaise à l'estragon. Avait-elle faim subitement parce qu'elle avait vu Roy devant un restaurant qu'elle avait découvert grâce à Maxime ? Elle se rappela les pennes à la vodka à la cuisson parfaite, la douceur de cette soirée au Il Teatro avec son amoureux. Elle jeta un coup d'œil à l'écran, elle disposait d'une bonne heure pour travailler avant que Maxime la rejoigne.

: :

Québec, 30 novembre 2022

Assis à côté de Denis Dupuis dans un petit bureau au premier étage du refuge, Jacob Dubuc attendait que McEwen et Boudrias s'adressent à lui. Il n'osait pas les regarder, fixait la fenêtre d'où on pouvait voir la cour enneigée. Il sursauta en entendant la voix de la policière.

— Regarde, j'ai pris tes dessins en photo.

Elle inclina son appareil vers Jacob en lui disant qu'elle serait curieuse de voir d'autres choses de lui.

— Pour vrai ?

— Il n'y a pas de piège, Jacob, l'assura Tiffany McEwen d'une voix douce. Je pense que tu as du talent. Et que ce serait triste que tu ne puisses pas poursuivre en ce sens.

— On s'inquiète pour toi, précisa Boudrias. C'est pour ça qu'on veut reparler de Mathis. Du lien que tu avais avec lui.

Jacob secoua la tête, il n'était pas ami avec Mathis. Combien de fois devrait-il leur répéter qu'il l'avait rencontré pour la première fois la veille de sa mort ?

— On trouve ça curieux que vous soyez sortis en même temps. Alors qu'il faisait froid, qu'il neigeait, qu'il n'y a rien à faire dans le quartier le dimanche. Si c'est pour acheter de la dope, on ne va pas te causer des problèmes. Il faut seulement qu'on trouve pourquoi Mathis a été assassiné, s'il participait à un trafic dont tu aurais pu entendre parler...

Dupuis posa une main sur l'épaule de Jacob pour l'inciter à se confier.

— Je n'ai pas quitté le refuge pour de la dope, je devais rejoindre mon chum. Je l'ai attendu pendant une heure, il n'est jamais venu. C'est en rentrant à Lauberivière que j'ai vu le chien de Bruno qui s'est mis à japper près de Mathis. C'est possible que Mathis soit sorti pour acheter quelque chose, il était nerveux, ce soir-là.

— Toi aussi, dit Denis Dupuis. Parce que tu t'inquiétais pour ton amoureux. Parce que tu penses que Lucien a peut-être eu des ennuis.

— Lucien ? répéta McEwen en se demandant si elle avait bien entendu. C'est un prénom plutôt rare.

— Je pense que son père l'a emprisonné, dit Jacob dans un souffle. Vous allez me prendre pour un fou...

Boudrias échangea un regard avec McEwen, s'obligeant à parler doucement à Jacob alors que l'excitation le gagnait : se pouvait-il que Jacob détienne des informations sur Lucien Jutras ?

— On ne te prendra pas pour un fou, je te le promets. On a tout entendu dans notre métier, même des choses inouïes. Pourquoi Lucien serait-il détenu par son père ?

— Le bonhomme Jutras ne veut pas qu'on sorte ensemble.

— Lucien est mineur ? le questionna McEwen en posant ses mains sur ses cuisses pour camoufler l'agitation qui l'avait gagnée en entendant Jacob nommer Jutras.

— Non. Il a eu dix-huit ans cette semaine. On devait fêter ensemble !

— Dimanche ? C'est pour ça que tu es parti le rejoindre ?

— Non, son anniversaire était la veille.

Chapitre dix | 231

— Tu aurais donc dû le voir samedi.

— Et vendredi, et jeudi. On se voit tous les jours depuis qu'on se connaît. Mais on s'était un peu disputés.

Jacob se mordit les lèvres, ferma les yeux, raconta ce qui s'était passé alors qu'ils s'apprêtaient à louer un appartement.

— Je m'en veux tellement! C'est à cause de ma connerie, tout ce qui arrive! Je lui ai écrit vingt mille textos pour m'excuser. Je n'ai pas eu de ses nouvelles jusqu'à dimanche. Quand il m'a donné rendez-vous près d'ici. Nelly est certaine que Lucien m'aime encore, mais il n'est pas venu me rejoindre.

— Tu penses que Nelly a raison? demanda McEwen. Que Lucien t'aime toujours?

— Il ne peut pas être fâché contre tout le monde! s'écria Jacob. Personne n'a eu de ses nouvelles. Il n'est pas à l'hôpital, Nelly a appelé partout.

— C'est qui, Nelly?

— Mon amie du primaire. Ma *best*.

— Elle connaît bien Lucien?

— Ils vont au même cégep. Ils sont devenus plus amis à cause de moi. Lucien aurait dû lui écrire, mais il n'a pas pu à cause de son père.

— Parce qu'il l'a enfermé, c'est bien ça? reprit Boudrias. En le privant de son téléphone. Mais tu as tout de même reçu un texto dimanche.

— Je ne sais pas comment Lucien a pu m'écrire.

— Qu'est-ce qu'il t'écrivait au juste?

— Qu'il venait de rentrer, qu'il m'aimait et qu'il me donnait rendez-vous à l'escalier des Glacis.

— Il ne t'a pas écrit ensuite pour s'excuser de son absence? s'enquit McEwen.

— Tu crois vraiment que son père le garde prisonnier chez eux? le questionna Boudrias.

Jacob se tut, fixa à nouveau la cour où s'ébattait maintenant Tonnerre.

— Il quoi ? demanda Boudrias.

— Je… je sais que c'est bizarre, mais la maison est grande, il y a un sous-sol.

— Et tu crois que Lucien y vit depuis une semaine, compléta McEwen. C'est bien ça ?

— Il faut que vous alliez chez Lucien ! Pour voir si Mila est là.

— Mila ?

— La chienne de Lucien. Il ne serait jamais parti sans elle. Si vous entendez japper, vous saurez que mon chum est dans la maison.

McEwen regarda son partenaire une fraction de seconde qui lui confirma d'un battement de cils qu'il y avait un chien quand il était allé chez Marc-Aurèle Jutras avec Marie-Pier Beauchamp.

— Tu as déjà rencontré le père de Lucien ?

— Oui. Il a fait semblant que tout était correct, mais c'est clair que je le dégoûtais. C'est pour ça que je lui ai…

Jacob ne termina pas sa phrase, baissa le regard.

— Il était peut-être surpris ? suggéra McEwen.

— Non, Jutras sait que Lucien est gai, répondit Jacob en relevant la tête. Et ça l'écœure.

— Est-ce qu'ils se sont disputés à ce sujet ? Ça pourrait expliquer la fugue de Lucien.

— Non. Ça n'aurait rien changé. Lucien allait partir le soir de son anniversaire. On aurait dû avoir l'appartement et…

— Lucien travaille ? l'interrompit Boudrias.

— Il avait un peu d'argent de côté, puis il allait hériter de sa mère à sa majorité. Ça me gênait, mais Lucien s'en foutait que je ne paie pas autant que lui pour le loyer.

— Est-ce que tu aurais d'autres éléments à nous fournir pour étayer ton hypothèse ? Accuser quelqu'un d'enlèvement est grave.

— Vous ne me croyez pas ! s'énerva Jacob. Commencez donc par aller voir si la chienne est là. Mais peut-être que vous ne voulez pas déranger M. Jutras parce que c'est un *big shot* et que…

Dupuis lui coupa la parole; ce que voulait dire Jacob, c'est qu'il était vraiment inquiet pour son amoureux.

— M. Jutras a signalé la disparition de son fils il y a plusieurs jours, dit Boudrias. Pourquoi aurait-il attiré notre attention, s'il l'a enlevé comme tu le supposes?

— Il n'avait pas le choix. Il y a du monde qui s'est rendu compte de l'absence de Lucien au cégep. À commencer par ceux qui allaient au party, vendredi. Lucien devait apporter la boisson. On devait avoir une crisse de belle fête! Mais tout s'est écroulé! J'ai tout perdu cette semaine. Je suis maudit!

— Tu n'as vraiment pas autre chose à nous dire? insista McEwen. Même si ça te paraît insignifiant, le moindre détail peut être important dans ce genre d'affaires.

Jacob poussa un soupir d'exaspération en secouant la tête.

Boudrias glissa une carte vers lui.

— Tu nous rappelles si…

— Je vous ai tout dit!

— Parfois, ça nous revient après coup, dit McEwen.

— Vous ne me demandez pas mon numéro? persifla Jacob. Parce que vous ne me rappellerez jamais?

— C'est à toi de décider si tu veux me le donner, répondit-elle.

Jacob hésita un moment, puis nota le numéro de McEwen et lui envoya un texto.

— J'attends de vos nouvelles.

Denis Dupuis leva les yeux au ciel; Jacob avait-il besoin d'adopter ce ton ironique?

Il remercia les enquêteurs de s'être déplacés, leur promit de les appeler s'il apprenait quoi que ce soit à propos de Mathis Godin. Il les accompagna jusqu'à la porte du hall, tandis que Jacob allait flatter Tonnerre qui venait de s'ébrouer dans l'entrée. Il regarda les policiers s'éloigner en songeant qu'ils devaient se dire la même chose que lui: Jacob leur cachait encore un élément. Qu'allait-il révéler quand il s'était interrompu subitement après avoir parlé de la résidence des Jutras? Comment pourrait-il l'aider si Jacob ne lui faisait pas suffisamment confiance pour être franc avec lui?

Mais l'était-il lui-même? Quand trouverait-il le courage de lui dire qu'il était son père? Il l'observa tandis qu'il discutait avec Bruno, s'interrogea; éprouvait-il aussi le besoin de provoquer les gens quand il avait vingt ans? Était-il révolté, insolent? Plutôt mal dans sa peau, téméraire et inconscient. Jacob semblait avoir hérité de ce défaut. Il avait espéré que la frayeur causée par le meurtre de Mathis l'amènerait à réfléchir et à comprendre qu'il devait tout dire à McEwen et à Boudrias. Ou à lui. Il s'était trompé. Et il était déçu. Et il s'en voulait d'être déçu: ce n'était pas parce que Jacob l'avait prié d'être à ses côtés pour rencontrer les enquêteurs qu'il en ferait son confident privilégié. Ils ne se connaissaient pas une semaine plus tôt. Et il était un adulte.

: :

Montréal, 30 novembre 2022

Maxime tendit le bras, perçut la chaleur des draps que Constance venait de quitter, ouvrit les yeux; elle était déjà assise devant l'écran de son ordinateur.

— On n'a même pas déjeuné, se plaignit-il tout en se levant. J'ai congé ce matin…

— Je sais, mais je veux prendre mes dessins en photo et les envoyer à ta mère. J'espère qu'ils lui seront utiles.

— C'est certain que c'est plus naturel qu'un portrait-robot.

Maxime embrassa l'épaule de Constance, commenta les deux images qu'elle venait de photographier pour Maud.

— Cet homme semble vivant. On se demande même à quoi il pense.

— À sa prochaine arnaque, lança Constance, si j'ai bien compris le peu que ta mère m'a révélé. Elle semblait plus agacée qu'inquiète à propos de lui.

— D'après elle, c'est une anguille. Pas moyen de l'attraper.

— Ce n'est pas facile à pêcher, l'anguille. Même avec les têtes de fouine de mon cousin.

Devant l'air ahuri de son amoureux, Constance évoqua son père, son oncle, son cousin Sylvain qui étaient attachés à cette pêche d'hiver.

— Ça se passe en décembre et en janvier, selon la glace, on appelle ça aussi « la pêche au trou ». On plonge une tête de fouine pour prendre les bestioles, c'est un harpon à six pointes avec un grand manche. Ma mère fait des pâtés d'anguilles ou en met dans le pot-en-pot. Moi, je la préfère dans des sushis. Le contraste entre la chair grasse et le concombre est intéressant. On devrait en commander samedi soir, non ?

— Tu ne penses qu'à manger. Je comprends pourquoi Biscuit t'aime autant ! Elle ne fait pas confiance aux gens qui picorent.

— Son surnom est mérité.

— Grégoire l'a appelée comme ça dès qu'ils se sont connus. C'est resté.

— Mais il n'y a que lui et toi qui l'utilisez. Alain…

— Alain dit « chérie ».

Maxime enfouit son visage dans la courte chevelure de Constance avant de tapoter un des dessins.

— Je me demande à qui cet homme dit « chérie », maintenant. À qui chante-t-il la pomme ?

Constance rit ; elle n'avait pas entendu cette expression qu'utilisait son grand-père depuis longtemps.

— Heureusement que ce n'est qu'une expression, dit Maxime. Si tu m'avais entendu chanter, tu n'aurais jamais accepté de sortir avec moi. Tu devrais envoyer une photo d'une tête de fouine à Maud avec tes portraits, ça la fera peut-être sourire. Elle n'a pas eu tellement d'occasions de rire, ces derniers jours, avec deux meurtres et la disparition du jeune…

— *Les* disparitions, le reprit Constance. Elle cherche aussi le chanteur de pomme. J'espère qu'elle les retrouvera.

L'air dubitatif de Maxime était éloquent.

— Plus le temps passe, moins nous pouvons être optimistes.

— Ça t'est arrivé de travailler sur une disparition ?

— On a failli arriver trop tard, la pauvre femme était déshydratée. C'est un miracle qu'elle ait survécu. Je ne comprends toujours pas comment elle a échappé aux patrouilles après s'être sauvée du CHSLD. On n'a jamais été capables de refaire son parcours.

— Pourquoi s'est-elle sauvée ?

— Pour revenir chez elle. Où elle n'habite plus depuis dix ans. Elle avait aussi oublié que son mari était décédé.

— Vous l'avez retrouvée à temps, c'est le principal, dit Constance.

— J'aimerais tellement que tu déteignes sur moi, que je sois aussi positif…

— Je te promets de faire des efforts. Si tu allais chercher des pains au chocolat blanc à la boulangerie pendant que je prends ma douche ?

— Tu y penses depuis que tu es debout ?

— Tu commences à bien me connaître. Avoue que c'est une bonne idée. Prends aussi un souvenir de Suisse. J'aime trop le chocolat.

En se rendant au Petit Paris, Maxime songeait à tous ces gens qui s'étaient perdus et dont on ne retrouvait jamais la trace. Il pensa à Alex, se demanda comment il arrivait à parcourir des kilomètres sans s'égarer. Ou peut-être que si, peut-être qu'il se perdait et qu'il appelait son frère quand il voulait revenir chez lui. Peut-être que son frère ne téléphonait tout simplement pas au poste chaque fois que son cadet disparaissait. Ou qu'Alex avait un fantastique sens de l'orientation. Comme certaines personnes qui ont l'oreille absolue.

: :

Québec, 30 novembre 2022

— Maudite neige ! ragea Boudrias. Les gars de la SQ ont fait leur possible, mais tout est recouvert…

— Ce sera difficile de découvrir comment Lucien Jutras s'est rendu à Armagh Station, convint Maud Graham. Il n'avait pas de voiture, quelqu'un l'a forcément emmené.

— Il a pu faire de l'auto-stop jusqu'à La Durantaye, dit Michel Joubert, mais je ne crois pas qu'un bon samaritain lui aura proposé ensuite de le conduire jusqu'au chalet.

— Ça se peut qu'il connaisse quelqu'un dans le coin, au village de Saint-Raphaël, dit Boudrias. Mais il aurait déjà fallu qu'il se rende là. En été, à bicyclette, c'est envisageable, mais maintenant ?

— Les enquêteurs de la SQ ont déjà rencontré Marc-Aurèle Jutras, dit Graham. Il leur a appris qu'il était venu chez nous pour signaler la disparition de Lucien la semaine dernière. McEwen a échangé avec eux sur le compte-rendu de cet entretien.

— Je me demande pourquoi Jutras n'a pas mentionné ce chalet en plein bois, dit Joubert. C'est décidément un cachottier.

— Oui, après son omission sur Lauzon, voilà qu'on apprend qu'il nous a aussi caché cet endroit.

— Ce n'est pas son chalet, précisa Graham, il appartient à son beau-frère.

— Qui est le parrain de Lucien. Il aurait dû nous le mentionner ! On aurait aussitôt communiqué avec la SQ. Ils auraient trouvé le corps un peu plus vite…

— À la SQ, Chamberland aussi trouve ça étrange, dit Marie-Pier Beauchamp en s'assoyant près de Boudrias. Marc-Aurèle Jutras lui a dit que Lucien n'était pas retourné à ce chalet depuis la mort de sa mère et que c'est pour cette raison qu'il n'y a pas pensé. Chamberland n'a pas l'air impressionné par la notoriété de Jutras.

— Ce n'est pas son genre, confirma Graham. Je suis contente que l'enquête tombe dans la cour de la SQ.

— Je suis certain qu'on aura tout de même les médias à gérer, souleva Baptiste Boudrias. Ça se saura que Jutras est venu ici à plus d'une reprise…

— Il le dira aux journalistes, dit McEwen. Si ce n'est pas déjà fait.

— Dans quel but ?

— Pour avoir quelqu'un à blâmer pour la mort de son fils. Genre : « Les policiers de Québec n'ont pas pris cette disparition au sérieux, ils ont attendu avant de se démener. Heureusement que les enquêteurs de la Sûreté du Québec font leur travail… »

— N'oubliez pas que je l'ai aperçu devant l'édifice du *Soleil*, rappela Boudrias.

— Nous n'avons rien à nous reprocher, dit Marie-Pier Beauchamp. Nous n'avons pas fait de rétention d'information.

— On a même livré nos infos à la SQ avant qu'ils découvrent le corps, protesta Boudrias. J'ai reçu deux appels d'étudiantes qui connaissaient Lucien. Elles m'ont reparlé du party du vendredi pour l'anniversaire de Blaise. Lucien avait promis d'être là. Et avait dit qu'il viendrait avec son chum. Elles ne le connaissent pas.

— Nous, nous l'avons rencontré, déclara Tiffany McEwen d'une voix taquine en guettant les réactions de ses collègues.

— Comment ? Quand ? s'écria Joubert.

— Boudrias et moi l'avons vu ce matin. Finis d'abord ton topo sur les copines de Lucien et on vous expliquera tout.

— Bon, dit Boudrias, les étudiantes sont convaincues que Lucien ne s'est pas suicidé. Il leur avait dit qu'il n'avait jamais été aussi heureux en amour. Elles ne comprennent pas pourquoi il n'a jamais répondu à leurs textos.

— Elles étaient donc assez proches de lui. Pourquoi ne t'en ont-elles pas parlé avant ?

— Parce que Lucien leur avait dit qu'il avait des ennuis avec son père. Elles ont cru que nous enquêtions sur lui à la demande de Marc-Aurèle Jutras. Qu'on l'arrêterait.

— Calvaire! s'exclama Joubert. C'est ainsi qu'elles voient notre travail?

— J'ai fait le tour, déclara Beauchamp. À toi, McEwen.

— Peut-être que ces filles pensent qu'on pourrait avoir des raisons d'appréhender Lucien, fit McEwen. S'il vendait de la dope…

— Qu'est-ce que tu sais?

— On a rencontré Jacob Dubuc à Lauberivière. C'est l'amoureux de Lucien. Il ne l'a pas vu depuis mercredi dernier.

— Pourquoi as-tu pensé à un trafic?

— Parce que Jacob nous a dit que Lucien Jutras devait payer leur appartement. Et l'emmener à New York. On ne sait pas avec quel argent, même s'il nous a mentionné que Lucien doit toucher un héritage. Après nous avoir déclaré que son père le gardait prisonnier.

Joubert s'étouffa en buvant son café.

— Pardon?

— Selon Jacob, Jutras est homophobe et il a enfermé Lucien pour les empêcher de se voir.

— Il s'est trompé. Lucien était au chalet.

— Mais peut-être enfermé dans ce chalet, avança Graham. Ça expliquerait l'omission de Jutras. On a décidément beaucoup de questions à poser à ce monsieur…

— Je vous ai envoyé la transcription de notre rencontre avec Jacob, dit McEwen. Il est vraiment certain que Marc-Aurèle Jutras le hait.

— L'homophobie est loin d'être une chose du passé, dit Joubert. Jutras ne voudra pas nous parler tout de suite. Il s'indignera qu'on ose le déranger alors qu'il vient d'apprendre la mort de son fils.

— J'attendrai à la fin de la journée. Mais pas plus tard. Jutras n'avait qu'à être plus franc avec nous.

— Il est avec les gars de la SQ de toute manière, précisa Boudrias.

— Du nouveau sur les réseaux? s'enquit Pascal Bouthillette.

— Non, répondit Beauchamp. Mais des dizaines de messages qui disent que Lucien était cool, beau, que personne ne l'oubliera, que tout le monde l'aimait.

— Tout le monde l'aimait, mais il est mort seul.

Un silence emplit la salle de réunion tandis que l'image du corps gelé dans la neige s'imposa à tous.

— On ne sait pas s'il est mort seul, nuança Michel Joubert. On ne sait pas si c'est une surdose, même si ça y ressemble. On ne sait rien. Je souhaite bonne chance à la SQ pour démêler tout ça.

Et à Alain, qui supervisera l'autopsie du corps de Lucien, songea Maud Graham. Lauzon, puis ce jeune. Sans oublier la mort suspecte d'une femme tout près du laboratoire de médecine légale. Et le corps décapité de l'hôtel dont il devrait s'occuper personnellement. Elle avait reconduit Alain à la gare la veille, il avait promis de lui donner le plus rapidement possible des informations sur Rémi-Paul Lauzon avant de disparaître derrière les portes coulissantes de la zone d'embarquement. Elle était restée quelques instants sans bouger, l'imaginant sur le quai sombre et humide, se dirigeant vers son wagon, enlevant son manteau, le roulant en boule pour le ranger au-dessus de son siège avec son sac à dos après en avoir retiré le roman policier qu'il avait commencé à lire durant la fin de semaine. Elle n'arrivait pas à comprendre pourquoi il aimait les polars, alors que les morts violentes emplissaient son quotidien. « Les personnages, je m'attache à eux », expliquait-il. Elle était contente qu'Alain aime ces êtres de fiction ; les trajets en train lui paraissaient plus courts tandis qu'il se plongeait dans leur existence. Elle savait qu'il avait hâte que le train démarre pour retrouver cette histoire de vengeance en Mauricie. Il lui avait dit qu'elle devrait lire *Zec la croche*, qu'elle apprécierait la détermination des personnages féminins.

— J'ai relayé à l'équipe de Chamberland tout ce que nous avons recueilli concernant Lucien Jutras, répéta Boudrias.

— Il m'a déjà remerciée, dit Graham. Il a promis de nous tenir au courant des développements. Nous, on a assez à faire avec Rémi-Paul Lauzon et Mathis Godin. Sans oublier André Roy : nous n'avons rien de nouveau en ce qui le concerne. Mais j'ai reçu tantôt les dessins de Constance qui nous le montrent sous un autre angle, moins figé. Il faut qu'ils soient diffusés sur les réseaux.

— En tout cas, on n'a pas reçu de nouvelles plaintes concernant Roy, dit Pascal Bouthillette. Il est peut-être parti dans le Sud?

— Tout le monde au soleil?

— On a évoqué la possibilité que Roy arnaque des *snowbirds*, rétorqua Bouthillette.

— Il n'a pas traversé les frontières, rappela Joubert, on aurait été avertis. Ou alors avec un faux passeport.

— Quelque chose nous a échappé, fit Graham. On a pourtant regardé les vidéos à plusieurs reprises.

— C'est mieux que de n'avoir aucune image, se plaignit Boudrias. Les caméras sont rares dans le coin de la rue Vallière. On aurait eu plus de chance à côté de chez moi.

— Chez toi? s'étonna Beauchamp.

— Je vous l'ai dit, j'ai emménagé dans la côte de la Canoterie. Il y a des caméras près de la marina, rue Saint-Paul. Mais pas dans toutes les ruelles, malheureusement. Alors que c'est souvent là que se déroulent les agressions.

— Ce n'est pas mieux rue Lavigueur, dit Graham.

— Je suis certain que Lauzon connaissait son meurtrier, affirma Adam Longpré. Il s'est donné la peine de mettre une cravate. J'ai vérifié auprès de ses collègues et il n'en portait que très rarement. Et il s'est habillé d'une seule main, sa droite étant bandée. Il a fait de vrais efforts vestimentaires. Pourquoi fait-on de tels efforts?

— Pour une *date*, répondit Beauchamp. Mais penses-tu vraiment qu'on a envie de cruiser quand on est à la veille de mourir?

— Lauzon devait plutôt rencontrer une personne importante pour lui, avança Graham. Il s'est efforcé de bien paraître par respect. Ou pour l'impressionner. Ou ne pas trop attirer sa pitié…

— Donc ils se connaissaient, répéta Longpré. C'est peut-être même quelqu'un qu'il avait aimé.

— Tu crois que Lauzon était gai?

— Non, je pensais à un ami perdu qu'il aurait pu retrouver sur Facebook, qu'il voulait revoir avant de mourir.

— Et la soirée aurait dégénéré à l'évocation de leurs souvenirs? Au point que l'ami l'aurait tué et se serait donné la peine de maquiller le meurtre en accident?

— Le tueur était tout de même troublé. Il a été capable d'imaginer un stratagème pour nous faire croire à un accident, mais il a mis les clés dans la poche droite du pantalon de Lauzon. Lauzon n'aurait pas pu glisser ses clés de ce côté, son poignet est bandé avec un genre d'attelle. Le tueur s'est donc servi des clés de Lauzon pour fouiller chez lui...

— Parce que Lauzon détenait quelque chose qu'il désirait instamment.

— Et que Lauzon n'a pas voulu lui donner, reprit Longpré. D'où la dispute fatale. Admettons qu'ils ont soupé ensemble, puis discuté, que l'inconnu a réclamé un truc que Lauzon a refusé de lui rendre. Ils se battent, l'assassin tue Lauzon, prend ses clés, fouille son appartement, puis se débarrasse de Lauzon dans l'escalier Lavigueur. Lauzon n'a pas été tué chez lui. Il n'y a aucun signe de lutte, pas une goutte de sang suspecte, on a passé les pièces au luminol et...

— Et le meurtrier aurait plutôt transporté Lauzon dans l'escalier de la Chapelle ou l'escalier Lépine, dit Graham, qui sont beaucoup plus près de la rue Sainte-Madeleine que l'escalier Lavigueur...

— Il faut donc que l'assassin ait assommé Lauzon ailleurs. Dans son rapport d'autopsie, Alain Gagnon nous indique une blessure à la tête qui ressemble beaucoup à celle qu'il a vue chez une autre victime qui s'était fracassé le crâne contre un comptoir de marbre. La plaie ne présente pas l'aspect qu'elle aurait eu si Lauzon avait été frappé avec une pierre.

— Ou blessé par sa chute dans l'escalier.

— Ça ne nous dit pas qui Lauzon a rencontré...

— On n'a pas encore retracé toutes ses connaissances, dit Longpré.

Chapitre dix | 243

— On en a au moins une à interroger, fit Graham avec un sourire carnassier. J'ai hâte d'entendre Marc-Aurèle Jutras s'exprimer sur ce sujet.

— On devrait au moins l'accuser d'entrave à la justice, dit Beauchamp. Il aurait dû nous parler...

— Jacob aussi, dit McEwen. On va le revoir. Il nous cache des trucs. Il maintient qu'il devait aller retrouver Lucien, mais il est sorti pile en même temps que Mathis Godin qu'il prétend ne pas connaître. Ils ont le même âge, le même look, se sont présentés en même temps au refuge. Ça ne peut pas...

— Être un hasard, dit Maud Graham. On n'y croit pas.

11

Longueuil, 30 novembre 2022

Y avait-il un endroit à Montréal où il ventait autant, se demanda Maxime en empruntant le pont pour se rendre au travail. Les poutrelles d'acier gémissaient sous la puissance des rafales tandis que les pneus d'hiver de son vélo mordaient les pavés et, malgré ses bonnes résolutions, le patrouilleur était de moins en moins certain de continuer à circuler dans le froid durant tout l'hiver. Il avait le visage gelé et on n'était même pas en décembre… Il accéléra en songeant à la chaleur qui l'attendait au poste de police. Il était parti en avance, il aurait peut-être le temps de boire un café brûlant. Il se réjouit en songeant qu'il ferait équipe avec Simon ; ils s'étaient bien entendus dès leur premier jour de travail ensemble, mais il n'avait jamais imaginé qu'ils seraient aussi proches, aussi soudés même s'ils avaient des caractères si différents. Simon était sérieux dans son approche des incidents qui formaient leur quotidien. Il était solide, fiable, mais il y avait aussi en lui une touche d'insouciance que Maxime lui enviait, une légèreté indéfinissable qui lui était utile pour aborder les gens. Son sourire donnait aux victimes le sentiment que les choses pouvaient peut-être s'arranger, qu'elles devaient l'écouter parce qu'il était né dans le même quartier qu'elles et qu'il pouvait les comprendre. Maxime avait toujours l'impression d'être une pièce rapportée ; non pas depuis son arrivée à Longueuil, mais depuis son enfance quand il avait quitté le Saguenay pour Québec où il avait passé la plus grande partie de sa vie, où Maud avait tout fait pour recréer un climat familial rassurant pour lui. Il ne parvenait pas à se libérer de cette impression d'être en retrait, de ne pas être pleinement accepté. Maintenant, il ne répéterait jamais ces bêtises qu'il faisait à l'adolescence pour ressembler à ses amis, mais il vivait néanmoins avec un doute, la crainte d'être mis de côté. Constance soutenait qu'il n'était pas nécessaire d'avoir un doctorat en psychologie pour deviner que l'abandon de sa mère avait laissé des traces. Oui, bien sûr que oui, mais il était heureux aujourd'hui, avait une blonde qu'il aimait, un boulot qui le passionnait, des amis sincères. Pourquoi ne se réjouissait-il pas pleinement de ce que l'existence lui offrait?

— Tu te poses trop de questions, avait dit Constance. Ou tu idéalises le bonheur. Mais le bonheur ne s'écrit pas avec un grand B, c'est une succession d'instants où la vie nous paraît meilleure, de moments de grâce qu'on chérira longtemps, qui nous font sourire. Comme le scintillement d'une luciole. Ou quand une libellule frôle ton oreille. C'est magique. Pas obligatoirement grandiose, juste gracieux...

Elle devait avoir raison, elle avait si souvent raison, et il souriait en repensant à cette explication, en visualisant l'odonate effleurant le visage de Constance, même s'il ne pouvait se retenir de s'interroger sur le bonheur. Sur ce qui pourrait être encore mieux. Ce n'était pas de l'insatisfaction, c'était de la curiosité. Et cette curiosité l'animait aussi pour saisir ce que pouvait receler telle ou telle situation; il avait toujours envie d'en savoir davantage, de creuser pour avoir des réponses. Comme Biscuit? À quel point lui ressemblait-il?

— N'enlève pas ton manteau, dit Simon alors qu'il secouait son bonnet de laine. On doit aller chez Ken Germain.

— Ken Germain? s'étonna Maxime.

— Il a appelé ici pour nous parler d'Alex Loubier.

— Qu'est-ce qui s'est passé?

— Ils se sont croisés à la sortie du métro et Alex s'est mis à hurler quand il s'est adressé à lui. Il a hurlé que tu l'arrêterais.

Maxime n'aimait pas ce que lui rapportait Simon. Tout indiquait qu'Alex était toujours troublé par ce qu'il avait appris au café.

— Comme il a mentionné ton nom, Ken Germain a demandé à te parler.

— Il veut porter plainte contre Alex ?

— Non, il ne sait pas comment agir avec lui. Ils ont jasé ensemble à quelques reprises. Il veut savoir ce qui se passe, s'il doit nous appeler si Alex se pointe chez lui. Il est prêt à nous voir tout de suite, il est debout depuis cinq heures à cause du décalage horaire. Il rentre de Berlin. Nous allons le rencontrer, écrire notre rapport, puis discuter avec le frère d'Alex. Je ne sais pas trop ce qu'on pourra lui dire.

Maxime hocha la tête, ils n'auraient pas de solution miracle à proposer à Guillaume Loubier, le frère d'Alex. Les choses risquaient même d'être plus compliquées si Alex avait vraiment importuné Ken Germain. Peut-être changerait-il d'idée à propos de sa plainte ?

Maxime remit son bonnet, enfila ses gants et suivit Simon dans le stationnement en se demandant s'il avait tout déclenché en parlant d'Alex à Ghyslain. Celui-ci lui avait donné les informations recueillies sur Ken Germain qui possédait effectivement un katana, mais qui avait quitté Montréal pour s'envoler vers l'Allemagne avant l'assassinat de l'inconnu de l'hôtel.

— Il faut convaincre Alex que Ken Germain n'a rien à voir avec le meurtre de Montréal.

— On peut essayer, dit Simon sans conviction. Mais tu sais comment il est…

— Oui. En fait, non. J'ignore ce qui se passe dans l'esprit d'Alex, comment les idées s'emboîtent, puis se détraquent. Il est cohérent, puis il ne l'est plus. Comme si on allumait et éteignait la lumière dans son cerveau. J'ai remarqué qu'il est très observateur, qu'il retient les détails. Mieux que bien des témoins qu'on interroge.

— Yolanda aimerait ça aller à Berlin, dit Simon. L'Europe l'attire, alors que j'ai plus envie d'aller en Asie. Mais pour notre premier voyage ensemble, je vais la laisser choisir la destination. En fait, le plus compliqué sera de coordonner mes vacances et les siennes au SPVM...

— Elle n'a toujours pas de nouveau à propos du meurtre à l'hôtel?

— Rien. Je suis encore surpris des risques que l'inconnue a pris pour l'assassiner là, en plein jour.

— Elle voulait un coup d'éclat?

— Pourquoi est-elle partie avec la tête et les mains dans ce cas? Si elle voulait signifier que cet homme méritait de mourir de cette manière, elle aurait dû laisser des indices permettant de l'identifier. Qu'on comprenne pourquoi c'était une ordure et pourquoi il devait périr. Elle a choqué tout le monde, *so what*? Ça rime à quoi? Même les médias vont se désintéresser de cette affaire. Ils n'ont rien à se mettre sous la dent.

— Les enquêteurs n'ont rien découvert sur les propriétaires de katanas? Ceux qui pratiquent cet art martial?

— Les alibis ont presque tous été vérifiés sans donner de résultats.

— C'est une semaine étrange, dit Maxime. Ce corps sans tête trouvé à Montréal, puis celui jeté dans la falaise à Québec. Les assassins se donnent bien du trouble...

: :

Les imposantes décorations de Noël installées devant la maison de Ken Germain surprirent Maxime. Un escabeau appuyé contre un tilleul laissait supposer qu'on y suspendrait bientôt des guirlandes qui éclaireraient les nains rassemblés non loin de l'arbre et qui semblaient attendre qu'on leur assigne une place.

— Germain aime beaucoup Noël.

— Et on n'est pas encore en décembre...

Chapitre onze | 249

Ils virent un homme d'une quarantaine d'années sortir par la porte principale en portant une couronne de sapin qu'il déposa en apercevant les policiers.

— Vous allez être prêt pour les fêtes, dit Maxime après s'être présenté à Ken Germain.

— Aussi bien m'activer, j'en ai pour une semaine à me remettre du décalage. J'ai beau prendre de la mélatonine, ça ne change pas grand-chose. Je suis déphasé pour les prochains jours.

— Vos rennes sont impressionnants, dit Simon.

— Oui, renchérit Maxime, on dirait qu'ils vont s'envoler.

— Je vais sortir le traîneau quand j'aurai fini de le repeindre.

— Vous devez attirer bien des enfants avec une résidence aussi animée, constata Simon.

— Pas seulement les enfants, tout le monde aime Noël, dit Ken Germain sur le ton de l'évidence. Moi, un peu plus peut-être…

— Vous vouliez nous parler d'Alex ? s'enquit Maxime.

— Oui. Je sortais par l'entrée principale du métro quand Alex a surgi devant moi. Je lui ai souri, je ne le connais pas beaucoup, mais on jase un peu quand il passe dans cette rue. Je sais qu'il est… différent… mais là, il délirait. Il m'a accusé d'avoir utilisé mon katana, d'avoir tué un homme, de m'être envolé, d'être un yurei. Et que l'agent Maxime le savait. Je ne veux pas lui créer d'ennuis. Je suis seulement inquiet pour lui. Et un peu pour moi aussi, je l'avoue. S'il pense que je suis un meurtrier et qu'il se met en tête de… Mais je dois être honnête, il m'a crié ces bêtises, puis il a détalé à toute vitesse comme s'il avait peur de moi. Pour info, un yurei est un fantôme japonais.

— Un fantôme ?

Ken attrapa le bout de sa natte, expliqua que le yurei était souvent représenté avec de longs cheveux noirs, portant un kimono clair.

— Alex m'a vu cet été avec mon kimono pendant que je répétais des enchaînements, il m'a raconté qu'il avait fait du karaté et on s'est mis à jaser. Peut-être qu'il a tout mêlé dans sa tête et pense que je suis un spectre ? Ou alors il a été contrarié parce que je n'ai pas voulu lui prêter mon sabre.

Ken Germain fit une pause, précisa que ce n'était pas seulement parce qu'Alex lui paraissait un peu bizarre. Il ne prêtait son katana sous aucun prétexte. Même à un ami.

— Vous devez le savoir, c'est considéré comme une arme. Je ne prêterais pas un revolver, c'est pareil pour mon katana.

Les policiers approuvèrent d'un signe de la tête.

— Vous semblez bien connaître la culture japonaise, reprit Simon.

— Je suis allé deux fois au Japon. J'ai beaucoup aimé.

— Mais vous étiez en Allemagne cette semaine pour le travail ?

— En effet, je suis importateur d'objets décoratifs. Pas seulement pour célébrer Noël. Pour toutes les occasions. En gros, au détail. Vous pouvez regarder mon site, j'en suis assez content.

— Je l'ai survolé, dit Maxime, c'est vraiment esthétique. Ma blonde a repéré deux ou trois trucs pour son appartement.

Le visage de Germain s'éclaira subitement et se rembrunit tout aussi vite.

— Je n'ai pas fait le lien avec le meurtre de l'hôtel quand Alex m'a crié dessus au métro, mais j'ai remarqué que les gens avaient des réactions curieuses, il y en a même deux qui m'ont pris en photo. Ça m'est revenu à l'esprit. C'est aussi pour cette raison que je vous ai appelés. Et je comprends pourquoi vous vous êtes renseignés sur moi. J'imagine que le SPVM recherche tous les possesseurs de katanas. Enfin, ceux qui sont déclarés.

— Pensez-vous qu'il y en a beaucoup qui ne le sont pas ?

— Vous n'en avez pas découvert récemment dans une saisie ? Ça m'a frappé quand j'ai vu ça aux infos. Mon katana vaut cher, mais pas autant que ceux que vous avez récupérés.

— Est-ce qu'ils sont plus efficaces s'ils sont plus coûteux ? questionna Maxime. Est-ce qu'un katana de dix mille dollars se manie mieux qu'un katana plus cheap ?

— Un katana n'est jamais « cheap », protesta Germain.

Chapitre onze | 251

— Mais est-ce que la lame serait plus coupante?

— Autrement dit, si on a décapité ce pauvre homme avec un katana de prix? Ce qui limiterait vos recherches?

Simon l'arrêta en levant sa main droite; ils n'étaient pas chargés de cette affaire, elle appartenait au SPVM. Cependant, cette exécution était tellement inusitée qu'aucun policier, quel que soit son grade, qu'il soit du SPVM, du SPAL, de la SQ ou même de la GRC ne pouvait rester indifférent à ce meurtre. Dans tous les postes, on se demandait qui avait pu commettre cet assassinat.

— Je suppose que vous avez vu ça sur vos réseaux.

Ken Germain hocha la tête avant d'avouer qu'il avait davantage suivi l'actualité sportive que les faits divers pendant qu'il était à Berlin.

— Je suis un fan de hockey. Mais j'ai lu l'affaire de l'hôtel comme tout le monde. Et on en parlait à la radio quand Kim est venue me chercher.

— Kim, c'est votre compagne?

— Non, c'est ma sœur. Elle m'a emmené souper au Makro. J'avoue que ça ne me tentait pas, je voulais me coucher, mais la cuisine est tellement bonne que j'ai oublié ma fatigue.

— Est-ce qu'on pourrait voir votre katana? s'enquit Maxime. Je n'en ai jamais vu de près.

— Pas de problème, fit Germain, suivez-moi. Mais je vous avertis, c'est le bordel chez nous. J'ai tellement de décorations...

Ken Germain se dirigea vers la maison, ouvrit la porte d'un geste large. Tandis qu'il se glissait devant Maxime, celui-ci s'étonna de la multitude de photos aux cadres de grandeur et de style divers qui ornaient le mur de l'entrée.

— C'est votre famille? demanda-t-il en désignant un cliché plus grand dans un cadre doré où il reconnaissait le visage souriant de Ken à côté d'une gamine au regard étrange.

— Oui, la dernière photo prise avant l'accident de nos parents, expliqua Ken.

— Votre sœur cadette ? dit Simon en examinant à son tour l'image, notant les yeux trop ronds de la gamine, le teint si pâle qui contrastait avec ses cheveux noirs.

— Oui, Kim. Elle avait douze ans à ce moment-là. Par chance, je venais d'avoir dix-huit ans, j'ai eu sa garde. On n'a jamais été séparés. Venez, c'est par ici.

Ken invita les patrouilleurs à s'avancer à droite vers le salon où s'amoncelaient des dizaines de boîtes de carton. Maxime put lire « lumières façade », « fée des glaces », « boules verre », « glaçons » sur les couvercles, mais il fut surtout surpris par la quantité de plantes qu'il y avait dans cette pièce. Il ne reconnut que les orchidées dans cette jungle odorante.

— Vous avez le pouce vert ! Moi, ma blonde m'a donné des violettes et elles n'ont pas duré longtemps.

— Je tiens ça de ma mère, répondit Germain avant de s'approcher du katana accroché au mur nord du salon. Il le souleva lentement par les extrémités, puis le tint devant les patrouilleurs.

— Je l'ai acheté il y a cinq ans, lors de mon premier voyage à Tokyo.

Germain tendit le katana à Maxime qui s'étonna du poids même s'il savait qu'un katana pouvait peser plusieurs kilos. Il le tendit à Simon qui se pencha pour mieux voir les éléments gravés sur la garde.

— Il est magnifique, dit celui-ci en rendant l'arme à son propriétaire.

— J'en prends soin, je l'astique chaque saison, même si ce n'est pas vraiment nécessaire. L'acier ne ternit pas.

— Vous faites encore partie d'un club d'Iaïdo ?

— Non, j'ai arrêté. Mon dos. Mauvaise chute, vertèbre déplacée.

— Ça doit être pénible d'être assis durant des heures dans un avion, compatit Maxime. Et de devoir pelleter en arrivant ici. Il n'est pas tombé tant de neige, mais…

— Ma sœur s'en est occupée, l'interrompit Ken Germain. Elle dit que ça maintient sa ligne. Elle savait que j'allais lui rapporter des *marzipans* et du pain d'épice.

Il rit, avoua qu'ils étaient aussi gourmands l'un que l'autre. Heureusement qu'ils couraient tous les deux.

Maxime fut tenté de lui conseiller de s'attabler au Chat de gouttière s'il allait à Québec, mais il le remercia de leur avoir montré son katana et lui promit que Simon et lui rencontreraient Alex et son frère avant la fin de la journée. Il frissonna en sortant dans l'humidité de ce jour gris et se dit que les voisins de Ken Germain aimeraient sûrement la gaieté des guirlandes qui brilleraient en soirée et se refléteraient dans la neige. Alors qu'il refermait la portière de la voiture, Maxime jeta un dernier coup d'œil aux décorations déjà installées, se décida à acheter une couronne pour son appartement et pensa à sa sœur Camilla. Y avait-il de la neige à Toronto ? Elle lui avait écrit, mais n'avait parlé que du meurtre perpétré à l'hôtel. Elle semblait déçue qu'il ne soit pas dépêché sur cette affaire. Il lui avait rappelé qu'il travaillait à Longueuil et qu'il n'était pas encore enquêteur. Il regretta qu'elle habite aussi loin et envia Ken Germain de pouvoir si facilement voir sa sœur.

: :

Québec, 30 novembre 2022

Denis Dupuis tentait de rattraper Jacob qui venait de pousser un hurlement avant de dévaler les marches du perron de Lauberivière et courait vers le carré Lépine comme s'il avait le diable à ses trousses. Il fonçait droit devant lui et Dupuis cria à son tour lorsqu'il vit une voiture s'arrêter de justesse pour éviter de heurter Jacob. Il entendit le long coup de klaxon du conducteur qui mit quelques secondes avant de redémarrer, pensa à Mathis qui avait été heurté tout près de là, pensa que le souffle lui manquait déjà, pensa que Jacob avait reçu en même temps que lui la nouvelle de la mort de Lucien, redouta qu'il fasse une bêtise sans croire pourtant qu'il se rendrait jusqu'à la marina pour se jeter dans ses eaux glacées.

Il lui cria de s'arrêter et, contre toute attente, Jacob se retourna, le dévisagea puis traversa la rue Saint-Vallier pour s'écrouler au pied de l'escalier Lépine. Denis Dupuis tenta de l'aider à se relever, mais Jacob le repoussa avant de se recroqueviller sur lui-même en pleurant. Dupuis s'accroupit à ses côtés et lui tapota le dos en répétant qu'il était désolé, qu'il était là pour lui tout en redoutant de ne pas employer les bons mots pour le calmer. Mais quels mots auraient été adéquats pour consoler son fils de la mort de son amoureux ? Aurait-il mieux su lesquels choisir s'il avait vécu avec Jacob pendant toutes ces années perdues ? Il sentait le froid qui glaçait la nuque de Jacob et il essaya à nouveau de le relever, sentit sa résistance faiblir, l'enserra pour l'aider à s'asseoir à côté de lui sur la deuxième marche de l'escalier. Entendait-il vraiment battre le cœur de son fils entre deux sanglots, ce cœur déchiré de douleur ? Il aurait voulu baiser ce cœur, puis souffler dessus comme il le faisait sur une plaie lorsque Jacob se blessait, prétendre que le mal s'était envolé.

— Ça ne se peut pas que Lucien soit mort…

— J'aimerais tellement pouvoir te dire que c'est une erreur, dit Denis Dupuis.

— Il n'aime pas aller au chalet, ça lui rappelle trop de souvenirs de sa mère. Je… je ne comprends rien…

— C'est difficile à comprendre.

— Il n'aurait pas dû être là, reprit Jacob. Il aurait dû être avec moi. Il n'est jamais retourné au chalet !

— Je vais appeler Tiffany McEwen pour essayer d'en savoir plus.

— C'est son père qui l'a emmené là de force ! dit Jacob en remontant le col de son manteau.

— On ne peut pas rester ici à geler, dit Dupuis.

— Je ne veux pas retourner au refuge.

— Tu ne peux pas rester seul.

— Je… je vais retrouver Nelly.

— Tu es certain que c'est ce que tu veux ?

— C'est ma *best*.

Chapitre onze | 255

— Je vais t'emmener chez elle, dit Dupuis. Victor va me prêter sa voiture.

Jacob renifla, fouilla dans ses poches à la recherche d'un mouchoir. Son père lui en tendit un.

— Je ne peux pas croire que c'est vrai, répéta Jacob. Qu'il était tout seul là-bas...

— Tu n'y es jamais allé ?

— Non. Peux-tu m'emmener tout de suite chez Nelly ?

Denis Dupuis se leva aussitôt et ils revinrent en silence vers Lauberivière.

— Je t'attends ici, dit Jacob au bas du perron. Je ne suis pas capable de voir autant de monde.

Allait-il s'enfuir à nouveau ?

— Tu me jures de ne pas bouger ?

Jacob hocha la tête avant de se remettre à pleurer.

— Je reviens tout de suite, promit Dupuis. Je vais t'aider, Jacob.

Il courut vers le bureau de Victor Vallerand, lui expliqua brièvement la situation, l'assura de lui donner des précisions supplémentaires dès qu'il reviendrait à Lauberivière. Vallerand lui souhaita bonne chance, lui dit qu'ils reparleraient de Jacob quand il reviendrait. Dupuis opina avant de courir vers l'entrée, poussa un soupir de soulagement en constatant que Jacob n'avait pas bougé. Il fumait une cigarette en fixant la rue du Pont sans la voir. Il sursauta quand Dupuis le prit par l'épaule.

— Viens, je t'emmène chez Nelly.

Jacob lui emboîta le pas. Sa démarche avait perdu sa fluidité, sa légèreté, comme s'il avait vieilli de cent ans durant la dernière heure. Comment se relèverait-il de cette épreuve ? Voulait-il voir Nelly parce qu'il avait besoin de son amie ou comptait-il sur elle pour obtenir du cannabis, des pilules, de la coke ou quelque chose d'encore plus fort ? En ralentissant devant la grille de la grande cour où se succédaient quatre maisons de pierres grises aux frontons ornés de festons, Dupuis fut légèrement rassuré en voyant une femme aux cheveux argentés suivre la fille blonde qui se précipitait pour accueillir Jacob en pleurant. Celui-ci se jeta dans les bras de Nelly. Sa mère les rejoignit, les enserrant de toutes ses forces, puis les poussant vers la porte de la première maison restée ouverte. Joanie remarqua alors la présence de Denis Dupuis, l'interrogea du regard.

— J'ai accompagné Jacob. Je ne voulais pas qu'il reste seul.

— Vous le connaissez depuis longtemps?

— Non. Oui. C'est compliqué. Je… j'espère que…

— Nelly restera avec lui aujourd'hui.

— Il est impulsif, ça m'inquiète, confia Denis.

Joanie soupira, Jacob n'avait pas changé depuis l'enfance, il avait toujours été spontané, entier, impatient.

— Quand il était petit, il disait qu'il ferait le tour de monde. J'ai toujours su qu'il s'ennuyait…

— S'ennuyait?

— Sa vie manquait de fantaisie. Il dessinait partout pour mettre de la couleur, mais Jocelyne ne l'a jamais compris. Ça ne m'a pas surprise qu'il fugue à répétition. Il ne tient pas en place. Tout le contraire de Nelly qui s'enferme dans son monde. Ma fille est trop réservée. Jacob l'a toujours poussée à sortir de sa coquille. Elle était très triste quand il est parti vivre près d'Ottawa. Moi aussi. On a toujours eu de l'affection pour Jacob, mais maintenant je ne sais plus quoi penser…

— Il n'a pas attiré l'attention des services sociaux s'il fuguait souvent? Il devait avoir ses raisons pour quitter la maison?

Joanie haussa les épaules. Elle n'avait pas l'impression que Jocelyne était une mauvaise mère.

— Jacob a toujours été un électron libre. Jocelyne était dépassée par la situation. Autant elle était heureuse de s'être installée en banlieue, autant Jacob détestait ça, il voulait vivre à Montréal. Il parlait d'aller à New York quand il avait dix ans!

— C'est toujours dans ses plans. Il pensait s'y rendre avec Lucien. Tout s'écroule pour lui…

Chapitre onze | 257

— Vous semblez vraiment préoccupé par ce qui lui arrive.

— Je suis bénévole à Lauberivière, expliqua Dupuis. On a eu tout de suite un bon contact. Il a été secoué par le meurtre de Mathis Godin et, en plus, il perd son amoureux. C'est trop.

— Vous connaissiez aussi ce jeune qui a été tué ?

— Mathis venait parfois au refuge.

— Qu'est-ce qui s'est passé ? s'enquit Joanie.

Denis Dupuis fit un signe d'ignorance, puis il dit qu'il appellerait Jacob dans quelques heures. Pour l'instant, tout ce qui comptait était l'apaisement que pouvait lui procurer l'amitié de Nelly.

— Est-ce… est-ce que Jacob est en danger ? Qu'est-ce que vous savez exactement ?

— Je serais bien présomptueux de m'avancer avec des théories, louvoya Dupuis. Il n'a rien fait d'illégal, si c'est ce qui vous tracasse. Il était juste à la mauvaise place au mauvais moment.

— Ç'aurait été pire s'il avait été à la place de Mathis Godin, laissa tomber la mère de Nelly. Qu'est-ce qu'ils ont tous à traîner dans les rues ? Je ne comprends plus les jeunes. J'essaie pourtant. J'essaie vraiment. Je crains souvent de perdre Nelly. J'ignore si je suis trop laxiste ou trop sévère. Et la pandémie n'a rien arrangé. Cette génération est peut-être celle qui a été le plus touchée, à un âge où les jeunes ont tant besoin de leurs amis, où ils font des choix, où ils entrent dans une vie d'adulte.

— Et où ils font des erreurs qui peuvent leur coûter cher. Jacob devrait être aux études. Au lieu de cela, il a abouti à Lauberivière.

— Nelly m'avait dit qu'il était parti de chez Jocelyne, mais je croyais qu'il habitait chez son cousin. Pensez-vous que l'assassin de Mathis pourrait frapper à nouveau ? Si c'est quelqu'un qui s'en prend aux itinérants…

— Les policiers sont au début de leur enquête, dit Dupuis, mais les tueurs en série sont plutôt rares à Québec.

— J'espère que ça ne changera pas. Est-ce que je peux vous appeler si…

— Si les choses se compliquent avec Jacob?

— Non. Oui. Je suis tout de même inquiète...

— Je n'ai pas de cellulaire, mais vous pouvez me joindre à Lauberivière. Ou au garage. Vous avez de quoi écrire?

Joanie tira son portable de la poche de sa veste et nota les numéros que lui dictait Dupuis.

— Vous pouvez m'appeler n'importe quand. Et je téléphonerai à Jacob dans quelques heures. Le temps qu'il se calme un peu en compagnie de Nelly. Les enquêteurs vont vouloir le rencontrer à nouveau, mais il n'est pas en état de répondre à leurs questions.

Joanie promit de le tenir au courant, le salua et disparut dans la maison. Dupuis resta quelques secondes sans bouger, triste, mais rassuré; Jacob ne pouvait être mieux entouré que chez Nelly et Joanie. Il regagna sa voiture et roula vers le garage. Il devait travailler, s'occuper l'esprit en attendant de revoir Jacob qu'il reviendrait chercher en fin de journée. Il avait décidé de lui proposer de l'héberger, même s'il savait qu'il ne lui révélerait pas aujourd'hui qu'il était son père. Jacob avait eu suffisamment d'émotions fortes pour la journée. Il songea que Tiffany McEwen trouverait peut-être étrange qu'il recueille Jacob chez lui, qu'il devait prendre les devants, l'appeler en arrivant au garage pour lui dire que Jacob était actuellement chez Nelly. Et tenter de savoir dans quelle mesure la découverte du corps de Lucien avait changé l'orientation qu'elle et Boudrias souhaitaient donner à une rencontre avec Marc-Aurèle Jutras. Ils avaient déjà dit qu'ils devraient se montrer très prudents avec lui, respecter à la lettre la procédure. Comment pourraient-ils aborder maintenant cet homme qui venait d'être frappé par le deuil?

Avec des gants blancs jusqu'aux coudes.

: :

Maud Graham fit pivoter sa chaise, s'étira, ôta les écouteurs qu'elle portait depuis une heure, décida qu'un thé lui permettrait

Chapitre onze | 259

de maintenir sa concentration. Elle avait écouté l'enregistrement des conversations de McEwen, Boudrias et Jacob Dubuc à deux reprises et avait l'impression qu'un détail leur avait échappé à tous. Elle se dirigea vers la cuisinette, s'arrêta pour regarder dehors, plissa les yeux quand un rayon de soleil fit miroiter les pare-chocs des voitures de service garées dans le stationnement, poussa une exclamation et retourna à toute vitesse à son bureau où elle remit ses écouteurs, tandis que McEwen s'approchait d'elle, l'interrogeait du regard, observait son visage tendu, puis voyait la satisfaction y apparaître.

— Qu'est-ce que tu as trouvé ?

— Jacob a répété qu'il est maudit, a parlé du blouson qui porte malheur. Le blouson qui attire la lumière. Il l'a mis avant Mathis, non ? C'est bien ce que vous m'avez raconté ? Si oui, le blouson a effectivement porté malheur à Mathis Godin parce que le tueur pensait que c'était Jacob Dubuc qui l'avait enfilé. Vous n'avez rien trouvé qui expliquerait qu'on ait voulu s'en prendre à Mathis Godin, hormis la possibilité qu'un chauffard ait craint pour son image et ait décidé, en panique, de finir le travail en assommant Mathis sur le bloc de béton. En revanche, Jacob Dubuc qui accuse Marc-Aurèle Jutras d'avoir enfermé Lucien s'est peut-être mis en danger, inconsciemment ou non. Jutras nous a caché l'existence du chalet. Et si Jacob avait raison de croire que Jutras est responsable de la disparition de son fils ?

— Il s'en est mêlé au lieu d'appeler la police…

— Oui, je suis quasiment certaine qu'il est allé confronter Marc-Aurèle Jutras. Que Jutras l'a envoyé se faire foutre.

— Mais que Jutras a ensuite pensé que Jacob représentait une menace pour lui. Il l'avait vu avec ce blouson à bandes réfléchissantes. Il a cru se débarrasser de lui en l'écrasant, mais c'est Mathis qui a été tué.

— Ce que je me demande, dit Maud Graham, c'est comment Jutras a su que Jacob était dans ce quartier et à cette heure.

— Jacob a reçu un message de Lucien dimanche. Mais on sait maintenant que ce dernier était déjà mort au chalet. Qui a pu envoyer un texto à Jacob ?

— Celui qui détenait le Samsung de Lucien...

— Marc-Aurèle Jutras, s'exclama McEwen. Il faut protéger Jacob Dubuc !

— Jutras ne peut rien faire contre lui aujourd'hui. Il est actuellement avec Chamberland que je vais tout de suite alerter. La sq s'occupe du dossier de la mort de Lucien, mais nous avons des questions à poser à Jutras à propos de Lauzon. On a droit à notre interrogatoire. On le fera durer...

— Et moi, je vais revoir Jacob illico. C'est probablement sa confrontation avec Jutras qu'il nous a cachée.

— Je ne comprends pas pourquoi, avoua Graham.

— Moi non plus. Est-ce qu'il se serait introduit par effraction chez les Jutras ?

— Si c'était le cas, il aurait su que Lucien n'y était pas retenu prisonnier.

— Il craindrait Marc-Aurèle Jutras ? suggéra McEwen. Il l'aurait menacé ? Il ne nous a rien dit à ce sujet. Et il l'a tout de même accusé de séquestrer Lucien.

— Mais pas d'avoir tué Mathis Godin, dit Graham. Jacob n'a pas encore compris que c'est lui qui était visé.

— Je vais demander à Denis Dupuis de l'emmener ici. Il rassure Jacob. Il l'a déjà incité une première fois à nous parler.

— Dupuis était autrefois policier.

— Ici ?

Maud Graham secoua la tête, s'expliqua :

— Son nom me disait quelque chose et je l'ai croisé dans le quartier, mais c'était vague... C'est Pierre-Ange Provencher à la sq qui m'en a parlé, il y a longtemps. Il était soulagé qu'il donne sa démission. Dupuis avait un problème d'alcool. Provencher ne voulait pas le dénoncer, mais il n'avait pas beaucoup d'options.

Ni de ressources. Il a longtemps redouté que ça finisse mal pour Dupuis après son départ de la SQ. Et son divorce. Mais il s'est repris en main. Il semble s'impliquer beaucoup à Lauberivière.

— Jacob lui fait confiance, affirma McEwen. Pour moi, c'est tout ce qui compte !

— Est-ce qu'une caméra aurait pu filmer Jacob aux alentours de l'avenue De Bourlamaque ? Est-ce qu'un voisin aurait vu un homme portant un blouson argenté près de la résidence des Jutras ?

— On n'aura pas besoin de ces preuves. Jacob va tout me raconter cette fois, promit McEwen.

Au moment où elle s'apprêtait à composer le numéro de Denis Dupuis, celui de Lauberivière s'afficha à l'écran.

— C'est Dupuis. Mathis n'était pas à la mauvaise place au mauvais moment. Le hasard n'a rien à faire dans cette tragédie. Il faut qu'on se parle. Je viens vous voir.

— Où est Jacob ? s'enquit McEwen.

— En sécurité.

— Je vous attends.

— On dirait qu'on avance, dit Graham. Bon, je vais expliquer à Chamberland pourquoi je dois rencontrer Jutras. Je ne vois pas le lien direct entre la mort de Lucien et celle de Rémi-Paul Lauzon, hormis...

— Le fait que Jutras nous a dissimulé certains éléments, dit McEwen.

— Oui, affirma Graham. Par ailleurs, dans le dossier André Roy, j'ai reçu les images de Constance. Bouthillette est en train de les diffuser sur les réseaux. Elles seront ajoutées à l'appel à témoins.

— J'espère qu'elles nous vaudront de nouvelles informations sur Roy, souhaita McEwen, et qu'il n'est pas parti au soleil comme le suppose Bouthillette. J'en ai marre de courir après ce fantôme.

— Quelqu'un pourra peut-être nous dire quelle est sa véritable identité, avança Graham. Peut-être qu'une des deux femmes aperçues sur les bandes vidéo en sa compagnie verra son portrait sur les réseaux sociaux et se décidera à nous parler de cet arnaqueur.

— C'est aussi possible que Bouthillette ait raison. Aucune autre plainte n'a été déposée contre André Roy depuis un moment. Ni ici, ni à Montréal, ni à Ottawa. Comme s'il avait senti que la soupe était chaude…

McEwen se tut avant de déclarer qu'elle était prête à aller chercher Roy dans n'importe quelle destination ensoleillée.

— Bouthillette voudra t'accompagner, dit Maud Graham. Il dira que c'était son idée.

— Miami ? Cuba ? Punta Cana ? continua McEwen. Tout plutôt que la grisaille… Je n'ai même pas le goût d'habiller Frida pour la promener dans son landau.

: :

Longueuil, 30 novembre 2022

— Le poids du katana m'a étonné, dit Maxime à Simon alors qu'ils attendaient les cafés qu'ils avaient commandés.

— Moi aussi. Et la longueur est déstabilisante. Il faut sûrement beaucoup d'entraînement pour avoir de l'assurance.

— Et de l'espace pour s'exercer ! Il y a tellement de stock chez Ken Germain, il n'a pas de place pour manier son katana.

— Il n'était pas au pays de toute manière lors du meurtre, dit Simon. Il doit avoir une méchante facture d'électricité avec toutes ses guirlandes.

— Et les rennes. Et la couronne, le traîneau. Il manquait juste le père Noël.

— Il est encore dans une boîte, avança Simon. Mais si on repasse demain, je suis certain qu'il sera installé avec une grosse poche de cadeaux. Ma mère aime les décorations, mais à ce point-là…

Chapitre onze | 263

Un signe de l'employée le fit revenir vers le comptoir, il paya les cafés et rejoignit Maxime assis à une table du fond. Une orchidée violacée s'étiolait près du sucrier.

— Elle semble abandonnée. Elle serait mieux dans la jungle de Ken Germain. Je pense que je n'ai jamais vu autant de plantes chez un particulier. On se serait cru chez un fleuriste. Ça doit lui prendre un temps fou à les arroser.

Maxime mit un peu de sucre dans son café, but une gorgée, puis reposa la tasse si lentement que Simon le dévisagea.

— Il n'est pas bon ?

— Les plantes. Les plantes chez Germain ! Il faut quelqu'un pour s'en occuper quand il part en voyage. Sa sœur a pelleté son entrée...

— Elle en a profité pour arroser les fleurs, dit Simon.

— Et emprunter le katana ? murmura Maxime si bas que son partenaire lui demanda de répéter.

Il écarquilla les yeux avant de chuchoter à son tour. Ils ne devaient pas s'emballer trop vite, même si c'était une femme qui apparaissait sur les vidéos de l'hôtel.

— Alex a vu une femme chez Ken Germain.

— Et alors ?

— Germain était absent. Il m'a dit qu'il était dans les airs. Alex parlait d'un voyage en avion, mais j'ai cru qu'il avait imaginé une sorte de Superman. J'ai pensé à un délire parce qu'Alex a des problèmes de santé mentale. Je sais pourtant qu'il peut être logique, qu'il a une mémoire étonnante. Il n'est pas toujours incohérent.

— Germain a donc pris l'avion et pendant ce temps une femme est venue chez lui et a parlé avec Alex.

— Non, elle ne lui a pas parlé. Elle est sortie de la maison en pleurant, puis elle est repartie avec sa voiture. Alex m'a dit qu'elle était musicienne.

— Musicienne ?

— Oui, elle avait un *case* de guitare avec elle.

Simon fit claquer ses doigts.

— Un étui assez grand pour ranger un katana.

— On ferait mieux de tout rapporter au capitaine. Alex m'a dit aussi qu'elle avait de gros yeux. Comme la gamine sur la photo de famille...

Tandis qu'ils rentraient au poste, Simon posa une main sur l'épaule de Maxime ; il n'y avait pas un grain de poussière sur le katana quand Ken Germain l'avait déposé sur ses mains ouvertes.

— Peut-être qu'il l'essuie régulièrement, mais peut-être que c'est une autre personne qui l'a astiqué. Pour effacer ses empreintes.

— Ou nettoyer le sang, conclut Maxime.

12

Québec, 30 novembre 2022

— C'est un ostie de con, dit Jacob en lançant son cellulaire contre la porte de la chambre de Nelly.

— Thomas n'a pas réfléchi, il voulait juste être…

— Me dire que c'est une chance que je n'aie pas connu Lucien depuis longtemps? Que j'aurai moins de peine?

Nelly ramassa le téléphone, le déposa sur son bureau. Jacob n'était pas en état de lire tout ce qui s'était écrit à propos de Lucien sur les réseaux même si les messages avaient été envoyés avec de bonnes intentions.

— Si Viviane mourait aujourd'hui, est-ce que ça serait moins épouvantable parce que vous n'êtes pas ensemble depuis des mois?

Nelly secoua la tête, elle ne voulait même pas imaginer la disparition de son amoureuse, se sentait coupable de s'ennuyer d'elle, de penser à elle, alors que Jacob était si malheureux. Elle essayait vraiment de se mettre à la place de son ami, mais n'y parvenait pas. Elle était dépassée par l'ampleur de l'événement, espérait qu'il y avait une erreur, que Lucien n'était pas mort, tout en s'avouant qu'elle redoutait cette issue depuis des jours. Elle répétait des mots d'amitié pour apaiser Jacob depuis qu'il était arrivé rue Sainte-Anne, mais il pleurait toujours autant, s'emportait contre Marc-Aurèle Jutras, contre les policiers qui ne l'avaient pas encore arrêté, jurait qu'il vengerait Lucien, qu'il se tuerait s'il ne réussissait pas à faire payer Marc-Aurèle Jutras pour ce qu'il avait fait à son amoureux.

— Je pense qu'il faudrait que tu te reposes, tenta-t-elle. Tu es trop choqué, on dirait que tu vas exploser.

— Je ne me reposerai pas tant que Lucien ne sera pas vengé !

— Tu n'as rien mangé depuis…

— Je n'ai pas faim. Mais j'ai soif.

— Viens avec moi, on va retrouver ma mère, prendre une bière avec elle. Ça te fera du bien. Ou une vodka jus d'orange ?

Nelly n'était pas certaine que ce soit la meilleure idée à proposer à Jacob, mais il fallait qu'il sorte de sa chambre où il était prostré depuis des heures, il fallait qu'il mange, il fallait que sa mère prenne le relais, elle ne savait plus comment aider son ami. Et elle pourrait envoyer un message à Viviane pendant que Joanie parlerait à Jacob, tenterait de le faire souper, l'écouterait répéter qu'il aurait dû aller voir les policiers dès qu'il n'avait plus reçu de nouvelles de son amoureux. Peut-être que Lucien était encore en vie au chalet tandis qu'il s'imaginait qu'il boudait, qu'il était fâché contre lui. Nelly lui avait répondu chaque fois qu'on ignorait encore ce qui s'était passé, qu'il devait reparler avec Tiffany McEwen, qu'elle en savait davantage maintenant, les policiers ayant probablement interrogé Marc-Aurèle Jutras. C'était le moment ou jamais d'avouer à la policière qu'il avait volé sa montre. Et qu'il était allé avenue De Bourlamaque en pleine nuit. Il fallait que ce soit lui qui en parle en premier. Car Jutras l'accuserait sûrement, voudrait lui faire porter le chapeau.

Joanie fronça les sourcils en voyant sa fille revenir de la cuisine avec deux bières, puis elle s'y rendit à son tour et revint avec des sandwichs aux œufs.

— Avec de la ciboulette, comme tu les aimes, précisa-t-elle à Jacob.

— Je n'ai pas faim.

Chapitre douze | 267

Joanie poussa le plateau vers Jacob, lui dit qu'il aurait besoin d'énergie pour les prochains jours. Que les policiers auraient sans doute d'autres questions à lui poser.

— Il faut les aider à comprendre ce qui s'est passé.

— Jutras va mentir, m'accuser.

— De quoi ?

— J'ai piqué sa montre.

— Sa montre ? s'exclama Joannie.

— Je n'ai pas réfléchi, j'étais fâché parce qu'il m'avait regardé comme si j'étais une merde. Je suis allé dans sa chambre, j'ai vu ses montres qui traînaient sur une commode. Je voulais juste le faire chier. Je n'ai pas eu le temps de le dire à Lucien, mais je suis sûr que son père lui a fait du chantage avec ça. Il doit l'avoir forcé à aller au chalet. Lucien ne se serait jamais rendu là si... Tout est ma faute !

Jacob se remit à pleurer, la tête enfouie entre ses bras.

— Je ne comprends pas tout ce que tu nous racontes, mais je vais appeler Denis Dupuis pour qu'il t'emmène au poste. Tu as confiance en lui, non ?

— Oui, mais... je voudrais attendre un peu... Tout se mêle dans ma tête. Les policiers vont croire Jutras, pas un trou du cul comme moi.

— Tu peux compter sur Denis Dupuis, commença Joanie.

— Je ne lui ai pas parlé de la Rolex, murmura Jacob. Je ne voulais pas qu'il me juge... Je suis tellement fatigué, je voudrais juste m'endormir et ne plus jamais me réveiller.

— Peut-être que tu pourrais faire une petite sieste ? suggéra Joanie. Tu es trop épuisé pour réfléchir.

Jacob haussa les épaules, il n'arriverait jamais à dormir.

— Mange un peu, insista Nelly en lui tendant l'assiette de sandwichs, tu...

— Crissez-moi patience ! hurla Jacob en se redressant subitement, repoussant l'assiette qui se fracassa au sol. Ça fait dix fois que je vous dis que je n'ai pas faim ! Je n'aurai plus jamais faim ! C'est Lucien qui me donnait le goût de vivre !

Il attrapa son manteau accroché dans l'entrée tandis que Nelly et sa mère couraient derrière lui, en lui criant de revenir.

Il ne les entendait pas, il n'entendait que les pulsations de son cœur blessé, son cœur qui ne pourrait plus jamais battre comme il avait battu pour Lucien. Il devait trouver la meilleure façon de venger son amoureux.

: :

Pascal Bouthillette revenait de son rendez-vous chez le dentiste en râlant ; il devrait débourser plusieurs milliers de dollars pour un implant. Il se rappelait Maud Graham l'année précédente qui avait dû en passer par là et qui s'en était plainte. Il n'était pourtant pas aussi vieux qu'elle, mais le spécialiste lui avait bien fait comprendre qu'il n'avait pas le choix. Il lui avait aussi expliqué qu'il serait plusieurs semaines sans sa canine droite à moins de faire appel aussi aux services d'un orthodontiste qui pourrait fabriquer une prothèse pour cette unique dent moyennant six cents dollars. Bouthillette n'avait pas pris sa décision, même s'il s'imaginait mal offrir un sourire grotesque durant des mois. Il donna un coup de pied dans une motte de neige durcie, aboya, comprit qu'il avait frappé une pierre glacée. C'est en gémissant qu'il prit un appel provenant d'un téléphone cellulaire.

— Bouthillette.

— Je... je veux parler au SPVQ à propos du portrait.

— Vous êtes à la bonne place, dit le policier en sentant sa mauvaise humeur refluer. Je vous écoute.

— Je pense que j'ai vu cet homme au restaurant. Deux fois.

— Vous travaillez à quel endroit ?

— Au Birra & Basta.

— Je suis tout près, êtes-vous là maintenant ?

Chapitre douze | 269

— Je vous attends. Je m'appelle Francis.

Pascal Bouthillette fut tenté d'envoyer un texto à Michel Joubert ou à Maud Graham, mais décida d'attendre d'en savoir davantage avant de s'emballer. Il accéléra néanmoins le pas, en proie à cette excitation qu'il aimait tant. Les effluves réconfortants qui lui chatouillèrent les narines quand il poussa la porte du restaurant lui parurent de bon augure et c'est en souriant qu'il se présenta à l'accueil.

— C'est moi qui vous ai appelé, dit Francis Fugère. Je suis certain d'avoir reconnu votre homme.

— Il est venu récemment?

— Non, cet été.

— Pourquoi vous en souvenez-vous? Je sais qu'on doit être physionomiste dans votre boulot, mais ça fait plusieurs mois. Ou alors il est venu souvent? Vous avez parlé avec lui?

Le serveur secoua la tête, il n'avait échangé que quelques mots, mais il se rappelait cet homme parce qu'il avait laissé un très gros pourboire.

— À ce point?

— Il a payé en liquide, a compté devant moi cent cinquante dollars pour une addition de cent dix dollars. Je pense qu'il voulait impressionner son amie. Il n'a pas été aussi généreux quand il est revenu seul. À peine dix pour cent.

— Il a payé *cash*?

— Oui, je ne peux pas vous donner son nom. Mais je sais que sa copine est avocate. Elle est revenue à quelques reprises. Je suppose qu'elle vient au palais de justice pour le travail. Elle était encore ici il y a quelques jours. Elle choisit toujours le même menu. La pizza à la truffe. Je l'ai déjà taquinée en lui disant qu'on a d'autres plats qui sont bons, mais elle n'a pas changé d'idée. Un Madison Park en apéro, la pizza aux champignons, un verre de Folonari. La dernière fois, elle s'est offert une grappa.

— Elle fêtait quelque chose?

— C'est ce qu'elle m'a dit, mais elle n'avait pas l'air si joyeuse.

— Elle était seule?

— Oui. Elle n'est jamais revenue avec l'homme du portrait. Et lui n'est jamais revenu avec une autre femme.

— J'espère qu'elle ne paie pas en liquide, avoua Bouthillette. Si j'avais son nom, je parviendrais peut-être à remonter…

— Jusqu'à l'inconnu mystérieux? Je ne sais pas si j'ai le droit de vous donner ces infos. Je préfère demander avant au gérant. Il sera là dans une heure, deux au maximum.

— En attendant, pouvez-vous me la décrire? Quel âge? Grande, petite, jeune, vieille? A-t-elle des signes distinctifs, des tatouages?

— Tout le monde a des tatouages aujourd'hui.

— Est-ce qu'elle est belle?

Francis saisit un verre pour l'essuyer avec un chiffon, embarrassé d'avoir à parler de cette cliente qu'il trouvait si sympathique.

— La beauté est subjective, répondit-il.

— Oui, approuva Bouthillette, mais il y a des personnes pour qui on n'a aucun doute. Est-ce que cette avocate est jolie?

Francis soupira, haussa les épaules, dit qu'elle avait de belles jambes.

— Mais…

— Mais quoi? insista Bouthillette. Je veux simplement me faire une idée, voir avec quel genre de femme sortait André… enfin, l'homme du portrait.

Il marqua une pause avant d'ajouter qu'il espérait que cette avocate n'était pas en danger.

— En danger?

— Je ne peux pas vous dire pourquoi cet homme est une personne d'intérêt, mais j'ai besoin d'avoir des informations sur cette femme pour son propre bien.

Francis soupira à nouveau et dit qu'on voyait que l'avocate s'entraînait, qu'elle avait une belle silhouette, qu'elle était soignée, toujours impeccable.

Chapitre douze | 271

— Elle a quelque chose d'un peu bizarre. Des yeux… des yeux trop ronds. Je ne sais pas comment vous les décrire. On a l'impression que c'est une chouette qui vous regarde. Même avec sa frange. À part ça, je ne vois rien de spécial. Sauf sa manie de vouloir toujours être assise à la même table.

— Vous allez chercher les reçus ?

— J'en parle au gérant, promis.

: :

— Je veux juste récupérer mon manteau, dit Jacob à Luis Rodriguez.

— Jocelyne n'est pas là.

— Je ne vais pas rester longtemps. J'entre, je prends mon manteau et je repars.

— Après avoir cassé deux ou trois vases ?

— C'était un accident.

— *Bullshit* ! Je ne sais pas ce que tu es venu faire ici, mais je ne suis pas aussi fin que Jocelyne et…

— J'ai besoin de mon manteau ! Va le chercher. Je vais t'attendre ici.

Rodriguez hésita, finit par hocher la tête, mais referma la porte derrière lui. Allait-il revenir ou non avec le vêtement ? Jacob faillit hurler sa colère, c'était foutu, il ne pourrait pas demander à Jocelyne de lui donner son allocation. Il avait besoin d'argent ! Besoin de prendre quelque chose de fort pour finir la journée. Nelly n'avait rien et il n'avait pas réussi à retrouver Tommy. Il tenta d'ouvrir la porte, mais Rodriguez l'avait verrouillée. Comme s'il était chez lui ! Pour qui se prenait ce gros porc ? Il habitait là bien avant lui ! Il n'avait pas le droit de lui fermer la porte au nez. Il se jeta sur la porte, se mit à la marteler de toutes ses forces, pleurant de rage, s'épuisant à hurler et finit par se recroqueviller sur le perron en hoquetant.

C'est à peine s'il eut le temps de réagir quand il vit une voiture de police s'avancer dans le rond-point. Il maudit Rodriguez en se mettant à courir sans savoir où aller.

: :

— J'ai quelque chose! claironna Pascal Bouthillette en gagnant le bureau de Maud Graham. Le nouveau portrait de Roy a porté ses fruits. Je viens de parler à un serveur qui l'a reconnu.

— Où? Quand? demanda Joubert.

— Au Birra. Roy y est allé deux fois. En payant *cash*. Donc on ne sait toujours pas si c'est son vrai nom.

— Des caméras?

Bouthillette rougit. Il n'avait pas pensé à vérifier ce point, trop content d'avoir obtenu des informations sur la femme à qui Roy avait offert un souper en juillet.

— Je vais rappeler le serveur.

— Parle-nous plutôt de cette femme, dit Michel Joubert.

Bouthillette rapporta les propos de Francis Fugère avant de répéter qu'il allait retourner immédiatement au restaurant si celui-ci avait des enregistrements vidéo à lui fournir.

— Attends! l'arrêta Graham. Le serveur a bien mentionné des yeux exorbités?

— Comme ceux d'une chouette.

— Des yeux ronds. C'est elle!

Joubert et Bouthillette regardaient Maud Graham qui s'était ruée sur son ordinateur pour retrouver le courriel que lui avait envoyé Maxime trente minutes plus tôt.

— Il pense qu'ils ont trouvé la femme au katana! Regardez!

Le portrait de Kim Germain était apparu à l'écran et, tandis qu'ils fixaient son regard étrange, Graham relata la conversation qu'elle avait eue avec Maxime.

Chapitre douze | 273

— Je l'ai appelé pour savoir si ses congés étaient décidés pour les fêtes.

— Tu es en avance, commenta Joubert.

Il devinait que Graham avait trouvé ce prétexte pour appeler Maxime, qui savait qu'elle rongeait son frein en attendant de pouvoir interroger Marc-Aurèle Jutras.

— Il était surexcité. Simon et lui venaient de parler à leur patron. Ils ont des soupçons sur cette femme. La sœur d'un homme qui possède un katana à Longueuil. Un témoin l'a vue chez Ken Germain quelques jours avant le meurtre à l'hôtel. Ça reste une hypothèse, il y a beaucoup d'éléments à considérer, mais c'est plausible. Maxime avait pris une image des empreintes devant la demeure de Ken Germain. Ça colle dans les temps. Kim Germain avait un étui à guitare quand le témoin l'a vue chez son frère. Il a dit à Maxime qu'elle avait les yeux ronds. Lui-même l'a vue sur des photos chez ton frère. Je rappelle tout de suite Maxime.

— La femme est retournée au resto à quelques reprises, précisa Bouthillette, et elle a toujours réglé avec sa carte de crédit. J'ai demandé au serveur de rechercher dans leur comptabilité, mais il était réticent, il voulait en parler d'abord à son patron.

— Tu retournes au Birra avec la photo que Maxime m'a fait suivre, dit Graham. Si le serveur la reconnaît, le SPAL ou les enquêteurs du SPVM pourront interroger cette femme sur sa relation avec André Roy.

— Même si elle a soupé avec lui à Québec?

— Roy a aussi fait des victimes à Montréal, commenta Joubert. On ne va pas s'enfarger dans les fleurs du tapis.

Bouthillette quêta l'approbation sur le visage de Maud Graham qui leva un pouce en signe d'assentiment.

— Si c'est elle qui a utilisé le katana...

— On ne tire pas de conclusions maintenant, le coupa Graham. On doit savoir où était Kim Germain au moment du meurtre de l'inconnu de l'hôtel. Mais les enquêteurs ont une raison de l'aborder grâce à ce lien avec André Roy. Et nous, on devrait vérifier auprès des femmes qui ont porté plainte si leur arnaqueur avait trois grains de beauté sur le ventre.

— Je pense qu'elle l'a tué, dit Bouthillette. Vous aussi.

— Tu gardes ça pour toi. Il ne faut pas qu'il y ait de fuites ni qu'on nuise à l'enquête du SPVM. On ignore si Kim Germain est coupable. Mais si elle ne l'est pas, qui nous dit qu'elle n'est pas encore en relation avec André Roy? Qu'elle est son amoureuse ou sa complice? Elle peut être mêlée à ses trafics.

— On ne sait rien actuellement, renchérit Joubert. On se tait en attendant d'être plus informés.

— Mais ça se peut qu'elle l'ait…

— On attend, Pascal, dit Graham. Pas un mot. Et tu devras faire comprendre à Francis Fugère qu'il doit rester discret.

— Ça ne sera pas un problème. Il regrettait déjà de m'avoir appelé, il ne voulait pas médire d'une cliente.

— C'est tout à son honneur.

— Il va avoir une grosse surprise quand…

L'expression sévère de Maud Graham fit taire Bouthillette qui sortit de la pièce en disant qu'il enverrait un message dès que le serveur aurait identifié Kim Germain. Graham saisit aussitôt son téléphone, mais Joubert secoua la tête; il comprenait qu'elle soit pressée de parler avec Maxime, mais n'était-ce pas mieux d'attendre la réponse de Fugère?

Graham esquissa une moue en renonçant à téléphoner à son fils.

— Ça ne sera pas long, dit Joubert. Tu pourras bientôt féliciter Maxime d'avoir suivi son intuition.

— J'espère surtout que ses patrons le noteront. Si c'est vraiment Kim Germain qui a tué l'inconnu de l'hôtel, ce sera grâce à lui que cette histoire sera élucidée. L'idéal, ce serait aussi que…

Maud Graham s'interrompit, elle ne pouvait pas souhaiter à haute voix que la victime soit André Roy.

Chapitre douze | 275

— C'est légitime d'y songer, l'assura Michel Joubert en lui prouvant qu'il devinait toujours ses pensées. C'est normal d'espérer qu'il n'arnaque plus personne. D'un autre côté, je ne suis pas certain que les femmes qu'il a flouées reverront la couleur de leur argent...

— Elles n'auront appris que la méfiance dans tout ce gâchis, déplora Graham. Et une femme dormira peut-être ce soir en prison.

Elle leva la tête, fixa les aiguilles de l'horloge, plus qu'une heure avant qu'elle puisse interroger Marc-Aurèle Jutras. Elle tapota son bureau avec un regain d'énergie ; la découverte de Maxime, puis celle de Bouthillette l'avaient ragaillardie. Elle avait hâte de voir l'expression de Jutras quand elle évoquerait Rémi-Paul Lauzon. Son téléphone vibra en même temps que celui de Michel Joubert : Tiffany McEwen venait d'entrer dans une des salles de réunion avec Denis Dupuis.

— On y va, dit Graham en prenant son calepin. Je me demande quand il se décidera à nous dire qu'il est le père de Jacob Dubuc.

— Il n'en a pas fait un secret, dit Joubert.

— Il aurait dû nous le dire. La chaleur se rapproche de Jacob. Comme ancien enquêteur, Dupuis devait bien se douter que McEwen se demanderait pourquoi il était si protecteur à l'égard de Jacob. Mais bon, il l'a emmené en lieu sûr, c'est l'essentiel pour le moment.

Ils longèrent le corridor qui menait à la salle où McEwen et Boudrias étaient déjà assis en face de Denis Dupuis. Maud Graham choisit de s'installer à ses côtés, lui sourit en s'assoyant.

— On s'est vus en face de l'église Saint-Roch, rappela-t-elle. Vous avez travaillé autrefois avec mon ami Pierre-Ange Provencher.

— Ça fait un bail. J'ai changé de vie plusieurs fois depuis.

— J'espère que Jacob aura droit aussi à plusieurs vies, dit Graham, mais il a tendance à courir après les ennuis. On veut bien le protéger...

— Il faudrait qu'on arrête de niaiser et qu'on le retrouve, s'écria Dupuis. Il n'est plus chez Nelly.

— Mais vous m'avez dit tantôt qu'il était en sécurité ! s'exclama McEwen.

— J'ai reçu un appel de la mère de Nelly alors que j'allais quitter Lauberivière pour venir ici. Jacob a pété les plombs et est parti de chez elles. Elle m'a aussi appris qu'il avait volé une Rolex à Marc-Aurèle Jutras.

— Il s'est introduit par effraction avenue De Bourlamaque ? Quand ?

— Je n'en sais pas plus. Mais s'il l'a fait une fois, il peut recommencer. Je pense qu'il n'a pas compris que Jutras a peut-être tenté de le tuer, qu'il pensait s'en débarrasser quand il a renversé Mathis Godin. À cause du blouson. S'il retourne chez Jutras…

Il dévisagea les enquêteurs un à un, finit par frapper la table devant lui de ses poings fermés ; ne comprenaient-ils pas l'urgence de la situation ? Qui sait ce que pourrait faire Jutras si Jacob s'introduisait chez lui ?

— Il pourrait l'abattre en disant qu'il pensait que c'était un cambrioleur.

— Jutras n'est pas chez lui en ce moment, le rassura Graham. Il est avec la sq. Et il sera ici ensuite. Nous avons des questions à lui poser.

— Vous n'avez aucune idée de l'endroit où pourrait se réfugier votre fils ? s'enquit Tiffany McEwen. Avez-vous parlé à sa mère ?

Denis Dupuis poussa un long soupir ; était-ce par soulagement de ne plus avoir à taire son lien avec Jacob ou par désespoir de ne pas connaître davantage son fils, de ne pouvoir deviner vers qui il allait maintenant se tourner ?

— Je n'ai pas parlé à Jocelyne depuis près de vingt ans, avoua-t-il. Jacob m'a dit qu'elle lui verse une allocation parce qu'elle ne veut plus qu'il vive chez elle.

— Jocelyne Dubuc, boulevard Champlain ? questionna Boudrias.

Dupuis haussa les épaules. Il ignorait jusqu'à tout récemment que son ex-femme était revenue vivre à Québec. Il confirma néanmoins son nom.

— Elle avait décidé que si on avait une fille, elle porterait mon nom et le sien si c'était un garçon. Je ne sais pas pourquoi j'ai accepté.

— Ça serait peut-être le moment de lui reparler, proposa Michel Joubert. Jacob est bouleversé, il a besoin de toute l'aide nécessaire.

— C'est chez Nelly qu'il a voulu aller pour être consolé, objecta Denis Dupuis. Pas chez sa mère.

— Il n'est pas dans son état normal, renchérit McEwen. Parce qu'il a perdu Lucien. Et peut-être parce que vous lui avez dit que vous êtes son père, qu'il a…

— Non, cria Dupuis, Jacob ne sait rien ! J'attendais le bon moment pour tout lui raconter. Comment l'avez-vous su ?

— La manière dont vous le regardez.

— Puis j'ai discuté avec Pierre-Ange Provencher, dit Graham. Il se souvenait que vous aviez eu un fils.

— Je veux bien appeler Jocelyne, mais je n'ai pas de téléphone.

McEwen lui fit signe de la suivre dans une pièce adjacente avant de lui tendre son propre appareil où elle avait noté le numéro de Jocelyne Dubuc. Elle allait sortir quand il lui dit qu'elle pouvait rester. Il n'avait plus rien à cacher. Tout ce qui importait était de retrouver Jacob.

— Il peut faire n'importe quoi ! J'aurais dû m'imposer chez Nelly. Rester devant chez elle pour surveiller Jacob, mais j'ai fait confiance à Joanie. Mon ex avait raison, je ne suis bon à rien comme père.

— Appelez-la.

::

Longueuil, 30 novembre 2022

Maxime et Simon quittaient la maison de chambres où ils venaient régulièrement saluer la propriétaire quand le tintement d'un message entrant attira l'attention de Maxime.

— Je ne peux pas le croire! s'exclama-t-il. Ça vient de Biscuit. Kim Germain a soupé à Québec le soir du meurtre de l'inconnu de l'hôtel.

— Donc ce n'est pas elle qui l'a tué? Maudit baptême! J'étais certain que…

— Il était tard, l'interrompit Maxime, passé vingt heures quand elle est arrivée au Birra. Elle a pu quitter Montréal après avoir décapité sa victime. Et Maud croit qu'il peut s'agir de l'arnaqueur qu'elle recherche depuis des semaines. André Roy.

— Le séducteur?

— Le serveur du Birra l'a reconnu grâce au portrait de ma blonde, répondit Maxime sans dissimuler sa fierté. Il se souvient de les avoir servis cet été, Kim et lui.

— Cet été? Ça remonte à loin, comment peut-il s'en souvenir?

— J'ai été serveur durant un an, on se souvient des clients très généreux. Ou de ceux qui ne tipent pas. André Roy devait appartenir à l'une ou l'autre de ces catégories.

— On en parle tout de suite au capitaine, s'emballa Simon.

— Biscuit m'a dit qu'elle va faire suivre l'information au SPVM. S'ils n'ont pas encore rencontré Kim Germain, ça ne devrait plus tarder.

— Si elle n'avoue pas, on ne saura jamais si c'est bien André Roy qu'elle a tué, observa Simon. Je me demande pourquoi Kim Germain s'est précipitée à Québec après le meurtre.

— Pour se forger un alibi? Biscuit a dit qu'elle montrerait une photo du torse de Roy à toutes les femmes qui ont porté plainte pour savoir s'il a trois grains de beauté en triangle.

— Trois grains?

— C'est Alain qui nous l'a mentionné.

— Kim Germain n'est pas tellement grande d'après les photos qu'on a vues chez son frère. Il fallait qu'elle soit enragée pour frapper cet homme avec autant de force.

— On a envie de tuer quand on est humilié, murmura Maxime. Je rêvais de lapider Léon Rivet quand je faisais rire de moi à l'école. C'était le pire de la bande.

— Mais au lieu de virer criminel, tu es devenu policier.

— Grâce à Biscuit.

: :

Québec, 30 novembre 2022

Combien de suspects Maud Graham avait-elle interrogés au cours de sa carrière ? Elle ne les avait jamais comptés, mais Jutras était parmi les plus froids à qui elle avait eu affaire. Il était arrivé au poste de police trente minutes plus tôt en se plaignant du manque de coordination entre les corps policiers : comment pouvait-on l'obliger à se plier aux questions du SPVQ alors qu'il venait de passer des heures avec les enquêteurs de la SQ, qu'il leur avait tout dit ? Pourquoi n'échangeaient-ils pas leurs informations ? Il avait autre chose à faire que de répéter les mêmes réponses aux mêmes questions concernant Lucien. Avait-on oublié qu'il était en deuil ? Il avait collaboré avec Chamberland et ses hommes pour les aider à comprendre ce qui s'était passé quand Lucien était décédé, mais il voulait maintenant être seul, se recueillir en pensant à son fils et préparer ses funérailles.

— Est-ce que c'est trop vous demander ? avait-il dit à Marie-Pier Beauchamp. Ça fait une semaine que je suis venu ici pour vous signaler la disparition de mon fils et ce n'est même pas vous qui l'avez retrouvé. Vous ne méritez pas que…

— On a un dossier à compléter, l'avait interrompu Maud Graham.

— Vous êtes qui ?

Elle s'était présentée, avait promis à Marc-Aurèle Jutras qu'elle ne le retiendrait pas longtemps. En tant que supérieure hiérarchique, elle voulait s'assurer que rien n'avait été négligé de leur côté.

— On a juste quelques points à éclaircir.

— Vous ne vous parlez pas entre corps policiers ? avait répété Jutras.

— Oui, mais on a chacun nos méthodes. Est-ce que vous voulez un café ? Un thé ?

Jutras avait secoué la tête. Tout ce qu'il voulait, c'était rentrer chez lui.

— Parfait, plus vite on commence, plus vite on finit.

Elle s'était tournée vers Beauchamp et lui avait dit d'un ton hautain que Longpré l'accompagnerait pour l'interrogatoire.

— Mais je connais bien mieux le dossier de Lucien Jutras, avait protesté la jeune femme avec véhémence comme Maud Graham le lui avait demandé auparavant.

— On a besoin d'un regard neuf.

Comme elle l'avait espéré, elle avait vu un éclair de satisfaction traverser le visage de Jutras. Il avait méprisé Beauchamp dès leur première rencontre et se réjouissait qu'elle soit mise à l'écart. Selon le scénario que Graham avait élaboré, Adam Longpré devrait se montrer déférent envers elle et Marc-Aurèle Jutras afin de conforter celui-ci dans la certitude que sa notoriété impressionnait tout le monde, que c'était pour cette raison qu'un haut gradé avait voulu le rencontrer. Longpré avait marché devant Graham et Jutras jusqu'à une salle où il y avait déjà un pichet d'eau et des verres à leur disposition. Graham avait désigné une chaise à Jutras, avait attendu qu'il soit assis pour l'imiter, puis avait fait signe à Longpré qu'il pouvait aussi s'asseoir. Il avait ouvert son ordinateur, adopté l'attitude d'un élève studieux qui s'apprête à prendre sagement des notes. Quand Maud Graham s'était tournée vers lui, il avait immédiatement avancé son index pour appuyer sur l'appareil désuet qui devait enregistrer l'entretien, mais Graham avait suspendu son geste, avait demandé à Jutras s'il voyait un inconvénient à ce que leurs propos soient enregistrés. Il avait haussé les épaules, elle l'avait remercié et Longpré avait appuyé ostensiblement sur le bouton de gauche.

— C'est un vieil appareil, avait dit Graham, mais il fonctionne encore. Je n'aime pas jeter ce qui peut toujours servir. Si j'écoutais mes jeunes collègues, on changerait le matériel à la moindre innovation technologique. Je ne sais pas si c'est la même chose dans votre domaine, mais je suppose que vous n'aimez pas le gaspillage. D'autant que les coûts ont explosé dans la construction. La pandémie a touché tous les secteurs. Mais je m'égare, je voulais d'abord vous présenter mes sincères condoléances. Nous comprenons que vous vivez une journée très éprouvante et nous allons tout faire pour vous libérer rapidement.

Marc-Aurèle Jutras avait opiné avant d'accepter le verre d'eau que lui avait tendu Longpré.

— Je suppose que vous voulez savoir la même chose que vos collègues de la SQ. Pourquoi je n'ai pas mentionné le chalet familial des Bisson?

— En effet, cet oubli m'a un peu surprise.

— C'est simple. Lucien n'y est jamais retourné depuis la mort de sa mère. Et comme il n'avait pas encore de voiture…

Jutras s'était mordu les lèvres comme s'il réprimait une émotion, avait dit qu'il devait offrir une Corolla à son fils pour son anniversaire.

— Je lui avais dit que je lui payais un voyage dans le Sud, mais pour ses dix-huit ans, il fallait un vrai cadeau. Dont il se souviendrait toute sa vie.

— Donc il sait conduire, avait constaté Maud Graham.

— Il a pu aller au chalet avec Communauto, avait dit Longpré.

— Non, non. Il n'y avait pas de voiture sur place quand le… quand Lucien a été découvert. Tu n'as pas lu le rapport de Chamberland attentivement.

Elle avait levé les yeux vers Jutras comme s'il pouvait partager son apparente impatience, puis avait consulté son calepin.

— Votre fils consommait de la drogue.

— Je l'ai appris par l'enquêteur. Je croyais que Lucien se contentait de fumer du cannabis. J'étais contre, évidemment, mais il était quasiment majeur...

— Et c'est maintenant légal, avait dit Graham en le déplorant. Le cerveau des jeunes n'étant pas arrivé à sa pleine maturité avant la vingtaine, c'est irresponsable d'avoir permis la vente libre de la marijuana. Ça commence avec le cannabis, puis ce sera la cocaïne?

Marc-Aurèle Jutras avait acquiescé avant d'ajouter que lutter contre le trafic de drogue faisait partie de son plan d'action quand il avait envisagé de se présenter en politique.

— C'est regrettable que vous y ayez renoncé. Pourquoi?

— Pour Lucien. Je sentais qu'il avait encore besoin de moi. Il était fragile, solitaire.

Maud Graham avait feuilleté son calepin, avait tapoté une page du bout des doigts.

— Oui, Beauchamp m'avait dit que vous trouviez que Lucien était plus renfermé ces derniers temps, même s'il avait tout pour lui. C'est vrai que c'était un beau garçon.

Graham avait lu à haute voix « il papillonnait ».

— Qu'est-ce que vous vouliez dire exactement? Que Lucien changeait souvent d'amants?

Longpré avait vu frémir les narines de Jutras, mais aucune irritation ne s'entendait dans sa réponse.

— Je ne savais pas grand-chose de la vie... intime de Lucien. Je ne dois pas être le seul parent dans ce cas. Ma femme l'aurait peut-être su, Lucien lui parlait davantage. Je regrette aujourd'hui de ne pas lui avoir posé plus de questions. Peut-être que c'est un de ses amis qui l'a entraîné vers des drogues dures.

— Et l'aurait emmené au chalet?

— C'est ce que je crois.

— Votre beau-frère a dit tantôt à Chamberland que Lucien avait un amoureux, qu'il en avait parlé devant vous à l'anniversaire de son épouse.

Marc-Aurèle Jutras avait haussé les épaules. Il se rappelait en effet les paroles de Lucien.

— J'ai pensé qu'il voulait me provoquer. Je n'ai pas mordu à l'hameçon.

— Vous provoquer? Son homosexualité vous choquait?

— Ce n'est pas ce que j'ai voulu dire. Les gens font les choix qu'ils veulent aujourd'hui.

— Mais vous n'en avez pas parlé à Marie-Pier Beauchamp. Ni à Boudrias.

— Justement parce que je ne voyais pas pourquoi j'aurais fait un cas de l'orientation sexuelle de Lucien. Pourquoi j'aurais mis ça en avant?

— Pensez-vous que votre fils s'est suicidé?

La brutalité de la question avait surpris Jutras qui avait secoué la tête.

— C'est certain que la mort d'Isabelle, il y a deux ans, a bouleversé Lucien. Mais il allait mieux depuis le début de l'été, il avait hâte que le cégep commence. Il était plus replié sur lui, oui, mais quel adolescent ne l'est pas? Et qu'est-ce que j'aurais dû faire? Vous avez des enfants?

— Oui, un fils. Il est grand maintenant. Mais il ne me parlait pas beaucoup à l'adolescence. Quelle heure est-il?

— Pardon?

— L'heure? J'ai oublié ma montre dans la salle de bain.

Jutras avait relevé la manche de sa chemise; pourquoi s'adressait-elle à lui au lieu de s'avancer et de consulter l'ordinateur de son jeune collègue?

— C'est une Rolex, avait dit Graham.

— Oui, un cadeau de mon épouse.

— Mon conjoint collectionne les montres, alors que moi je ne m'habitue pas à en porter. Je finis toujours par enlever ma montre. Je n'achète jamais des modèles chers. Est-ce que vous en avez plusieurs?

— Quelques-unes, avait répondu Marc-Aurèle Jutras en s'étonnant de cette digression.

— Est-ce que Lucien possédait plusieurs montres ?

— Qu'est-ce que j'en sais ?

— Il me semble que c'est le genre de cadeau qu'un père fait à son fils.

Elle s'était tournée vers Longpré : est-ce qu'il n'avait pas reçu une montre en cadeau pour l'anniversaire de ses trente ans ?

Adam Longpré avait tendu son bras gauche pour arborer sa montre que Graham avait fixée durant quelques secondes avant d'esquisser une moue.

— C'est plutôt un ordinateur portable. Moi, je demande seulement à une montre d'avoir deux aiguilles et de me donner l'heure. N'est-ce pas l'essentiel ?

— Justement, en parlant d'heure, on en a encore pour longtemps ? Vous savez pourquoi j'ai oublié de parler du chalet. Avez-vous d'autres points à éclaircir ?

Jutras s'était légèrement avancé sur son siège pour signifier qu'il était prêt à partir.

— Ça ne sera plus très long, avait dit Graham. On vous abandonne, mais on revient rapidement.

Elle était sortie sans se retourner, suivie aussitôt par Longpré qui avait fermé la porte derrière lui avant de la rejoindre dans la pièce voisine où les attendaient Joubert et Beauchamp.

— Ce type est glacial, dit Graham.

— On dirait qu'il n'est même pas concerné par la mort de son fils.

— On a des nouvelles de Jacob Dubuc ?

— Non, tu sais bien que je t'aurais envoyé un texto, dit Michel Joubert. C'est remarquable comment Jutras arrive à ne jamais le mentionner...

— Et Denis Dupuis ?

— Il a dit qu'il retournait à Lauberivière au cas où Jacob y reviendrait. Il était tellement en colère contre le chum de son ex que McEwen a dû lui répéter de se calmer à plusieurs reprises.

Chapitre douze | 285

— Et Jocelyne Dubuc? A-t-elle une idée concernant Jacob?

— Elle a suggéré d'aller chez Nelly. C'est la seule amie de Jacob qu'elle connaît. Boudrias a appelé au centre où il a vécu quelques mois, personne ne l'a vu. Il peut être n'importe où…

— C'est inquiétant, convint Joubert, mais calmons-nous aussi. La menace qui plane sur Jacob vient de Marc-Aurèle Jutras. Qui est actuellement dans la salle d'interrogatoire. Il rentrera bientôt chez lui, oui, mais la surveillance est déjà en place.

— Et si Jacob s'est introduit chez Jutras? dit Longpré.

— Le système d'alarme se serait déclenché. Si Jacob Dubuc se pointe avenue De Bourlamaque, il sera immédiatement pris en charge par un agent.

— Il faut quand même le retrouver avant qu'il fasse une bêtise, répéta Graham avant de jeter un coup d'œil à Jutras qui avait sorti son téléphone de la poche de son veston, mais hésitait à l'utiliser. Avait-il été tenté d'appeler un avocat?

— On y retourne, indiqua-t-elle à Longpré. N'oublie pas qu'on doit être déférent avec lui.

Elle salua Jutras en revenant dans la pièce, pointa son téléphone.

— Avez-vous un appel à passer? Nous pouvons sortir de la pièce si vous le souhaitez.

— Non, je voulais seulement voir s'il y avait du nouveau sur les réseaux concernant Lucien.

— Vous devez avoir un sentiment d'irréalité, compatit Graham. C'est toujours ce que nous disent les parents des victimes. On vous remettra des documents concernant des groupes de soutien quand vous partirez, vous pourriez avoir besoin d'aide et…

Marc-Aurèle Jutras leva brusquement ses mains pour la faire taire; il n'avait besoin de personne, ne voulait que rentrer chez lui pour avoir la paix.

— Je ne comprends pas ce que je fais ici, s'impatienta-t-il. Je suis, comme vous le dites, le parent d'une victime. J'ai déjà perdu assez de temps avec la sq. Je ne sais pas ce qui s'est passé au chalet mercredi dernier. Je sais seulement que Lucien est mort. Et que je voudrais pouvoir l'enterrer dignement.

Maud Graham afficha un sourire contraint, alors qu'elle se demandait si Chamberland à la SQ avait appris à Jutras que Lucien était décédé le mercredi — mais comment l'aurait-il su avec précision? — ou si celui-ci venait de commettre une erreur. Il ne fallait surtout pas qu'il s'en aperçoive maintenant, elle devait le désarçonner. Elle le regarda fixer à nouveau son téléphone, puis déclarer qu'il ne voulait plus parler de Lucien avec eux.

— Ça tombe bien, on n'a plus de questions concernant votre fils. En revanche, on aimerait que vous nous expliquiez comment vous avez connu Rémi-Paul Lauzon.

Est-ce que le mot jubilatoire était trop fort pour décrire le frisson que ressentait Maud Graham en voyant Jutras serrer les dents tout en s'efforçant de contenir sa surprise? Elle était heureuse de ne s'être jamais lassée de cet instant particulier où un interrogatoire prenait une direction que le suspect n'avait pas imaginée. Elle posa une main sur le bras de Longpré pour l'inciter à raconter ce qu'il savait à leur témoin.

— Je... je ne suis témoin de rien du tout, parvint à articuler Jutras.

— On se demande pourquoi vous ne nous avez pas dit que vous connaissiez Lauzon, dit Longpré.

— Vous avez dû être étonné d'apprendre sa mort violente, renchérit Graham. Ce n'est pas tous les jours qu'on trouve un corps dans l'escalier Lavigueur. Moi, ça ne m'était jamais arrivé. Et ça m'a fait un choc. Même si je ne connaissais pas personnellement M. Lauzon.

— Tout le monde en parlait en ville, ajouta Longpré. Mais pas vous...

— J'étais plus préoccupé par la disparition de Lucien que par cet accident. Je ne vois pas ce que cela aurait changé que je vous dise que j'ai travaillé avec Lauzon il y a trente ans. Est-ce que tous les anciens collègues de Lauzon vous ont appelés?

Chapitre douze | 287

— Non, admit Graham. On a surtout parlé à des gens qui l'ont vu récemment.

— C'est ce que je disais. Vous n'allez quand même pas discuter avec des gens qui l'ont connu à l'école primaire !

Jutras allait se lever quand Graham lui demanda pourquoi il refusait d'admettre qu'il avait vu Rémi-Paul Lauzon au cours de l'été.

— En face du Il Teatro, précisa Longpré qui savoura l'exclamation de surprise de Jutras.

— Le Il Teatro ? J'y vais souvent. C'est possible que j'aie croisé Lauzon.

— On a une bande vidéo où on vous voit discuter avec lui.

— J'avoue, marmonna Jutras en baissant la tête. J'aurais dû vous en parler. Mais j'avais honte.

— Honte ?

— Lauzon m'a abordé devant le resto comme si on s'était vus la semaine précédente. Comme si on était toujours amis. Il n'arrêtait pas de répéter qu'il était fier de mon succès, qu'il avait suivi ma carrière… Le genre de situation qui peut se produire quand on est quelqu'un de connu. Il insistait pour me payer un café à la terrasse.

Il marqua une pause et Graham avait l'impression de voir tous les rouages de son cerveau s'activer pour imaginer le meilleur mensonge à proférer. Il soupira, reconnut qu'il avait été dur avec son ancien collègue.

— J'ai dit à Rémi-Paul de m'appeler pour qu'on prenne un verre. Et je ne lui ai pas donné le bon numéro de téléphone. Aussi bête que ça.

— Vous avez dit que vous étiez amis, dit Longpré.

— Comme on est ami avec un collègue de travail. On avait un boulot de préposé à Robert-Giffard, on travaillait souvent sur les mêmes *shifts*. Ça nous arrivait de sortir ensemble le soir pour boire, pour draguer.

— Où alliez-vous ?

Jutras haussa les épaules, c'était si loin tout ça. Rue Grande-Allée, rue Cartier.

— Au Jules et Jim ? suggéra Graham.

— Oui, ou plus loin, au Beaugarte.

— Est-ce que Lauzon avait du succès ?

Jutras hésita. Il ne voulait pas dire du mal d'un mort, mais Rémi-Paul n'avait pas le tour avec les filles.

— Il racontait des blagues de mononcle. C'était parfois gênant.

Mais il acceptait pourtant de sortir avec Lauzon, songea Graham, parce qu'il devait lui servir de faire valoir.

— Donc vous lui avez donné un mauvais numéro et vous n'avez plus entendu parler de Lauzon jusqu'à ce qu'il tombe dans l'escalier Lavigueur.

— Vous souvenez-vous s'il était gaucher ou droitier ? s'informa Longpré.

— Non, évidemment pas. Ça fait trente ans ! À quoi riment ces…

— Est-ce que vous vous souvenez si vous avez vu cet homme ? demanda Maud Graham en tournant l'ordinateur de Longpré vers Jutras qui examina le portrait de Roy quelques secondes avant de secouer la tête.

— Non. Je devrais ?

— Il était aussi au Il Theatro ce midi-là. Sur la vidéo, on le voit qui emboîte le pas à Lauzon après votre départ.

— Vous pensez qu'ils se connaissaient ? Que cet individu a un lien avec Lauzon ?

— Peut-être… c'est trop tôt pour le dire.

— Avec sa mort ? insinua Jutras.

— Vous êtes certain de ne l'avoir jamais vu ?

Est-ce que Jutras se jetterait sur cet os et chargerait André Roy ou la ruse était-elle trop grossière ? Il regarda plus longuement l'image et parut dubitatif.

— Il avait les cheveux plus clairs. C'est pour ça que je ne l'ai pas reconnu tout de suite.

Ce fut au tour de Maud Graham de retenir une exclamation de surprise, mais Longpré n'y parvint pas et laissa échapper un juron. Même s'il ignorait totalement qui était cet homme, Jutras comprit que son commentaire avait alerté les enquêteurs. Graham sut à l'instant qu'il essaierait d'en tirer profit. Et qu'elle l'encouragerait dans cette voie. Parce qu'il apporterait peut-être des informations sur André Roy et parce qu'il était souhaitable qu'il s'imagine avoir l'avantage sur elle, qu'une échappatoire venait de se présenter à lui. Plus il étofferait son scénario, plus il avait de chances de s'y perdre.

— Il était blond? demanda-t-elle en évitant le regard de Jutras pour qu'il croie à son embarras.

— C'était à quelle occasion? reprit Longpré.

Marc-Aurèle Jutras passa une main sur son menton, ses joues, comme s'il caressait une barbe imaginaire, puis il fit claquer ses doigts.

— C'était au Saint-Amour, cet homme était à la table voisine de la mienne. Il me semblait que je l'avais déjà aperçu, mais je n'arrivais pas à me souvenir à quel endroit. J'avoue que je regardais davantage sa compagne.

— Pour quelle raison?

— Parce que c'était Nicole Marois. Si je m'étais présenté en politique, elle aurait été mon adversaire. On s'est salués poliment, mais nous ne nous sommes pas parlé. Je pense qu'il a travaillé à l'hôpital...

— En même temps que vous et Lauzon? vérifia Graham.

— Il n'est pas resté longtemps, il y avait beaucoup de roulement de personnel. On s'est à peine connus. C'est surprenant qu'il ait teint ses cheveux, non?

— Vous vous rappelez son nom?

— Ce sont les femmes qui changent de couleur de cheveux pour être à la mode. Je ne vois pas pour quelle raison un homme se teindrait les cheveux. À part pour modifier son apparence. En tout cas, plus je le regarde, plus je pense qu'il était à l'hôpital. Je le revois près de la machine à café, il riait des blagues de Pillsbury.

— Pillsbury ?

— Le surnom de Lauzon. Il était plus gros quand il était jeune. Je suppose que c'est le cancer du pancréas qui lui a fait perdre du poids.

— Vous saviez qu'il avait un cancer du pancréas, nota Graham. Lauzon a eu le temps de vous raconter tout ça en quelques secondes ?

Jutras haussa les épaules, c'était facile de le deviner. Il avait perdu ses cheveux, non ?

Oui, songeait Maud Graham. Mais pour savoir qu'il s'agissait précisément d'une affection au pancréas, il fallait que Lauzon le lui ait appris. Jutras venait de dire qu'il avait deviné que l'homme avait cette maladie.

— Est-ce qu'il était dans son état normal quand vous l'avez vu ? reprit-elle.

Jutras ferma les yeux comme s'il se concentrait pour mieux revoir la scène.

— Il avait le regard trop brillant, mentit-il, les pupilles dilatées. J'ai pensé qu'il avait consommé. C'est une des raisons qui m'ont poussé à lui donner un mauvais numéro, j'avais l'impression qu'il avait conservé ses mauvaises habitudes.

— Il se droguait déjà à l'époque ?

— C'est assez facile d'avoir accès à des produits divers dans un hôpital.

— Et vous ?

Jutras toisa Longpré, lui expliqua qu'il ne serait pas rendu là où il était s'il avait pris de la drogue. Il n'y avait jamais touché.

— Lucien n'avait donc pas accès à ce genre de produits chez vous.

— Je pensais qu'on en avait terminé avec Lucien, se rebiffa Jutras. D'ailleurs…

— Vous savez que les policiers de la SQ ont trouvé une ampoule de fentanyl, le coupa Longpré.

Chapitre douze | 291

— Oui, mais ça ne veut pas dire que Lucien en prenait. Je ne veux pas qu'on salisse la mémoire de… de mon fils.

— Vous avez raison, l'enquête ne fait que commencer. On a refilé à la SQ tout ce qu'on avait récolté sur Lucien alors qu'il était porté disparu. Nelly voulait tellement nous aider, elle nous a donné les noms de la plupart de ses amis. On ne les a malheureusement pas tous rejoints, mais peut-être que la SQ…

— À quoi bon chercher maintenant? s'impatienta Jutras. Lucien est décédé. Je vais rentrer chez nous.

— C'est vrai, vous devez vous occuper de Mila.

Durant une fraction de seconde, Jutras parut déconcerté, puis se reprit en disant que la chienne était tout ce qui lui restait de Lucien.

— On aimerait bien savoir qui a emmené votre fils au chalet, dit Graham sans tenir compte du mouvement de Jutras qui s'était redressé, à demi levé.

— Parce qu'il y a une augmentation du trafic de fentanyl à Québec, expliqua Longpré.

— Et nous, dit Graham, on se demande si la personne qui a fourni du fentanyl à Lucien est celle qui l'a emmené au chalet. On est à l'affût de tout indice qui pourrait nous mener aux dealers. Il y a eu un incident près de Lauberivière, cette semaine, qui impliquait du fentanyl.

— Un jeune a été assassiné. On suppose que c'est en lien avec ce trafic. Peut-être que Lucien avait des relations avec Mathis Godin…

— Vous croyez qu'ils ont eu des ennuis avec le même dealer?

— C'est l'explication la plus logique, déclara Graham. Ce trafiquant est une personne d'intérêt pour nous. Si jamais un élément vous revient à l'esprit concernant quelqu'un qui aurait pu influencer Lucien, le pousser à essayer le fentanyl pour en faire un client régulier…

— … quelqu'un qui serait nouveau dans sa vie, compléta Longpré.

— Qui peut même l'avoir séduit, murmura Graham. Ces dealers sont prêts à tout pour étendre leur trafic. Et ils sont de plus en plus jeunes. C'est ainsi qu'ils peuvent nouer rapidement des rapports d'amitié avec d'autres kids, les entraîner à essayer cette saloperie. Ils sont quasiment du même âge.

Elle se leva à son tour, se faufila devant Marc-Aurèle Jutras tandis que Longpré fermait son ordinateur.

— Un patrouilleur vous ramènera avenue De Bourlamaque, ajouta Maud Graham en confiant à Longpré le soin de raccompagner Jutras vers la sortie principale. Est-ce que les enquêteurs de la SQ vous ont mentionné quand on vous rendrait la dépouille de votre fils?

— On a promis de m'appeler demain pour me donner les détails. Est-ce que c'est long pour une autopsie?

— Ça dépend des priorités au laboratoire de sciences judiciaires de Parthenais. Lucien est sûrement en haut de la liste. J'ai un bon contact là-bas, je vais me renseigner et vous rappeler.

Elle posa une main sur l'épaule de Jutras en lui offrant à nouveau ses condoléances et en promettant de tout faire pour arrêter le dealer responsable de la mort de Lucien.

— L'enquête appartient à la SQ, mais on ne s'en détourne pas ici. On souhaite établir un lien entre Lucien et Mathis Godin, démontrer qu'ils avaient le même fournisseur.

Sous sa main, Maud Graham perçut aussitôt tout le corps de Jutras qui se tendait, qui trahissait son stress. Elle baissa la voix, accentua la pression de sa main comme si elle lui confiait un secret.

— J'ai parlé des jeunes, mais c'est la tête dirigeante qui nous intéresse. Vous nous avez dit que Lauzon avait accès à des drogues quand vous étiez préposés à Robert-Giffard. Il travaillait encore dans un hôpital jusqu'à tout récemment.

— Vous pensez qu'il peut être mêlé à ce trafic de fentanyl?

— Il n'est pas mort de cette façon pour rien. Nous n'avons pas trouvé de drogue chez lui, mais ça ne prouve rien, ni dans un sens ni dans l'autre. C'est une question d'heures avant que le public soit informé, mais nous sommes persuadés qu'on a voulu se débarrasser de lui. C'est un meurtre. C'est pour cette raison qu'on vous a posé des questions sur Lauzon. On a besoin d'en savoir le maximum sur lui. Il devait avoir une bonne raison pour vous aborder au Il Teatro.

— Je… j'ai bien fait de lui donner un mauvais numéro. Qui sait ce qu'il me voulait ?

— C'est tout de même surprenant qu'il ait cru après toutes ces années qu'il pouvait vous accoster ainsi.

Marc-Aurèle Jutras s'était ressaisi, raconta que Lauzon avait toujours compté sur lui pour réparer ses bêtises.

— Des bêtises ?

— Quand il volé de l'argent à une visiteuse qui avait laissé traîner son sac à main. Je l'ai couvert. Je n'aurais pas dû.

— Peut-être qu'elle l'a appris et voulait dénoncer Lauzon ? Et vous si…

— Je pensais qu'il était tombé de la falaise, la coupa Jutras.

— Il était mort avant. On vérifie les caméras dans le secteur, mais il n'y a pas grand-chose d'utilisable dans ce coin. Heureusement, on a plus de chance avec Mathis Godin, on a peut-être un témoin de son assassinat. Mais notre jeune est tellement traumatisé qu'il ne nous a pas encore fourni assez d'éléments. On va l'hypnotiser pour tenter d'en obtenir davantage. On vous tiendra au courant s'il nous parle de Lucien. De votre côté, si vous vous rappelez le nom de l'homme qui travaillait avec vous et Lauzon à l'hôpital, ça nous rendrait service… Ou celui de cette visiteuse. Ou n'importe quel détail qui pourrait nous mettre sur une piste. Par exemple, si Lauzon était droitier ou gaucher.

Elle répéta à Jutras qu'il ne devait pas rester seul et lui remit une liste des groupes de soutien pour les personnes endeuillées, puis elle revint vers la salle d'interrogatoire pour reprendre son calepin et le dossier contenant le portrait de Roy.

— Tu as vraiment soufflé le chaud et le froid, dit Michel Joubert. Jutras doit nager en pleine confusion. Il repensera à cette histoire de droitier et de gaucher.

— C'était le but, sourit Maud Graham. Mais il retombe vite sur ses pattes. Il s'est remis rapidement de sa surprise quand on a évoqué Lauzon. Des nouvelles de Jacob?

— Oui! Il est avec Denis Dupuis, annonça McEwen. Il s'est rendu au garage où il travaille. Le patron a rejoint Dupuis à Lauberivière et, finalement, Dupuis a emmené Jacob chez lui pour la nuit.

Maud Graham poussa un soupir de soulagement. Dupuis ne quitterait pas Jacob des yeux une seule seconde.

— Croyez-vous qu'il lui apprendra qu'il est son fils?

— Oui, dit McEwen, il a eu trop peur de l'avoir perdu.

— On aura besoin de sa collaboration pour piéger Jutras, déclara Maud Graham.

— Allons-nous tenter de joindre Nicole Marois?

Graham secoua la tête. Elle préférait s'entretenir avec les responsables de l'enquête au SPVQ avant de déranger cette femme qui préférait peut-être oublier son aventure avec André Roy, si elle avait eu lieu.

— Si Kim Germain admet avoir tué l'homme de l'hôtel, elle révélera peut-être aussi son identité. Et on attend des réponses de Janick Langlois, de Manon Laplante et de Judy Harvey à propos des grains de beauté.

— Je devrais leur parler tantôt, dit Bouthillette. Est-ce qu'on finira par découvrir le vrai nom de Roy? Je suis tanné d'entendre parler de lui.

— Mais tu seras bien content qu'on puisse enfin donner des réponses aux victimes. Judy Harvey a fait une dépression à cause de Roy.

— Ça me surprend que Nicole Marois ait été charmée par ce type, déplora Boudrias. Elle doit avoir du succès, des tas d'amis.

— Personne n'est à l'abri de la solitude, rappela Graham. Et Roy a sorti le grand jeu en l'emmenant au Saint-Amour.

Elle-même se rappelait qu'Alain l'avait impressionnée en l'invitant à ce restaurant où l'ambiance était aussi romantique que la cuisine recherchée. Il neigeait ce soir-là et elle avait l'impression que les flocons brillaient derrière la splendide verrière qui abritait ce moment magique où Alain lui avait proposé de vivre avec lui.

— Tu aurais dû demander à Jutras avec qui il était, au restaurant, dit Joubert. Même s'il a peut-être tout inventé.

— On ignore ce qui est vrai ou faux dans ce qu'il a raconté, mais c'est clair qu'il a un rapport bien plus étroit avec Lauzon que ce qu'il a voulu nous laisser croire. Je vais mettre Chamberland au courant. Et on s'informe sur les employés qui travaillaient au même moment que Jutras et Lauzon à l'hôpital Robert-Giffard. On verra peut-être apparaître le nom d'André Roy. Qui sait?

— De toute manière, marmonna Longpré, ce n'est pas comme si on avait l'embarras du choix au niveau des suspects pour le meurtre de Rémi-Paul Lauzon. Mais je me demande pourquoi Jutras l'aurait tué?

— Les motifs sont...

— Toujours les mêmes, récitèrent en chœur McEwen, Boudrias et Bouthillette. La passion, l'envie, l'intérêt, la vengeance, l'élimination d'une menace ou d'un témoin.

— Jutras n'était ni amoureux de Lauzon ni son héritier. Je pencherais pour le silence.

— Qu'est-ce qui a poussé Lauzon à le revoir?

— Lui demander des comptes avant de mourir?

— Pillsbury, dit Maud Graham. Jutras se moquait de Lauzon. C'est peut-être allé très loin.

— Peut-être que Lauzon a agressé Jutras et que celui-ci s'est défendu et l'a tué accidentellement.

— Dans ce cas, fit Michel Joubert, Marc-Aurèle Jutras aurait dû appeler la police. Je ne crois pas à sa prétendue honte de lui avoir donné un mauvais numéro de téléphone. La honte n'est pas dans l'ADN d'un homme comme Jutras.

— Il faut qu'on en sache plus sur l'état de ses finances, déclara McEwen. Dans quelle mesure l'héritage de Lucien serait-il le bienvenu?

— Peut-être que Jacob aura des précisions à nous donner.

— Jacob sur lequel Jutras est bien silencieux. Alors qu'il aurait dû porter plainte parce qu'il lui a volé sa montre…

— Peut-être qu'il ne s'en est pas aperçu, dit Boudrias. J'en ai vu plusieurs sur la commode de la chambre. Moi, je les aurais rangées dans un coffre, mais Jutras voulait nous épater avec son argent.

13

Québec, 1ᵉʳ décembre 2022

Maud Graham aurait dû refuser de suivre Tiffany McEwen au marché de Noël après leur rencontre avec Jacob chez Denis Dupuis, mais sa collègue avait insisté. Elles devaient se changer les idées, oublier ne serait-ce qu'une heure tout ce qu'elles avaient entendu dans la journée. Elles avaient besoin de recul, elles grignoteraient des bretzels et des pâtisseries, boiraient du vin chaud et rentreraient ensuite chacune chez elles. De toute manière, elles n'allaient pas traîner Jacob au poste de police pour enregistrer ses déclarations ni le confronter à Marc-Aurèle Jutras. Celui-ci n'avait pas bougé de l'avenue De Bourlamaque, Jacob était maintenant à l'abri, et le mieux qu'elles pouvaient faire était de respirer l'air froid à pleins poumons, de s'oxygéner le corps comme l'esprit. « Une heure, juste une petite heure », avait promis McEwen. Il fallait bien manger, non ? L'image d'un bretzel croquant, chaud, saupoudré de sel avait balayé la résistance de Maud. Et la joie que suscitait le marché allemand en plein cœur de Québec l'apaisait après ces mois de pandémie. Les gens avaient besoin de gaieté et, même si des travaux d'envergure compliquaient l'accès au marché, personne n'allait bouder ce plaisir, se priver de cette ambiance festive, de toutes ces lumières vives qui invitaient les passants à s'arrêter aux étals qui regorgeaient de tentations salées et sucrées. Tiffany lui avait aussi rappelé qu'elle devait acheter une nouvelle étoile pour son sapin, elle trouverait sûrement plusieurs modèles de cet astre à la boutique du père Noël de la rue De Buade. Graham s'était souvenue d'y avoir emmené Maxime, de sa surprise en tombant nez à nez avec un renne en peluche, de la gentillesse des employés qui semblaient deviner que ce petit bonhomme revenait de loin. Elle n'oublierait jamais ce premier Noël avec Maxime, sa crainte qu'il soit triste de célébrer cette fête sans son père, sa peur d'avoir choisi les mauvais cadeaux, le mauvais menu. Grégoire avait bien sûr facilité les choses.

Elle jeta un coup d'œil au strudel qu'elle avait acheté au marché; elle avait faim, mais le parfum d'épices lui rappelait trop le vin chaud qu'elle avait dégusté la veille. Elle opta sagement pour un bol de gruau, fit chauffer l'eau pour le thé après avoir nourri Églantine et fixa la bouilloire jusqu'à ce qu'elle fasse entendre son sifflement. Elle respira l'odeur du thé vert et eut l'impression que son esprit s'éveillait enfin, que le breuvage était plus efficace que la douche et elle repensa à ce qu'avait déclaré Jacob Dubuc, se demanda comment utiliser ses révélations. Qu'elle ne mettait pas en doute, même s'il avait avoué avoir pris de la coke ce vendredi soir maudit où il avait vu Marc-Aurèle Jutras lutter chez lui avec un homme chauve. Lorsque McEwen lui avait montré une photo de Rémi-Paul Lauzon, Jacob avait blêmi; l'homme ressemblait à celui qu'il avait vu chez Jutras.

— J'aurais peut-être dû vous le dire avant. Mais entre moi ou le bonhomme Jutras, qui auriez-vous cru? J'étais sûr qu'il dirait que j'avais volé sa montre et que j'aurais des problèmes. Puis je ne voyais pas le lien avec Lucien. C'était Lucien qui était important. Ensuite, il y a eu l'incendie, l'accident de Mathis... tout s'est mis à *shirer*.

Jacob s'était tu un long moment avant de se tourner vers McEwen; qu'allait-il se passer avec Lucien?

— C'est trop *heavy* de l'imaginer à... il est tout seul. Je ne peux pas croire que... Je suis certain que c'est la faute de son père! Je vais venger Lucien!

Denis Dupuis tenta de raisonner Jacob, lui redisant que tout était mis en œuvre pour découvrir la vérité sur la mort de Lucien.

— Tu es certain que Marc-Aurèle Jutras t'a vu quand tu le regardais se battre? l'avait fait répéter Graham.

— Il m'a reconnu, c'est sûr. J'étais assez proche de la maison.

— Tu portais le blouson avec des bandes argentées? avait redemandé McEwen. C'est plus tard que tu l'as échangé contre un manteau plus chaud?

Jacob avait hoché la tête, puis avait subitement compris pourquoi ces deux femmes lui parlaient de son maudit blouson.

— C'est moi que Jutras a voulu écraser! Mais comme c'est Mathis qui portait le blouson...

— C'est une possibilité, avait reconnu Maud Graham.

— C'est ma faute si Mathis est mort. *Fuck! Fuck! Fuck!* C'est ma faute!

Jacob s'était frappé la tête de ses poings fermés, mais Denis Dupuis l'avait maîtrisé rapidement, lui avait réexpliqué qu'il n'était pas responsable du meurtre de Mathis Godin.

— C'est celui qui l'a tué. Personne d'autre.

— Je vais le venger aussi! cria Jacob.

— Tu ne dois pas...

— Vous ne faites rien! Vous n'arrêtez pas de discuter et, pendant ce temps-là, le bonhomme Jutras boit son scotch en se disant qu'il est bien débarrassé de Lucien. Et Mila? Où elle est? Il doit l'avoir tuée, elle aussi!

— Non, elle est toujours avenue De Bourlamaque.

— Vous y êtes allées?

— Peux-tu nous répéter ce que tu sais sur l'héritage de ton amoureux? l'avait coupé Graham.

— Lucien devait l'avoir à sa majorité. On devait faire un party pour son anniversaire cette semaine et plus tard on serait partis fêter à New York. Quand il aurait touché l'argent. C'était beaucoup de *cash*. La mère de Lucien vient d'une famille riche. Lucien aurait aimé que je la connaisse. Que son père soit mort de la COVID à sa place.

— Est-ce que d'autres personnes savaient que Lucien toucherait un héritage ?

— Son oncle. C'est aussi son parrain. Lui aussi est *full cash*. Y'a juste moi qui est un tout nu...

Jacob avait frissonné, redemandé ce qui arriverait à Lucien.

— Je t'ai prévenu qu'il y aurait une autopsie, avait dit doucement Denis Dupuis. C'est la seule manière de savoir ce qui s'est passé.

Maud Graham s'était penchée vers Jacob Dubuc, l'avait forcé à la regarder.

— Je n'ai pas le droit de te parler de l'autopsie, mais je vais malgré tout te confier que Lucien est entre bonnes mains, qu'on s'occupera de lui avec respect. Je connais personnellement le médecin légiste. Ton amoureux ne sera pas traité comme un numéro. Tu as ma parole.

Cette promesse avait apaisé Jacob qui avait dit plus calmement que Marc-Aurèle Jutras refuserait sûrement qu'il assiste aux funérailles.

— Je vais me pointer quand même. Je...

— Jacob ! s'était énervé Dupuis. Écoute-nous ! Il n'est plus question que tu t'approches de Marc-Aurèle Jutras. Ni maintenant ni plus tard !

— On va passer un *deal* avec toi, avait proposé McEwen. On te tient au courant de tous les développements concernant Lucien et tu restes tranquille. On n'a pas le temps de s'inquiéter pour toi si on veut avancer dans nos enquêtes.

— Es-tu assez vieux pour comprendre ça ? avait dit Maud Graham en durcissant le ton comme elle l'avait fait autrefois avec Maxime lorsqu'il lui tenait tête.

— Je vais m'arranger pour qu'il ne fasse pas de conne... commença Denis Dupuis.

— T'es qui pour me dire quoi faire ? s'était emporté Jacob en se levant brusquement pour s'écarter de lui. Tu te prends pour mon père ?

Graham et McEwen avaient vu blêmir Dupuis, puis l'avaient entendu déclarer qu'il était en effet son père. Et qu'il le protégerait. Contre lui-même, s'il le fallait. Il y avait une telle gravité sur son visage que Jacob avait compris qu'il disait la vérité. Il avait dévisagé Denis Dupuis, s'était rapproché de lui, s'était immobilisé. Maud Graham et McEwen s'étaient alors éclipsées sans que ces deux hommes qui allaient remonter le cours des ans les saluent.

Quelle nuit avaient-ils passée? Buvaient-ils maintenant du thé comme elle le faisait elle-même? Peut-être dormaient-ils encore. Le soleil n'était pas encore levé et il n'y avait pas de siamoise pour miauler à leurs oreilles. Ni de dalmatien pour leur lécher les joues. Que deviendrait Mila quand Jutras prendrait le chemin du pénitencier?

Pourquoi était-elle persuadée de sa culpabilité alors qu'elle ne jonglait qu'avec des hypothèses? Parce que Jutras avait mentionné que Lauzon souffrait d'un cancer du pancréas. Elle avait communiqué avec Chamberland; il avait confirmé n'avoir jamais évoqué le nom de Rémi-Paul Lauzon lorsqu'il avait rencontré Jutras. Il avait été uniquement question de son fils Lucien, de ses amis, des personnes qui avaient accès au chalet. Son équipe s'occupait d'interroger les voisins, de recueillir des indices. La récolte était maigre, la mort remontait déjà à plusieurs jours.

— On attend les résultats de l'autopsie. On verra si Lucien a pris du fentanyl. Vous avez aussi trouvé une ampoule près du corps du jeune itinérant.

— Son corps est aussi à Parthenais. Alain Gagnon n'a pas trouvé de marques de piqûre.

— Il n'y avait pas de seringue au chalet. Mais il y a plusieurs manières de prendre cette cochonnerie...

Chamberland s'était enquis de son interrogatoire avec Jutras et elle le lui avait résumé avant d'avouer qu'elle était consciente de n'avoir que des hypothèses.

— Mais la certitude qu'il est mêlé à la mort de Lauzon, avait dit Chamberland. Et probablement à celle de son fils, même s'il a tenté de me faire croire qu'il est anéanti. Je ne veux pas sauter aux conclusions, mais il a des problèmes d'argent que l'héritage d'Isabelle Bisson l'aiderait à régler. Son frère Jean-Philippe a évoqué des centaines de milliers de dollars.

— Et Jutras est homophobe. D'après Jacob, les relations entre Lucien et son père s'étaient détériorées après la mort d'Isabelle. Et tout avait empiré après son coming-out. Quand Jutras a signalé la disparition de son fils à nos services, il n'a pas parlé de son orientation sexuelle. Alors qu'il savait qu'il avait un amoureux, il en avait été question à l'anniversaire de sa belle-sœur.

— C'est confirmé par Jean-Philippe Bisson.

— Je n'arrive pas à saisir le lien entre Lucien Jutras et Lauzon, avait dit Chamberland.

— Nous non plus, avait avoué Graham.

— Hormis qu'ils peuvent avoir été victimes du même meurtrier.

— Comme Mathis. Et parce qu'il a été renversé par une voiture, je vais obtenir un mandat pour examiner l'automobile de Marc-Aurèle Jutras.

— Il l'a sûrement fait nettoyer depuis l'accident.

— Sûrement. Mais j'insinuerai tout de même que nous avons trouvé des traces de sang. Ou de sable.

— Si cet homme a réellement fait trois victimes en une semaine, il ne s'arrêtera pas s'il se sent menacé.

C'était précisément ce qu'espérait Maud Graham ; pousser cet assassin à bout.

Elle jeta un coup d'œil à l'horloge du four. Il était presque six heures, même si sa cour disparaissait dans le noir. Elle songea aux peuples qui vivaient au Nord ; Alain lui avait raconté le sentiment d'étrangeté qui l'habitait quand il y était allé en hiver. Le soleil qui ne brillait que quelques heures par jour, les nuits traversées d'aurores boréales qui s'étiraient à l'infini. Elle se souvenait d'en avoir vu une fois, quand elle était enfant. Le ciel n'était plus assez pur dans les villes pour les accueillir. Quel serait l'avenir de Maxime,

Chapitre treize | 303

de ses enfants sur cette planète si mal en point ? Aurait-il d'ailleurs des enfants ? Il ferait mieux de partir avec Constance et de s'installer aux îles de la Madeleine où l'air était bien meilleur qu'à Montréal. Puis elle se demanda si les soupçons de Maxime étaient fondés au sujet de Kim Germain, si elle passerait aux aveux, raconterait pourquoi elle avait tué André Roy. Autant Graham pensait que Jutras avait tué Lucien pour hériter, autant elle était convaincue que l'argent n'était pas l'élément déclencheur de la vengeance de Kim Germain, même si Roy l'avait flouée de plusieurs milliers de dollars. Sa manière de tuer cet homme était symbolique. Manon Laplante et Jannick Langlois avaient confirmé à Pascal Bouthillette que Roy avait trois grains de beauté sur le ventre. Il n'était pas parti dans le Sud avec les *snowbirds*, il ne ferait pas de conquêtes sur les plages de la Floride. Dans quelques semaines, dans quelques mois, les femmes à qui Roy avait menti seraient déçues d'apprendre, même si elles s'y attendaient, qu'elles ne recouvreraient jamais leurs investissements.

Graham repensa à l'argent qui motivait tant de crimes, à Jutras qui n'en avait jamais assez, à Lauzon qui vivait modestement, aux tableaux de Riopelle avenue De Bourlamaque, aux photos de Mariem et Joey qui décoraient l'appartement de la rue Sainte-Madeleine. À celui qui avait beaucoup et à celui qui avait peu. Qui avait peut-être voulu en avoir davantage avant de mourir. Pas pour changer de vie, il était trop tard. Mais pour la seule richesse de toute son existence : ses enfants. Pourquoi Lauzon avait-il cru que Jutras pourrait lui donner de l'argent ? Ce n'était pas par amitié. C'était donc par obligation ?

Chantage. Cette possibilité avait été évoquée à propos de Mathis. Puis de Lauzon. Et Jacob croyait que Jutras avait exercé un chantage sur Lucien à propos de la montre qu'il avait volée.

Nguyen avait déjà commencé à enquêter sur les années où Jutras avait travaillé à l'hôpital où il prétendait qu'André Roy et lui avaient été collègues. Elle lui demanderait de chercher les noms des employés qui partageaient les quarts de travail avec Lauzon et Jutras. Il devait les retrouver et solliciter leur mémoire. Un événement insolite, un décès inexpliqué, le renvoi subit d'un camarade, tous les détails pouvaient être autant de pistes pour explorer le passé de Pillsbury et mieux connaître sa relation avec Marc-Aurèle Jutras. Non, Marc Jutras. Un travail de fourmi auquel se livrerait Nguyen sans s'énerver, même s'il n'obtenait pas tout de suite des résultats. Après des années à le côtoyer, Maud Graham n'arrivait pas à comprendre comment il pouvait être aussi zen. Quand elle lui en faisait la remarque, il prétendait en riant être bien différent avec ses adolescents.

Églantine sauta sur ses genoux et s'étira pour frotter son museau contre sa joue, ronronna, posa une patte de velours anthracite sur la table, s'étira encore davantage pour atteindre le strudel qui sentait le beurre. Graham ne put résister aux miaulements de la chatte à qui elle tendit un petit bout de la pâtisserie allemande. En grignota aussi, finit par remballer le strudel pour l'emporter au poste. Sinon, elle le mangerait en entier pour souper. Comment pouvait-elle penser au souper alors que la journée commençait à peine?

: :

Longueuil, 1ᵉʳ décembre 2022

— Qu'est-ce que tu as? dit Simon à Maxime alors qu'ils marchaient vers la maison de chambres où la fille d'un locataire était venue lui réclamer de l'argent et refusait de quitter les lieux sans avoir obtenu ce qu'elle voulait.

— Rien.

— Tu devrais être content d'avoir suivi ton intuition à propos de Kim Germain. Elle a tout avoué. C'est une affaire qui appartient au spvm, mais on a quand même notre part de mérite là-dedans.

On a bien fait d'aller chez Ken Germain pour lui parler de son katana.

— Il doit tellement regretter de nous avoir laissés entrer chez lui. J'ai l'impression qu'on l'a trahi.

— C'est ça qui te dérange? Tu aurais préféré que sa sœur continue à décapiter du monde?

— Ce n'est pas ce qui serait arrivé. Ta blonde Yolanda t'a dit que Kim Germain avait tué André Roy parce qu'il l'avait trompée, bafouée.

— Cette femme est déséquilibrée, Max. S'il fallait qu'on réponde à chaque humiliation en sortant un sabre... Ses autres victimes n'ont pas utilisé cette méthode. Et elles étaient nombreuses.

— Tu as raison, admit Maxime. Mais je pense à toutes les décorations chez Ken Germain. Ses fêtes sont gâchées. Et sa vie est changée pour toujours. Je ne peux pas m'imaginer si Camilla faisait un truc pareil... Et il y a sûrement déjà des gens pour le tenir responsable de ce qui est arrivé, pour l'accuser de ne pas avoir vu la folie de Kim, de pas l'avoir empêchée de prendre son katana. Il n'était même pas là... Sans Alex, je n'aurais jamais pensé à me pointer chez Ken.

— Il est seulement huit heures dix, Max. Arrête de t'en faire pour la terre entière.

— Tu as raison.

— J'ai toujours raison, tu devrais être habitué. Qu'est-ce qu'on sait sur la femme qui fait du trouble chez Noëlla?

— Ce n'est pas la première fois qu'elle s'en prend à son père. D'après Noëlla, le pauvre homme en a peur.

— Au moins, on va être au chaud.

Maxime sourit, Simon était un éternel optimiste. Peut-être qu'il finirait par l'influencer avec les années?

::

Québec, 1ᵉʳ décembre 2022

— Il me déteste, dit Denis Dupuis à Tiffany McEwen. Mais je n'avais pas une meilleure idée pour l'empêcher de sortir.

Il désigna la porte de la salle de bain devant laquelle il avait poussé un fauteuil et la table de la cuisine.

— J'étais allongé sur le divan, je n'ai pas dormi cette nuit. J'ai bien fait. J'ai entendu Jacob laisser un message au téléphone. Il a donné rendez-vous à son interlocuteur à l'escalier Lépine à midi. Quand il est sorti des toilettes, je lui ai demandé qui il allait rejoindre près du refuge. Il a dit qu'il allait voir Nelly. Je lui ai dit que j'irais le reconduire et c'est là qu'il m'a poussé à terre. J'ai juste eu le temps de l'attraper par les jambes. Je l'ai tiré vers moi. Il se débattait, il est plus fort que je pensais. J'ai réussi à le maîtriser et je l'ai enfermé dans la salle de bain. Je vous ai appelée. Je n'ai pas voulu toucher à son téléphone, je ne connais pas ces affaires-là. Mais je suppose que vous allez être capable de trouver à qui Jacob parlait. Je l'ai ramassé sous le divan, j'espère qu'il n'est pas brisé…

Des coups frappés à la porte de la salle de bain l'interrompirent. Puis les cris de Jacob qui avait reconnu la voix de la policière. Elle s'approcha, dit à Jacob qu'elle le libérerait dans les prochaines minutes, puis elle appela Beauchamp, vérifia si le dernier numéro composé par Jacob était bien celui de Marc-Aurèle Jutras.

— Le petit maudit ! s'écria-t-elle avant de dire à Beauchamp de prévenir Graham.

— Elle va sacrer, prédit Marie-Pier Beauchamp.

— Autant que le jeune qui est ici. Boudrias devrait me rejoindre d'ici cinq minutes.

— Qu'est-ce que Jacob n'a pas compris ? Il sait qu'il ne doit pas s'approcher de Jutras.

— On aurait dû l'arrêter pour le vol de la montre, dit McEwen à Denis Dupuis après avoir raccroché avec Beauchamp. On aurait eu la paix et vous auriez pu dormir au lieu de le surveiller. Il a mal réagi en apprenant que vous êtes son père?

— Je ne sais pas. C'est tellement bizarre. On dirait qu'il n'a pas assimilé la nouvelle. Il répétait qu'il devait venger Lucien. C'était une idée fixe. J'ai fini par le convaincre d'aller se coucher. Je lui ai donné un somnifère. Je pensais qu'il ferait effet plus longtemps. Mais je suppose que... que mon fils a pris des substances plus fortes qui l'ont endurci.

— On va attendre l'arrivée de mon collègue, puis on l'amènera au poste.

— Il a toujours la montre. Il voulait la laisser chez Instant Comptant sur la 1re Avenue, mais il a eu peur qu'on lui pose trop de questions. Il avait prévu de la remettre à Lucien. Je ne pense pas que mon garçon est un voleur. Mais je suppose que tous les pères disent ça.

— La plupart du temps, on les met devant le fait accompli. Ici, c'est Jacob qui s'est dénoncé.

— Il me hait.

— Pour le moment. Mais c'est parce que vous l'aimez que vous m'avez appelée. Il le comprendra plus tard.

L'arrivée de Boudrias soulagea Tiffany McEwen qui se voulait rassurante, mais qui regrettait que les retrouvailles de Denis et de son fils aient lieu dans des circonstances aussi dramatiques. Elle revint vers la porte, s'adressa à Jacob. Elle souhaitait qu'ils discutent de l'orientation qu'ils donneraient ensemble à l'enquête. Dupuis libéra l'accès et s'éloigna.

— Il n'a pas envie de me voir pour le moment. Je vais attendre dehors.

— Je vais le convaincre de nous suivre, promit McEwen. De toute manière, nous n'avons plus le choix, nous devons composer avec Jacob, maintenant.

Dès que la porte d'entrée fut refermée derrière Denis Dupuis, Boudrias ouvrit celle de la salle de bain. Jacob s'avança lentement, balayant le salon d'un regard circulaire.

— Il est parti?

— Ton père est dehors.

— Je ne veux rien savoir de lui! Il m'a piégé.

— On serait venus te chercher quand même, prétendit McEwen. On a besoin de toi pour communiquer avec Marc-Aurèle Jutras. C'est toi qui le connais le mieux.

— Moi? Je l'ai vu deux fois.

— Lucien t'a parlé de lui. Nous, on sait seulement qu'il est peut-être dangereux. Tu dis l'avoir vu se battre avec Rémi-Paul Lauzon. Mais on a besoin de preuves.

— C'est pour ça que je l'ai appelé! s'exclama Jacob. Et Denis a tout gâché. Il n'avait pas le droit de m'enfermer. Il n'a aucun droit sur moi. Je suis majeur!

— En effet, dit Boudrias, et en tant que tel, tu t'exposes à des poursuites de la part de Marc-Aurèle Jutras pour avoir volé sa montre.

— Il vous l'a dit?

— On a besoin de toi, répondit Tiffany McEwen. Toute l'équipe t'attend au poste. On ne fera rien sans t'avoir entendu.

— Il faut qu'on sache précisément où on met les pieds, renchérit Boudrias.

— Habille-toi, il fait encore plus froid ce matin. Je t'attends dans ma voiture.

— Et mon père?

— C'est toi qui es concerné par l'enquête. Tu l'as dit, tu es majeur.

Jacob dévisagea Boudrias durant un long moment, comme s'il mesurait soudainement l'importance de ce mot, de ce qu'il impliquait. Il hocha la tête avant de prendre son manteau suspendu à la patère, mit du temps à l'enfiler, à mettre son bonnet et ses gants.

— Est-ce que vous m'arrêtez?

Chapitre treize | 309

— On vient de te dire qu'on a besoin de toi, dit McEwen. As-tu vu des menottes? As-tu entendu le bruit de la sirène?

Jacob haussa les épaules. La policière ouvrit la porte et poussa Jacob à suivre Boudrias qui passa devant. Elle se demanda si le garçon changerait d'idée et exigerait que son père les accompagne, mais il s'engouffra dans la voiture sans lui adresser un regard. La porte d'entrée claqua en même temps que la portière de la Mazda 3. Tiffany McEwen espéra qu'il lui serait épargné de vivre les mêmes conflits avec sa fille. Elle ne croyait pas qu'il suffisait de tout faire pour être une bonne mère afin d'éviter les mésententes, les dérapages. Elle avait vu trop de parents bien intentionnés mis en échec par des situations qu'ils n'auraient jamais pu imaginer. Son métier lui avait appris que tout était possible. C'est ainsi qu'elle pouvait croire que Marc-Aurèle Jutras avait pu tuer son fils, Mathis et fort probablement Rémi-Paul Lauzon.

En s'assoyant à son tour, elle demanda à Jacob s'il avait réussi à dormir un peu.

— Qu'est-ce que ça change?

— Une bonne nuit de sommeil change tout. Je paierais cher pour dormir plus de six heures d'affilée. Tu comprendras quand tu auras des enfants.

Jacob ricana, il n'en aurait jamais. À quoi ça servait d'en faire si c'était pour les abandonner?

— Tu dis ça à cause de ton père?

— Il admet lui-même qu'il aurait dû se battre pour me revoir, mais qu'il a pensé que c'était mieux comme ça. Mieux pour qui? Pour lui. Et pour moi?

— Tu le trouvais cool quand tu étais à Lauberivière. Tu as insisté pour qu'il soit présent quand on t'interrogeait…

— C'était avant.

— Tu aurais préféré que Denis ressemble au père de Lucien?

— Tais-toi. Tu ne comprends rien.

— Je comprends que Lucien et son père se détestaient et que tu as le choix de les imiter ou pas. Mais ce ne sont pas mes affaires.

— Peux-tu me redonner mon cell?

— Pas maintenant. On a besoin de conserver toutes tes communications avec Jutras.

Il se tourna ostensiblement vers la fenêtre pour bouder et McEwen s'interrogea : était-elle aussi puérile à vingt ans? Sans doute.

— Tu as choisi l'escalier Lépine parce qu'il est près de Lauberivière? Tu t'es dit que Denis pourrait rester dans les parages?

— Pas seulement à cause de ça. C'est un des préférés de Lucien. Il ne le connaissait pas avant qu'on se rencontre. Je veux que le bonhomme Jutras me donne Mila.

— C'est ça que tu lui as demandé au téléphone?

— Oui. Je veux sauver Mila. Il pourrait aussi la tuer. Ça ferait trop de peine à Lucien. Il aime...

Jacob se tut, essuya ses larmes, murmura qu'il ne parvenait pas à croire à la mort de Lucien.

— Je me sens coupable. J'aurais dû comprendre que mon chum était en danger. Il avait peur de rentrer chez lui après son coming-out. Et moi je lui ai dit que son père n'allait quand même pas le tuer! Je suis tellement con!

— Tu ne pouvais pas deviner. Nous aussi, ça nous a pris du temps... Et sans ton témoignage, on avancerait encore moins vite.

Était-elle parvenue à amadouer Jacob afin qu'il soit dans de bonnes dispositions en arrivant au poste? Il était toujours anxieux, mais il parlait moins fort, la regardait plus souvent dans les yeux. Elle devait maintenir ce contact, le rassurer. Même s'il n'entrait pas par la porte principale, Jacob serait intimidé comme la plupart des gens qui venaient au poste du parc Victoria, même ceux qui n'avaient rien à se reprocher.

— Mon chum a fait un reportage sur les escaliers de Québec.

— Tous?

— Les trente, affirma McEwen. Moi, je les ai gravis.

Chapitre treize | 311

— Tous ?

— Oui. C'était avant que j'accouche. J'étais jeune.

— Tu n'es pas si vieille.

— Ça dépend des jours. Tu voulais vraiment te jeter dans la gueule du loup ?

— Je n'ai plus rien à perdre. Je veux dire en pleine face à Jutras que je sais ce qu'il a fait.

— Et ensuite ?

Jacob se mit à gratter le vernis de son index gauche. Au rythme où il s'y prenait, il n'aurait pas besoin de dissolvant pour effacer les couches de vernis déjà écaillées. Se taisait-il parce qu'il ignorait ce qu'il adviendrait de sa confrontation avec Jutras, ou parce qu'il avait élaboré un scénario qu'il refusait de partager ? Il faudrait pourtant qu'il leur en fasse part. Et rapidement.

: :

Il ne s'était pas trompé sur les motivations du fif ! Il avait toujours su que Jacob s'était intéressé à Lucien parce qu'il avait de l'argent. Le chat venait de sortir du sac : la tapette l'avait appelé, elle voulait le rencontrer pour lui proposer un marché.

Un marché ! Si la situation n'avait pas été aussi absurde, Marc-Aurèle Jutras en aurait ri. Jacob était aussi inconscient que vénal. Un marché ? Pensait-il vraiment obtenir du fric ? Ce pédé était un crétin. Qu'est-ce qu'il s'imaginait ? Qu'il se rendrait à l'escalier Lépine et lui signerait un chèque en blanc ? C'était clair qu'il pensait le faire chanter en reparlant du vendredi où il s'était pointé dans le jardin. Jacob avait prétendu vouloir récupérer Mila en souvenir de Lucien, mais il avait une autre idée derrière la tête.

Une idée que lui avait soufflée cette maudite enquêtrice ? Était-ce possible ? Elle avait sûrement appris l'existence de Jacob par Jean-Philippe, même si elle ne l'avait pas évoqué lorsqu'elle l'avait fait venir au poste. Il n'avait pas du tout aimé les questions bizarres de Maud Graham à propos de Lauzon, le doute qu'il avait lu dans ses yeux tandis qu'il lui expliquait pourquoi il n'avait pas cru bon de dire qu'il le connaissait. Et l'autre policier qui voulait savoir s'il était droitier ou gaucher. Ça ne rimait à rien. D'un autre côté, il savait qu'il avait déstabilisé les policiers en parlant de l'homme qui accompagnait la politicienne au Saint-Amour. Pourquoi ? Il avait beau jongler avec cette question depuis qu'il était rentré chez lui, il n'arrivait pas à deviner ce qui avait alerté Maud Graham. Ni quelle était son opinion sur Rémi-Paul. Était-il une victime à ses yeux ou un dealer ? Croyait-elle qu'il avait un petit *side line*, vendait du fentanyl ? C'était difficile à imaginer quand on connaissait le timoré, le mou, l'invertébré Rémi-Paul. Mais justement cette policière ne le connaissait pas. Et elle avait besoin d'un coupable. Lauzon endosserait peut-être ce rôle après ce qu'il avait laissé entendre sur lui.

Jutras soupira ; Lauzon serait encore en vie s'il n'avait pas eu cette stupide idée de le faire chanter. Malheureusement, pour la seule fois dans son existence où il avait fait preuve d'un peu d'audace, il s'était adressé à la mauvaise personne. Il n'arrivait pas encore à croire que Lauzon avait voulu s'en prendre à lui. Pour quarante mille dollars ! Même cette somme était ridicule. Pillsbury n'avait jamais eu de bon sens. Ou alors les médicaments avaient altéré son jugement. Il avait vraiment pensé toucher l'argent et passer ses derniers jours à Matane. Matane. Il ne se souvenait pas qu'il venait de cette région. Peut-être que ses enfants disperseraient ses cendres là-bas. Ou peut-être pas ; d'après ce qu'il lui avait raconté, Lauzon ne semblait pas dans les meilleurs termes avec eux. Auraient-ils envie de se rendre jusqu'au bout de la Gaspésie pour répandre le contenu de l'urne ? Avaient-ils récupéré le corps ou était-il toujours à la morgue à Montréal ?

À côté de celui de Lucien ?

Quand lui rendrait-on sa dépouille ? Devait-il appeler Maud Graham pour mettre un peu de pression ? Ou Chamberland ? Leur rappeler de respecter sa condition de père endeuillé. Qu'il avait hâte que tout soit derrière lui ! Tout s'était si bien déroulé les premiers jours… Que devait-il faire dans l'immédiat ? Se rendre au rendez-vous ? Si c'était une idée de la policière, il prétendrait être venu pour répondre à la prière de Jacob. Il comprenait sa peine, son désir d'avoir ce souvenir de Lucien. Oui, il emmènerait Mila. Car s'il ne se rendait pas à l'escalier Lépine et que c'était une ruse de cette rouquine, elle sauterait aux conclusions, s'imaginerait qu'il voulait cacher le lien qui l'unissait à Jacob.

De toute manière, il voulait se débarrasser de l'animal. Un peu plus tôt, un peu plus tard, quelle importance ? Il entendit le son caractéristique d'un message texte. Jean-Philippe. Encore. Il se résigna à lui répondre. Non, il n'avait aucune nouvelle information concernant Lucien. Et non il ne voulait pas retrouver Jean-Philippe, Nadine et leurs filles pour vivre cette épreuve. Il avait besoin d'être seul.

: :

Graham, Joubert, Longpré et Boudrias suivirent Jacob des yeux tandis que McEwen l'accompagnait dans la petite salle de rencontre où il passerait un certain moment malgré ses protestations.

— Il faut admettre qu'il a du culot, dit Michel Joubert.

— C'est dommage qu'il n'ait pas autant de bon sens, marmonna Maud Graham. Tout aurait pu mal tourner.

— On a déjà des agents à proximité de l'escalier Lépine. On sera avertis dès que Jutras quittera son domicile.

— S'il le quitte, dit Longpré. C'est impossible qu'il pense à se débarrasser de Jacob. Ce n'est pas un imbécile, il sait qu'on le ramènerait illico ici pour l'interroger. Il doit se dire qu'on ne lui a pas parlé de Jacob parce qu'on n'a rien de conséquent qui le relie à lui, hormis le fait qu'il était amoureux de Lucien. Mais il n'est pas assez fou pour tenter quoi que ce soit. Qu'est-ce que ça lui donnera d'aller au rendez-vous ?

— Quelle est la chose la plus importante pour Marc-Aurèle Jutras ? demanda Graham. Sur quoi a-t-il basé son existence ?

— L'argent, répondit Longpré.

— Le pouvoir ? avança Joubert.

— Pourquoi tolérerait-il le vol d'une Rolex Submariner noire qui vaut près de douze mille dollars ? Parce qu'il ne nous en a pas parlé quand c'était le temps. Et n'oubliez pas qu'il déteste les gais. Avoir été volé par une tapette est inadmissible. Il ne peut pas en rester là. Jutras est habitué à tout décider. Il ira au rendez-vous. Mila prouvera sa bonne foi. Vous pouvez être certains qu'il mettra la chienne en avant quand on lui dira ses droits.

— Le juge n'a pas traîné pour le mandat, commenta Pascal Bouthillette.

— Qui aurait hésité après le visionnement de la cassette ? murmura Joubert.

Ils gardèrent le silence en repensant à ces images qu'ils n'oublieraient jamais. À Magalie Therrien, violée par Marc Jutras, et à son regard empli de douleur et d'incompréhension. Et à sa mort en accouchant d'une fille à Matane.

— Je vais écrire aux enfants de Rémi-Paul Lauzon, déclara Maud Graham. Leur père s'est rendu coupable par omission au moment des agressions, mais l'envoi de cette cassette au frère de Magalie Therrien était un acte de rédemption. Il savait que Jutras était dangereux et il l'a affronté. Il a choisi la vérité même si elle signifiait sa mort.

— Et si Jutras lui avait donné de l'argent ?

— Il a écrit qu'il l'aurait remis à la fille de Magalie. Mais il connaissait Jutras, savait qu'il fallait le laisser croire qu'il menait le bal. Ça prenait du courage pour se rendre avenue De Bourlamaque en sachant ce qui l'attendait.

— Au frère de Magalie aussi, dit Maud Graham.

Elle se rappelait la voix hésitante de Julien Therrien qui lui avait demandé à deux reprises si elle était bien la personne qui menait l'enquête sur la mort de Rémi-Paul Lauzon. Il avait alors dit très vite que Marc Jutras avait violé sa petite sœur. Maud avait répété ces mots avec un sentiment paradoxal d'incrédulité et d'évidence. Puis Therrien avait expliqué que Lauzon lui avait posté une vieille cassette. Il venait de la recevoir à Matane, il l'avait regardée et il voulait tuer Marc Jutras.

— Mais je ne passerai pas à l'acte. Sissi a déjà perdu sa mère, je ne peux pas disparaître. Elle a besoin de moi, elle vient d'avoir des jumeaux. Il y en a un qui ressemble à Magalie. Est-ce que je dois vous envoyer la cassette par Xpresspost?

Maud Graham lui avait demandé de l'apporter plutôt au poste de la Sûreté du Québec de Matane pour s'assurer qu'elle ne s'égarerait pas. Elle lui avait expliqué qu'un spécialiste devrait faire le nécessaire pour la dupliquer. Et qu'elle avait besoin qu'un officier visionne la cassette et lui confirme qu'il avait vu lui aussi Marc Jutras abuser de Magalie Therrien.

— Je sais que vous ne voulez pas que ces images soient vues par plusieurs personnes, mais c'est nécessaire que j'aie un témoin.

— Il ne faut pas que Sissi apprenne ce qui est arrivé à sa mère, l'avait prié Julien Therrien. Jamais. Vous me le jurez?

Graham avait promis de s'assurer de la discrétion de l'officier avec qui elle serait en liaison.

— J'ai un ami qui travaille à la sq. Je vais lui dire de nous trouver un homme sûr. Et puis votre sœur était mineure, son nom ne sera pas dévoilé s'il y a un procès.

— Un procès?

— J'aimerais vous dire que ce sera rapide, que vous pourrez retourner à votre vie quand on aura arrêté Marc Jutras, mais je vous mentirais.

— Je pensais que c'était son ami François qui était le père. Ou un autre patient de l'hôpital. On l'a retirée de là dès qu'on a su qu'elle était enceinte. Mes parents auraient dû exiger une enquête.

Mais on habitait loin. Et ils disaient que ça ne changerait rien, que le mal était fait.

Julien Therrien avait ajouté qu'il irait tout de même à la poste.

— Pour vous faxer la lettre de monsieur Lauzon. Il raconte tout de A à Z.

C'était cette lettre qu'avaient lue Maud et ses collègues, cette lettre qu'elle avait soumise à un juge pour obtenir un mandat, en la joignant à la copie numérisée à une vitesse record de la cassette par le fils de l'officier à qui elle s'était adressée. Elle aurait dû se réjouir d'avoir reçu ces preuves irréfutables de la culpabilité de Marc-Aurèle Jutras, mais le calvaire de Magalie Therrien l'en empêchait. Elle entendit Bouthillette répondre à un appel.

— Jutras vient de quitter l'avenue De Bourlamaque. Avec Mila.

McEwen revint vers la salle de réunion au moment où tout le monde en sortait.

— C'est l'heure ? demanda-t-elle avec un demi-sourire avant d'extirper de la poche droite de sa veste la Rolex Submariner noire. Jacob trouve qu'elle est trop lourde.

Maud Graham soupesa la montre, l'examina, peinant à croire que Jutras avait déboursé autant d'argent pour l'avoir à son poignet.

— Jacob m'a dit qu'il n'a pas besoin de montre, qu'il n'aurait pas gardé la Rolex de toute façon. Il paraît que Mila connaît l'heure des repas, qu'elle quémande son lunch à midi et au souper. Je suis certaine que Jacob va se réconcilier avec Denis.

— Pour garder la chienne ?

— Pas seulement pour ça, sourit McEwen.

Maud Graham pensa à Maxime qui en avait voulu longtemps à son père d'avoir été si peu responsable quand il était enfant, mais le temps avait fait son œuvre. Et Jacob savait que Denis Dupuis l'aimait vraiment.

— Ils seront bien tous les trois. Un chien, c'est joyeux.

Graham se sentit un peu coupable d'avoir toujours refusé d'en adopter un. Heureusement, Maxime avait pu compter sur l'affection de Léo, le gros matou gris qui dormait toujours avec lui pour chasser ses cauchemars. Un vrai bon chat. Elle eut subitement envie de retrouver Églantine, regarda sa montre, une montre qui se contentait d'afficher l'heure, se dit qu'elle ne flatterait pas la siamoise avant un bon moment, puis elle rejoignit ses collègues qui l'attendaient devant l'ascenseur. Ils monteraient à bord de trois voitures et s'arrêteraient rue du Pont, tout près de la rue des Prairies où un homme avait massacré Mathis Godin qui n'avait même pas vingt ans, l'avait laissé agoniser dans le froid de novembre. Et ils arrêteraient cet homme.

REMERCIEMENTS

L'auteure tient à remercier sincèrement :

Éric Boulay, directeur de Lauberivière, qui m'a accueillie si chaleureusement, ainsi que Sonya Bergeron qui a répondu avec enthousiasme à mes questions. Ce roman n'aurait pu être écrit sans leur concours.

Alain Chamberland, mon complice à Québec, si patient pour les repérages qui se multiplient sans qu'il perde patience.

Yves McCulloch qui répond à la vitesse grand V à toutes mes questions, même quand je lui demande une information dont nous avons déjà parlé.

Ghyslain Vallières qui me permet de mieux comprendre le quotidien des patrouilleurs de Longueuil, des défis qu'ils relèvent chaque jour.

François Julien qui, depuis tant d'années et avec la même générosité, m'explique les méthodes des assassins et le travail des professionnels pour découvrir la vérité.

Gilles Langlois, premier lecteur si précieux depuis des décennies.

Johanne Blais qui répond avec célérité à toutes les questions d'ordre médical.

Anne-Marie Villeneuve, mon éditrice de « rêve », si bienveillante, si motivante ; je continue à écrire grâce à elle.

Luc Roberge, André d'Orsonnens, Karine Labelle et toute la dynamique équipe des Éditions Druide.

Lise Duquette pour sa révision attentive.

Anne Tremblay qui saisit toujours si bien l'esprit de mes romans pour la couverture.

Toute l'équipe de l'agence Goodwin, ainsi que Patrick Leimgruber.

Les libraires qui font connaître Maud Graham avec une si belle constance depuis tellement d'années.

CHRYSTINE BROUILLET

Lorsque j'ai écrit le roman *Une de moins*, paru en 2022, j'ai utilisé le journal de la pandémie que j'avais tenu dès le début du chaos, où j'avais prédit dès mars 2020 qu'il y aurait plus de féminicides puisque les femmes étaient confinées avec leur bourreau. J'ai continué à prendre des notes après l'arrivée des vaccins, et tout en espérant qu'ils nous permettent de retrouver notre quotidien d'avant la pandémie, je m'inquiétais des conséquences économiques de celle-ci. Nous avons tous pu constater que les demandes d'aide aux banques alimentaires ont explosé, que les difficultés à se loger sont toujours grandissantes et que les refuges peinent à accepter tous ceux qui frappent à leur porte tant les besoins se sont multipliés. À Québec comme partout ailleurs dans la province. Maud Graham, dans *Le mois des morts*, vit donc les ravages de la pauvreté dans «sa» ville, se désole qu'elle entraîne la délinquance et une hausse de consommation de drogues dont le terrible fentanyl, cinquante fois plus puissant que la morphine. Elle s'interroge sur la violence aveugle, sur les crimes sans motif, commis par désœuvrement.

Ces réflexions ont tragiquement trouvé un écho dans la réalité.

Je venais d'écrire la scène où Maud pense avec effroi à des jeunes qui ont tué pour connaître une sensation forte quand Gilles Gosselin a été assassiné à la marina de Saint-Roch le 22 avril 2023 par des meurtriers âgés de 18 et 22 ans qui avaient l'intention de s'en prendre à un autre itinérant.

Combien seront encore victimes de ces déferlements de rage, de haine ? Aux innombrables difficultés auxquelles se heurtent chaque jour ceux et celles qui vivent dans la rue s'ajoutent ces menaces qu'écartent avec un dévouement constant les hommes et les femmes de cœur qui leur ouvrent les portes de Lauberivière. J'ai eu la chance de visiter ce refuge où se posent tant d'âmes blessées. Ces moments m'ont rassurée sur l'humanité et, si j'ai pris quelques libertés dans des détails sur le fonctionnement de cet endroit pour les besoins du roman, j'espère avoir traduit la chaleur, la sensibilité, l'empathie des gens qui animent ce refuge essentiel à la survie de beaucoup d'êtres meurtris, des êtres aux parcours souvent étonnants, qui y retrouvent leur dignité.

C'est en me rendant dans le quartier Saint-Roch en partant de la haute ville que j'ai emprunté les escaliers où j'ai campé l'éclosion des amours de Jacob et Lucien, amours périlleuses puisqu'il y a encore aujourd'hui, hélas, des comportements homophobes. Je continuerai à les dénoncer le temps qu'il faudra.